Ein Ratgeber rund um

Eier

Ein Ratgeber rund um

Eier

Von der Auswahl bis zur Zubereitung

Alex Barker

EDITION XXL

Genehmigte Lizenzausgabe
EDITION XXL GmbH
Reichelsheim, 2001

ISBN 3-89736-080-2

Übersetzung aus dem Englischen: Katharina Lisson

Anmerkungen:
In den Rezepten werden grundsätzlich Eier der Größe M verwendet, wenn nichts anderes angegeben ist.

Kleinkinder, schwangere Frauen, Ältere und Kranke sowie Menschen mit einem geschwächten Immunsystem sollten keine rohen Eier und keine Gerichte oder Getränke, die rohe Eier enthalten, zu sich nehmen.

Inhalt

Einleitung

In Ägypten und China wurden schon 1400 vor Christus Hühner zum Eierlegen gehalten, und das Verwenden von Eiern in der Küche ist seit den Griechen und Römern schriftlich festgehalten.

Vorfahre unserer heutigen Hühner ist vermutlich das Bankivahuhn Gallus Gallus, das vor etwa 4000 Jahren in der Gegend des Himalaya lebte. Das Geflügel gelangte von Asien nach Europa und wurde von Kolumbus 1493 nach Amerika gebracht. Im 14. Jahrhundert standen jedenfalls schon verschiedene Eier auf den Speiseplänen, unter anderem von Ente, Gans, Kiebitz, Möwe und einem Zwerghuhn, das sehr kleine Eier legte.

Im Mittelalter wurden Eier oft pochiert - interessant, wenn man bedenkt, dass damals überwiegend mit den Händen gegessen wurde und meist mehrere Leute einen Teller teilten. Eine andere Methode, die schon lange überliefert ist, ist das Garen in der Asche von Nadelbäumen. So schreibt John Cardy Jeaffreson, ein englischer Autor des späten 19. Jahrhunderts, der sich mit Sozialgeschichte befasste, in seinem Buch „A book about the table“: „Der Bauer, der sein Ei unter einem Stapel Holz gart, weiß genau, wann es fertig ist. Sobald ein Tropfen auf der Eierschale erscheint, ist das Ei perfekt weichgekocht.“

Auch wohlhabende Leute schätzten schon damals Eier, natürlich wurden sie bei ihnen etwas anders zubereitet.

So liest man in der Küchenbibel der Engländer, Mrs Beetons „Book of Cookery and Household Management“, dass „jeder gute Koch einen großen Vorrat an Eiern, Sahne und frischer Milch“ braucht. Zu dieser Zeit fing man in England an, Eier zum Frühstück zu essen. Was auch immer es sonst noch gab, in vornehmen Haushalten verging kein Tag, an dem nicht Eier in feinstem Porzellan zum Frühstück serviert wurden. Wer den Luxus genoss, im Bett zu frühstücken, konnte sicher sein, dass auf dem Tablett das Frühstücksei unter dem Eierwärmer versteckt war - und das waren zu dieser Zeit richtig schöne dicke Wollmützen, die die Eier wirklich warm hielten.

Schon immer wurden Eier mit dem Universum und neuem Leben assoziiert. Die Ägypter glaubten, dass Gott das Ei aus Sonne und Mond erschuf, und die Phönizier glaubten, dass sich einst zwei Hälften eines riesigen Eies geöffnet hatten und daraus Himmel und Erde wurden. In der chinesischen Mythologie hatte das Universum die Form eines Ei, wobei das Eigelb der Erde entsprach und das Eiweiß dem Himmel. Auf der Trennung von Eiweiß und Eigelb beruht auch das Prinzip von Yin und Yang: Das Eiweiß ist Klarheit und entspricht Yang, das Eigelb, das dunklere, entspricht Yin. In China ist das Ei heute noch ein Fruchtbarkeitssymbol, und so verschenken frischgebackene Eltern gefärbte Eier an ihre Freunde.

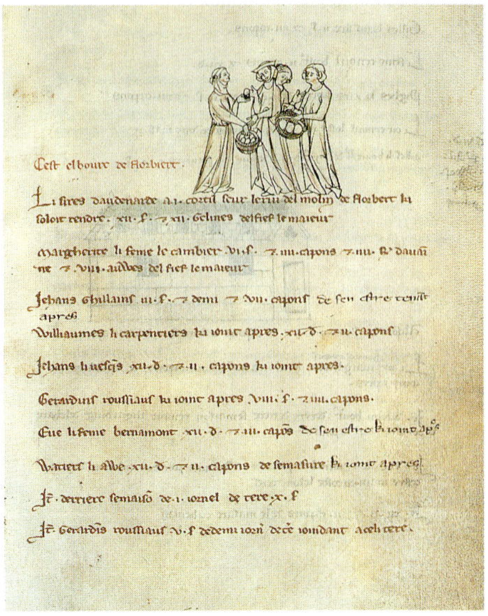

Seit Jahrhunderten werden Eier als Lebensmittel geschätzt. Dieses Manuskript aus dem 13. Jahrhundert zeigt Frauen beim Eierkauf.

Hühner werden seit Jahrhunderten wegen ihrer Eier gehalten.

Von oben links im Uhrzeigersinn: Zwerghuhneier, braune Hühnereier, Eier von Junghühnern, Wachteleier und weiße Hühnereier.

Durch die Assoziation mit neuem Leben gilt das Ei auch als Aphrodisiakum und soll die Fruchtbarkeit erhöhen. In Mitteleuropa reiben Bauern Eier an ihren Pflügen, um die Ernte zu verbessern, und in Frankreich zerbrechen frischvermählte Frauen ein Ei auf der Schwelle des neuen Hauses, um reichen Kindersegen zu sichern.

Das Bemalen von Eiern ist weit verbreitet. In Japan werden Eier rot angemalt als Zeichen von Freude und Glück. An jüdischen und arabischen Festtagen spielen bemalte Eier häufig eine Rolle. So werden hier Eier mit Zwiebeln oder Safran gebacken, bis sie goldfarben oder auch dunkelrot sind. Ein überliefertes Rezept für diese wunderschönen glänzenden Eier lautet wie folgt: „Olivenöl und türkischen Kaffee zu gleichen Mengen mischen. Eier mit Schale in gewünschter Menge hineingeben und bei kleinem Feuer 12 Stunden kochen. Die Mischung dringt bis ins Innere des Eies und färbt das Eiweiß bernsteinfarben und das Eigelb golden wie Safran. Der Geschmack des Eies erinnert an die feinsten Kastanien, die man sich nur vorstellen kann."

Eier haben über die Jahrhunderte ihre religiöse und spirituelle Bedeutung bewahrt. Für die alten Ägypter, Perser, Griechen und Römer symbolisierte das Ei das Universum, das ewige Leben und die Frühlingssonne. Eier werden auch am Ende der Fastenzeit zu Ostern mit neuem Leben assoziiert. Im Abendland ist das Ei Symbol des Christentums, das Zeichen der Auferstehung. In einigen Ländern am Mittelmeer, z. B. Griechenland, gibt es den süßen Osterfladen, in den bunt gefärbte oder bemalte Eier eingebacken werden. Schokoladeneier sind eine moderne und vor allem bei Kindern besonders beliebte Variante der alten Tradition.

Eier sind aber auch Hauptbestandteil vieler traditioneller Spiele an Ostern: Eiersuchen und Eierlaufen sind weit verbreitet und vor allem für Kinder ein Riesenspaß. In England ist Eierrollen eine bekannte Tradition.

Eier bemalen ist eine in der ganzen Welt verbreitete Tradition.

Aufbau eines Eies

Die Schale Hühnereier sind heute zwei- bis dreimal so groß wie früher. Sie haben aber nicht mehr Schale, was zeigt, dass die Schale heute viel dünner ist. Aber sie hat auch nicht mehr so eine wichtige Schutzfunktion, denn domestizierte Hühner haben kaum Feinde, die dem Nachwuchs im Ei gefährlich werden könnten. Die Schale macht 12% des Gesamtgewichtes aus und besteht hauptsächlich aus Kalzium. Ihre Festigkeit hängt sowohl vom Futter als auch vom Alter der Hühner ab. Große Hühner legen größere Eier mit dünnerer Schale. Die Schale ist porös, deshalb kann Feuchtigkeit heraus und Luft herein, was wichtig ist für das heranwachsende Küken. Zudem hat die Schale eine Schutzhülle, die das Innere vor Bakterien bewahrt.

Die Luftkammer Im Inneren der Schale befinden sich zwei dünne Häute. Am runden Ende des Eies trennen sie sich und bilden eine Luftkammer. Wenn das Ei älter wird, gehen Feuchtigkeit und Kohlendioxid durch die Schale nach außen und werden durch Luft, die sich in der Kammer sammelt, ersetzt. So wird die Luftkammer größer und das Ei leichter. Deshalb schwimmen ältere Eier beim Frischetest im Wasser oben.

Das Eiweiß Es macht ungefähr 67% des Gesamtgewichtes aus. Im rohen Zustand ist es durchsichtig, und es enthält mehr als die Hälfte des Proteins. Beim sehr frischen Ei ist das Eiweiß in der Mitte des Eies dicker und wird nach außen hin flüssiger. Je älter das Ei, umso weniger stark ist der Unterschied. Die so genannten Hagelschnüre am spitzen und runden Ende des Eies halten das Eigelb in Position. Je deutlicher man die Schnüre erkennt, umso frischer ist das Ei. Sie beeinträchtigen die Qualität des Eies beim Kochen in keinster Weise, aber Sie können sie trotzdem entfernen. Manchmal setzen sich die Schnüre in feinen Fäden ab, was vor allem in Saucen nicht schön aussieht.

Die Farbe der Schale hängt alleine von der Art des Huhnes ab.

Das Eigelb Umgeben von der Dotterhaut macht das Eigelb etwa ein Drittel vom Gesamtgewicht aus. Es enthält das Fett, etwas weniger als die Hälfte vom Protein, alle Vitamine A, D und E und die meisten Mineralstoffe. Die Farbe hängt alleine vom Futter ab. Hühner, die reichlich Mais essen, haben mittelgelbes Eigelb. Manchmal werden dem Futter natürliche Farbstoffe beigesetzt, damit das Eigelb richtig schön gelb wird. Manchmal sieht man kleine Blutspuren im Eigelb. Diese sind lediglich ein Hinweis darauf, dass die Eier sehr frisch sind und sagen nichts darüber aus, ob das Ei befruchtet worden ist. Sie können die Spuren leicht vor dem Kochen entfernen.

Der Nährwert von Eiern

Eier werden häufig als das reinste und zugleich vollkommenste Lebensmittel bezeichnet, und sie enthalten alles, was das heranwachsende Küken braucht. Auch für den Menschen sind Eier ein reichhaltiges Nahrungsmittel. Ihr Protein enthält alle acht Aminosäuren, die für Wachstum und Erhalt des Körpers entscheidend sind. Das Protein ist von so hoher Qualität, dass es als Maßstab für das Messen der Qualität anderer Proteine dient. Ein mittelgroßes Ei versorgt uns mit 12–14% des täglichen Proteinbedarfs.

Eigelb enthält Fett, aber in relativ geringen Mengen. Ein mittelgroßes Ei enthält etwa 1,6 g Fett, davon sind etwas über 50% ungesättigte und 29% gesättigte Fettsäuren.

Eier enthalten 13 verschiedene Vitamine in unterschiedlichen Mengen. Die wichtigsten sind Vitamin D, A, E und mehrere B-Vitamine. Eier haben allerdings kein Vitamin C.

Eier enthalten auch Mineralstoffe, unter anderem Phosphor, Eisen und Kalzium, wobei der Gehalt an Kalzium gering ist und ein mittelgroßes Ei nur etwa 3% des empfohlenen Tagesbedarfes deckt. Wichtige Spurenelemente im Ei sind Zink, Jod und Selen.

Die zugeführte Energie reicht von 66 kcals/276 kJ für ein sehr kleines Ei bis zu 94 kcals/394 kJ für ein sehr großes Ei.

Weiße und braune Eier haben exakt die gleichen Nährwerte.

Cholesterin
Diese fettähnliche Substanz wird vom Körper produziert und findet sich im Blut. Cholesterin ist wichtig für die Zellen, für Verdauungssäfte und Hormone, aber zuviel davon ist ungesund. Cholesterin ist im Eigelb enthalten, nicht im Eiweiß. Wer eine fettreduzierte Diät macht oder auf die Cholesterinwerte im Blut achten muss, sollte nicht mehr als ein Ei pro Tag essen.

Salmonellen
Diese Bakterien finden sich in Geflügel und auf anderem rohen Fleisch. Sie können zu Lebensmittelvergiftung führen. Infizierte Hühner können Eier anstecken, wobei hier in letzter Zeit strenge Qualitätskontrollen von Geflügel und Fleisch und auch von Eiern das Risiko reduziert haben.

Importierte Ware wird auch genau kontrolliert, vor allem Ware aus Ländern mit eher laxen Bestimmungen. Eier sollten bei Temperaturen bis höchstens 20°C gelagert und verpackt werden, das verhindert die weitere Vermehrung der Bakterien. In den meisten Ländern der EU werden Hühner für die Eierproduktion gegen Salmonellen geimpft.

Grundsätzlich sollten Kleinkinder, Ältere und Kranke keine rohen Eier essen. Wenn man Eier bei mindestens 60°C durchgart, sterben die Salmonellen ab.

Umgang mit Eiern
Sie sollten Eier nach dem Kauf bei gleichbleibender Temperatur am besten unter 8°C aufbewahren. Sorgen Sie für saubere Hände, Arbeitsflächen und Geräte, damit eventuell infizierte Eier die Salmonellen nicht auf andere roh verzehrte Lebensmittel übertragen. Kleinkinder, Ältere und Menschen mit einem schwachen Immunsystem sollten keine rohen Eier essen. In manchen Rezepten können Sie die Eier allerdings auch kurz kochen, ohne das Gericht im Ganzen zu verändern. Eigelb z. B. kann man mit 2 EL Flüssigkeit pro Eigelb unter Rühren sanft erhitzen, bis es etwas dickflüssig wird und 71°C erreicht.

Weiß oder Braun?
Nun muss endlich das Gerücht ausgeräumt werden, dass es qualitative Unterschiede zwischen braunen und weißen Eiern gibt! Weiße und braune Eier enthalten exakt die gleichen Inhaltsstoffe und Nährwerte. Die Farbe der Schale hängt lediglich von der Sorte des Federviehs ab. Arten mit weißen Federn und Ohrlappen legen Eier mit weißer Schale. Hühner mit roten Federn und Ohrlappen legen braune Eier. Und die Farbe des Eigelbs hängt lediglich vom Futter ab, Futter mit einem hohen Maisanteil sorgt für intensiv gelbes Eigelb.

Doppelt gut?
Manchmal findet man Eier mit zwei Eigelb. Hier reifen zwei Eizellen zur gleichen Zeit heran und sind nur von einem Eiweiß und einer Schale umgeben. Meistens werden Eier mit zwei Eigelb von sehr jungen Hennen gelegt, deren Reproduktionsabläufe noch nicht perfekt funktionieren.

Zwei Eigelb wachsen umgeben von einem Eiweiß heran.

Warenkunde und Verwendung

Wenn man an Eier denkt, fallen einem natürlich zuerst Hühnereier ein, die auf dem wöchentlichen Einkaufszettel stehen. Aber es gibt ja noch ganz andere Eier, z. B. Enten-, Fasanen- oder Perlhuhneier. Hier erfahren Sie Faszinierendes über die verschiedenen bei uns erhältlichen Eier, deren Einkauf und Lagerung, außerdem wichtige Frischetests für Eier, Kocheigenschaften von Eiern und einige nützliche Geräte.

Arten von Eiern

Hühnereier sind für die meisten Menchen Bestandteil der Ernährung, und in vielen Gegenden gilt jegliche Eiersorte als potentielles Lebensmittel. In Ländern der Dritten Welt mit einer großen Landbevölkerung ist Protein immer noch eines der wichtigsten Elemente der Ernährung. Ob Amsel, Drossel, Eissturmvogel, Kiebitz, Lumme, Möwe, Papageientaucher, Pinguin, Schwan, oder Tölpel - alle Eier werden gegessen. In manchen Ländern wird jedes erreichbare Nest geplündert. Manchmal hört man, dass Eier von Wildvögeln fantastisch schmecken sollen. In unseren Breiten ist es verboten, Eier von wildlebenden Vögeln oder Federwild zu sammeln, da die meisten unter Naturschutz stehen.

Auch für uns kaum vorstellbare Eier gelten anderen als Delikatesse wie eine Beschreibung berichtet: „Auf den Guanoinseln vor der Küste Südafrikas legen Pinguine ihre Eier in Löcher in der Erde. Diese schmecken fantastisch, wenn sie frisch gesammelt, hart gekocht und abgekühlt werden. Sie erinnern in Geschmack und Konsistenz an Kiebitzeier, geben aber mindestens dreimal soviel her."

Und außer Vögeln gibt es ja auch noch andere Tiere, die Eier legen, die der Mensch isst. Schildkröteneier gelten immer noch als Delikatesse und sogar als Aphrodisiakum im Südpazifik. Auch in Asien gehören Schildkröteneier zu teuer bezahlten Spezialitäten. Rund wie ein Tischtennisball und reinweiß mit oft sehr weicher Schale werden Schildkröteneier in Bambusblätter gewickelt über dem Feuer gebacken. Eine Delikatesse für die Einheimischen, aber sie würden niemals mehr als ein paar Eier aus einem Gelege nehmen. Wilddiebe sind da nicht so sensibel, und sie sind mit dafür verantwortlich, dass die Schildkröten vom Aussterben bedroht sind. Sie lauern den Weibchen nachts auf, wenn diese bis zu 200 Eier legen und stehlen dann das gesamte Gelege. Internationale Gesetze versuchen inzwischen, die Schildkröten zu schützen.

Fischeier gelten ebenfalls als Delikatesse. Die Eier vom Stör, unter dem Namen Kaviar im Handel, sind die bekanntesten und teuersten. Die schwarzen glänzenden Eier sind vor allem in Russland beliebt. Kaviar vom Lachs ist rötlich und billiger. Er ist heute ziemlich verbreitet und beliebt, vor allem wegen der schönen Farbe.

Zufriedene Haushühner picken sich durch den Hof.

Zwerghuhneier eignen sich perfekt für Kinder, denen Hühnereier manchmal zu groß sind.

Je nach Hühnerart unterscheiden sich die Eier in Farbe und Größe.

Hühnereier

Diese werden jedes Jahr zu Billionen produziert. Domestizierte Hühner sind weltweit die Hauptproduzenten. Von den Hunderten von Hühnerarten werden nur einige wenige als Eierlieferanten gezüchtet. Hühner werden nach mehreren Kriterien ausgewählt, denn sowohl die Umgebung als auch die Verkäuflichkeit der Eier sind entscheidende Faktoren. Es gibt unendlich viele Hühnerrassen mit den interessantesten Namen. Äußerst produktive Rassen sind z. B. das deutsche Kaulhuhn, das weiße Leghorn und der Altsteirer. Viele kleinere Hühnerfarmen haben sich auf besondere Rassen spezialisiert, z. B. Friesenhühner, Brahma oder Sultanhühner. Manche Farmen halten ausschließlich Zwerghühner, die sehr kleine Eier legen. Altsteirer, deutsches Kaulhuhn und Leghorn sind hervorragende Eierlieferanten und bringen klassische braune und weiße Eier hervor. Andere Arten, z. B. Araucaner, legen Eier mit blassblauer Schale.

Rechts: Ein Ei mit ger Größe M wiegt ungefähr 50g.

Zwerghuhneier

Zwerghühner sind etwa halb so groß wie normale Hühner und legen auch entsprechend kleinere Eier. Manche Zwerghühner sind von natürlich kleinem Wuchs, andere werden speziell so klein gezüchtet. Ihre Eier schmecken ähnlich wie Hühnereier und können genauso verwendet werden, allerdings in der doppelten Menge. Zwerghuhneier sind nicht so verbreitet wie normale Hühnereier, aber manchmal bekommen Sie sie auf dem Bauernmarkt.

Ein Zwerghuhnei ist ungefähr halb so groß wie ein Hühnerei.

Wachteleier werden vor allem wegen der Optik geschätzt.

Wachteleier

Wachteleier sind ungefähr ein Drittel so groß wie Hühnereier. Sie sind die kleinsten im Handel erhältlichen Eier. Sie haben eine blasse Schale mit dunklen Flecken und sehen als Garnitur in einer Schalenhälfte präsentiert einfach wunderbar aus. Auch geschält sind Wachteleier eine attraktive Köstlichkeit, vor allem in Vorspeisen und auf Canapés. Wachteleier lassen sich kochen und pochieren wie Hühnereier und schmecken ganz besonders fein. Nicht zu lange kochen, sonst werden sie zu hart und verlieren Aroma.

Enteneier

Domestizierte Enten stammen von Wildenten ab. Ihre Eier sind größer als Hühnereier mit etwa 90 g Gewicht. Die Färbung der Schale geht von einem zarten Grünblau bis zu weiß. Enteneier enthalten etwas mehr Fett und sind damit öliger als Hühnereier. Ihr Geschmack ist etwas intensiver, was sie ideal zum Backen macht. Beim Kochen wird das Eiweiß fester und leicht gummiartig, was sie nicht zu jedermanns Liebling macht. Das goldgelbe Eigelb ist wunderbar für Biskuitteig, das Eiweiß allerdings nicht verwendbar für Baisers.

Ein kleines Wachtelei wiegt nur 20 g.

Enteneier werden oft an schmutzigen Stellen gelegt, sie sollten also immer gut gewaschen und durchgegart werden. Mindestens 10 Minuten Kochzeit werden empfohlen. Enteneier bekommen Sie meist in Delikatessengeschäften oder auch auf dem Bauernmarkt. Heben Sie Enteneier im Kühlschrank auf und essen Sie sie bald. Vor dem Kochen auf Zimmertemperatur bringen.

Ein Entenei ist etwa so groß wie ein sehr großes Hühnerei.

Links: Enteneier haben oft eine blau, grün und weiß getönte Schale.

Unten: Domestizierte Enten können sehr gute Eierleger werden.

Gänseeier

Gänse stehen in dem Ruf, besonders unfreundlich und laut zu sein, und manch einer zieht sie Wachhunden vor. Ihre Eier sind mindestens zweimal so groß wie Hühnereier und wiegen etwa 200 g. Gänseeier sind reinweiß. Die Schale ist meist sehr hart. Da Gänse recht schmutzige Tiere sind, müssen ihre Eier auch gut gereinigt und unbedingt durchgegart werden, um alle Bakterien zu töten.

Geschmacklich sind Gänseeier intensiver als Hühnereier und milder als Enteneier. Einfach gekocht schmecken sie wunderbar, besonders geeignet sind sie auch für milde Gerichte aus dem Backofen, z. B. Gratins und Quiches mit Gemüse. Gänseeier gibt es zur Saison beim Spezialmetzger, im Delikatessengeschäft oder auf dem Bauernmarkt.

Links: Gänse sind angriffslustige Vögel, also sollte man nicht zu nahe herangehen.

Unten: Die Schale von Gänseeiern ist reinweiß und sehr hart.

Unten: Gänseeier sind etwa zweimal so groß wie Hühnereier und wiegen 200 g.

Oben und unten: Puteneier sind etwas größer als Hühnereier und haben eine hübsch gefleckte Schale.

Oben: Perlhuhneier sind etwa so groß wie Zwerghuhneier und wiegen etwa 25 g.

Perlhuhneier
Perlhühner sind mit Fasan und Huhn verwandt. Ihre Eier sind etwa halb so groß wie Hühnereier und wiegen ungefähr 25 g. Die Schale ist von einem sehr gleichmäßigen Hellbraun. Perlhuhneier schmecken sehr leicht und fein. Sie eignen sich gut als Garnitur, im Salat und zum Backen. Sie bekommen sie bei spezialisierten Züchtern.

Puteneier
Diese wiegen etwa 75 g und haben eine sehr helle Schale mit zartbraunen Flecken. Kleinere Eier von jüngeren Puten sind besonders hell. Obwohl Puten fast auf der ganzen Welt gezüchtet werden, bekommt man nur selten Eier, da sie hauptsächlich wegen ihres Fleisches gehalten werden. Außerhalb der Hauptbrütsaison müssten Sie Puteneier bei einem spezialisierten Züchter bekommen. Geschmacklich ähneln sie Hühnereiern, und wie diese sind sie gut zum Backen.

Links: Fasanenei

Fasaneneier

Von ähnlicher Größe wie Perlhuhneier, variiert die Schalenfarbe von gelbbraun zu grün-blau und olivgrün. Oft ist sie auch gefleckt. Fasaneneier schmecken intensiv und passen hartgekocht gut in Salate. Sie können aber auch gebacken oder gebraten werden. Am ehesten bekommen Sie sie beim Wildmetzger. Jedes Ei zuerst einzeln in eine Tasse schlagen und prüfen, ob es noch gut ist.

Straußeneier

Nachdem zunächst Straußenfleisch populär wurde, gibt es inzwischen auch Straußeneier öfters im Handel. Ein Straußenei wiegt mindestens 450 g, schmeckt relativ intensiv und eignet sich am besten zum Backen. Die helle Schale ist sehr dick und schwer aufzubrechen. Erhältlich sind Straußeneier im Sommer bei Züchtern und im Delikatessengeschäft.

Links: Ein Straußenei wiegt etwa soviel wie 9–10 Hühnereier.

Oben: Fasaneneier sind kleiner als Hühnereier und schmecken viel intensiver.

Emueier

Der australische Emu ist kleiner als der Strauß. Emus stehen in freier Wildbahn unter Naturschutz, und man braucht eine Sondergenehmigung, um die Eier einzusammeln. Es gibt einige Züchter, die Emus wegen der Eier und des Fleisches halten. Emus brüten im Winter und legen etwa 20 dunkle, blau-grüne Eier mit sehr harter Schale. Ideal zum Backen oder für ein Riesenrührei.

Links: Emueier haben eine unglaublich harte Schale.

Eier von Wildvögeln

In den meisten westlichen Ländern stehen Eier von Wildvögeln unter Naturschutz, um zu verhindern, dass die Vögel aussterben. Doch es gibt Spezialgenehmigungen, z. B. für verschiedene Möweneier. Diese werden heute anstelle von Kiebitzeiern gegessen, die früher als besondere Delikatesse galten. Möweneier haben eine gefleckte grün-braune Schale und schmecken leicht nach Fisch. In manchen Gegenden Nordeuropas, z. B. auf den Inseln in Nordschottland kann man Lizenzen zum Sammeln von Tölpeleiern kaufen. Eier von Wildvögeln bekommen Sie zur Saison in Spezialgeschäften und beim Wildmetzger.

Eier kaufen und lagern

Wenn es ums Kochen geht, sprechen wir doch meistens von Hühnereiern. Aber auch hier gibt es Unterschiede: Biodynamische Eier von Hühnern, die nur biodynamisches Futter bekommen, oder vegetarische Eier von Hühnern, die eine Kost ohne Fisch- oder Fleischmehl erhalten. Dann gibt es Eier, die mit Omega-3-Fettsäuren angereichert werden. Außerdem gibt es die Unterscheidung in freilaufend, Käfighaltung mit Auslauf und reine Käfighaltung in Legebatterien.

Der enorme Bedarf an Lebensmitteln nach dem 2. Weltkrieg öffnete die Türen für die Massentierhaltung, so auch die Legebatterien für Hühner. Hier wurden Unmengen produziert und alles wurde stark kontrolliert. Doch in den achtziger Jahren stieg das Bewusstsein für die schrecklichen Umstände, in denen die Hühner dort gehalten wurden: bis zu 14 000 Hühner in einem Haus, hoch über dem Boden in Minikäfigen ohne Auslauf - das konnten Tierschützer nicht länger mit ansehen. Abgesehen von den miserablen Lebensbedingungen für die Hühner kam noch ein Ansteigen von Erkrankungen an Salmonellen hinzu, und so wurde auch dem Endverbraucher klar, welche Zustände in diesen Batterien herrschten. Daraus resultierte ein steigender Bedarf an Eiern von freilaufenden Hühnern. Die Bedingungen in den Legebatterien werden allerdings in der EU immer weiter verbessert.

Die Eierproduktion

Junghennen fangen mit 20 Wochen an, Eier zu legen, und sie steigern die Produktion kontinuierlich, bis sie mit 25 Wochen jeden Tag 1 Ei legen. Das geht 13–15 Wochen so weiter, dann lässt die Legetätigkeit nach. Die Durchschnittshenne legt etwa 290 Eier in den ersten 52 Wochen im Vergleich zu 123 Eiern, was der Durchschnitt 1945–1946 war. Eier werden entweder per Hand eingesammelt und dann sortiert oder per Band direkt vom Hühnerhaus zur Packstation gebracht.

Heute gibt es fünf Hauptproduktionsmethoden für Eier, die zumindest in der EU und den USA streng kontrolliert werden: Freilandhaltung, intensive Auslaufhaltung, Bodenhaltung, Stangenhaltung und Käfighaltung. Sowohl in der EU wie auch in den USA wurden Gesetze entwickelt, um die Definitionen der verschiedenen Methoden zu klären. Verschiedene Tierschutzverbände haben sich die Verbesserung der

Unten: Hühner aus Freilandhaltung können nach Herzenslust herumlaufen.

Massentierhaltung auf die Fahnen geschrieben und versuchen weltweit, die Tierhaltung etwas besser zu gestalten. Leider muss man aber sagen, dass immer noch 80% aller Eier von Batteriehennen stammen.

Freilandhaltung Hier können die Hennen jederzeit nach draußen gehen und in überwiegend bewachsener Umgebung picken. Jedes Huhn hat dabei etwa 10 m² für sich. Die Hühnerhäuser müssen gleichbleibend temperiert sein und die ununterbrochene Wasserversorgung muss garantiert sein.

Intensive Auslaufhaltung Im Prinzip ähnlich wie Freilandhaltung, nur reduziert sich hier der verfügbare Platz pro Huhn auf 2,5 m².

Bodenhaltung Hier werden Hühner im Haus gehalten, und zwar höchstens 7 Hennen pro m². Mindestens ein Drittel des Bodens muss mit Stroh bedeckt sein.

Stangenhaltung Speziell entwickelte Hühnerhäuser mit höchstens 25 Hühnern pro m² Boden und mindestens 15 cm für jedes Huhn auf der Stange.

Käfighaltung Hier leben 3-5 Hennen in einem Käfig mit 450 cm² Platz für jedes Tier. Dieser Platz soll auf 550 m² vergrößert werden.

Verbesserte Käfighaltung: Dieses neue System plant 750 cm² Platz pro Huhn.

Eier klassifizieren

In der Packstation werden die Eier klassifiziert und auf äußere und innere Qualität geprüft.

Die Eier laufen über ein Band und werden von unten von einem starken Licht angeleuchtet. Hier werden auch allerkleinste Brüche in der Schale sichtbar. Moderne Anlagen zeigen auch das Innere vom Ei und legen alle Eier mit Blutspuren beiseite.

Wer die Qualität eigener oder gekaufter Eier prüfen will, hält sie im dunklen Raum gegen ein sehr helles Licht. Die Schale sollte so durchscheinend sein, dass man im Inneren erkennen kann, ob das Ei klar ist, ob es Blutspuren hat oder befruchtet wurde. Die Blutspuren kommen durch gebrochene Blutgefäße auf der Oberfläche des Eigelbs und sind harmlos. Man sieht sie nur in sehr frischen Eiern, und entgegen der weit verbreiteten Meinung sind sie kein Indikator, dass das Ei befruchtet wurde.

Oben: Beim Prüfen werden die Eier von einem starken Licht durchleuchtet, so dass der Prüfer das Innere sieht.

Nur Eier der Klasse A kommen in Ländern der EU in die Geschäfte. In den USA werden Eier nach dem Waschen eingeölt, damit sie wieder glänzen. Auch das ist in der EU nicht erlaubt. Eier, die nicht die A-Klasse erhalten, gehen in die Lebensmittelindustrie und werden zu pasteurisierten Eiprodukten weiterverarbeitet. Oder sie werden in anderen Industrien verarbeitet, die nichts mit Lebensmitteln zu tun haben.

A-Klasse Diese Eier heißen „frisch“ oder – wenn Sie jeden Tag gesammelt werden – „extra frisch“. Natürlich gibt es in verschiedenen Ländern verschiedene Bezeichnungen und Klassifizierungen, die diese EU-Standards ergänzen. In Großbritannien gibt es z. B. die so genannte „Lion Quality“, die besagt, dass das Ei bis zum Legeort zurückverfolgt werden kann. 70% der verpackten Eier erhalten diesen Stempel. Er garantiert außerdem, dass alle Junghühner gegen Salmonellen geimpft wurden und dass die Eier bei höchstens 20 °C gelagert und transportiert worden sind. Meistens befindet sich auf den Eierschachteln auch ein Mindesthaltbarkeitsdatum. Dieses sollte nicht später als 3 Wochen nach dem Legetermin sein.

Unverpackte Eier

Die Informationen über Hersteller, Qualität, Gewicht, Mindesthaltbarkeitsdatum und Tipps für die Lagerung müssen am Verkaufsort einsehbar sein.

Unten: Blutspuren kommen von gebrochenen Blutgefäßen. Sie sehen nicht schön aus, sind aber harmlos.

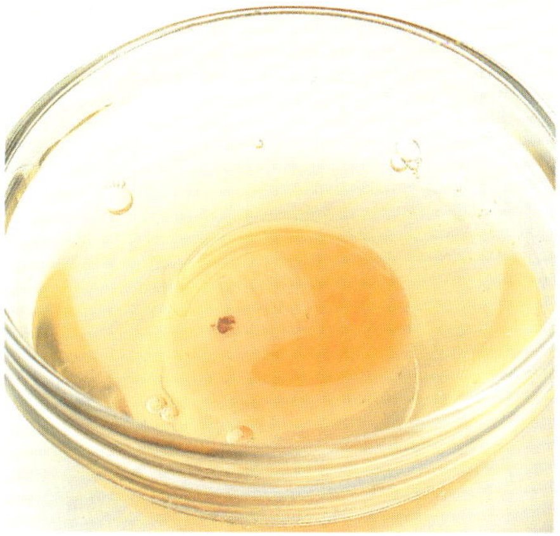

Links: Am meisten verbreitet sind Eier der Größen S, M und L (von links nach rechts).

Wenn Sie Eier auf dem Bauernmarkt kaufen, sollten Sie mehr auf Schmutz und Brüche achten. Kontrollen auf diesen Märkten sind relativ locker, aber auch hier sollten die Eier gekühlt oder zumindest bei höchstens 20 °C aufbewahrt werden.

Eier von Zwerghühnern, Enten und Perlhühnern unterliegen nicht den gleichen Vorschriften und Kontrollen wie Hühnereier, also fragen Sie beim Kauf nach dem Legedatum. Wenn man es Ihnen nicht sicher sagen kann, lassen Sie lieber die Finger davon.

Bei Eiern von Wildvögeln, z. B. Fasan, kann der Wildhüter unter Umständen gar nicht wissen, wann das Ei gelegt wurde. Hier ist also besondere Vorsicht geboten, vor allem, wenn es warm ist. Schlagen Sie Eier von Wildvögeln immer zuerst einzeln in eine Tasse, um schlechte Eier entfernen zu können.

Bestimmung der Größe

Die Größe eines Eies hängt von mehreren Faktoren ab. Je älter das Huhn, umso größer ist in der Regel das Ei. Auch Rasse, Gewicht, Futter und Stressfaktoren spielen eine Rolle. Eier werden nach dem Mindestgewicht klassifiziert. Small (S), medium (M) und large (L) sind die häufigsten Größen. Die Größe macht in den meisten Rezepten keinen Unterschied. Beim Backen ist aber Vorsicht angesagt, hier machen sich die Größenunterschiede durchaus bemerkbar, also immer darauf achten, was in der Zutatenliste verlangt wird. Unten finden Sie eine kleine Tabelle mit den Größenangaben und dazugehörigem Mindestgewicht.

Datumsangabe

Hersteller außerhalb der EU und den USA haben eigene Bestimmungen, aber bei uns und in den USA muss jede Eierschachtel ein Datum aufweisen. In den USA wird der Tag angegeben, an dem das Ei gelegt wurde (Julian date). Dabei gibt es für jeden Tag eine Zahl, 1 für den 1. Januar und 365 für den 31. Dezember. Bei uns wird ein Mindesthaltbarkeitsdatum angegeben, das 7 Tage nach dem Verkaufstag liegt. So lange sind die Eier auch bei nicht perfekter Lagerung garantiert noch gut. Manchmal wird zusätzlich das Legedatum und der Hersteller oder auch der Tag, an dem das Ei verpackt wurde, direkt auf die Schale gestempelt.

Eier einkaufen

Mit den vielen vorhandenen Qualitätskontrollen sollte man davon ausgehen können, dass die Eier im Geschäft in Ordnung sind. Aber ein Blick in die Schachtel schadet nie. Manchmal zerbrechen Eier beim Transport. Prüfen Sie auch das Datum auf der Schachtel oder/und den Eiern. Daran erkennen Sie, wie frisch die Eier sind.

Kaufen Sie Eier immer möglichst frisch. Kaufen Sie keine Eier, die schon zwei Wochen alt sind, außer Sie sind ganz sicher, dass Sie sie in den nächsten zwei Tagen verbrauchen. Manche Geschäfte heben Eier inzwischen in der Kühlung auf, was natürlich besonders gut ist.

Mindestgewicht	EU Klassifizierung	USA Klassifizierung
73 g	XL (extra large)	Jumbo
63 g	L (large)	X Large
53 g	M (medium)	Large
45 g	S (small)	Medium
40 g		Small
35 g		Peewee

Unten: Vor dem Kauf die Eier in der Schachtel auf Brüche kontrollieren.

Frische Eier lagern

Die Eierschale ist porös, daher sind Eier anfällig für Bakterien und auch Gerüche, die das Ei annimmt. Um Eier vor Gerüchen, die ihren Geschmack beeinträchtigen, zu schützen, sollten sie in ihrer Schachtel oder einem Eierfach im Kühlschrank unter 4 °C gelagert werden. Ein eine Woche altes Ei, das bei der richtigen Temperatur lagert, kann frischer sein, als ein vor 24 Stunden gelegtes Ei, das bei Zimmertemperatur aufbewahrt wird. Unter diesen Bedingungen kann man Eier 3-4 Wochen aufheben. Eier vor dem Kochen herausstellen. Vor allem Baisers werden besser, wenn die Eier Zimmertemperatur haben.

Wenn Sie Eier normalerweise schnell verwenden, können Sie sie auch an einem kühlen Ort, der regelmäßig belüftet wird und kein Sonnenlicht erhält, in der Schachtel oder einem Korb aufheben. Sie halten bei Temperaturen unter 20 °C etwa 1 Woche. Während man normalerweise darauf achtet, Eier von intensiv riechenden anderen Lebensmitteln fernzuhalten, kann man sie auf der anderen Seite auch bewusst aromatisieren. Die bekannteste Möglichkeit ist, einen frischen Trüffel 3-4 Tage in die Eierschachtel zu legen. Das feine, erdige Aroma durchdringt die Schale und aromatisiert die Eier.

Oben: Eier mit der Spitze nach unten lagern, dann verdampft wenig Flüssigkeit, und die Eier nehmen kaum Gerüche an.

Gekochte Eier lagern

Gekochte ganze Eier sollten Sie nur aufheben, wenn sie durchgegart sind. Hartgekochte Eier, die mit Schale gelagert werden, bilden einen dunklen Ring um das Eigelb.

Geschälte Eier lassen sich im Kühlschrank, locker in Klarsichtfolie eingeschlagen, 1-2 Tage lagern, danach fangen sie an, nach Schwefel zu riechen. Wenn Sie hartgekochte Eier zum Füllen brauchen, machen Sie am besten das Rezept mit dem frischen Ei und heben die Mischung kühl auf.

Omeletts und Pfannkuchen lassen sich auf alle Fälle 1-2 Tage im Kühlschrank aufheben. Mit Klarsichtfolie abdecken. Grundsätzlich sollten Sie daran denken, dass intensiv riechende Lebensmittel wie Zwiebeln, Knoblauch und auch bestimmte Käsesorten ihr Aroma ungewünscht auch an andere Lebensmittel abgeben können.

Links: In einem kühlen, gut gelüfteten Raum kann man Eier in einem Körbchen lagern.

Reste aufheben

Für manche Rezepte braucht man nur das Eigelb oder das Eiweiß. Der jeweilige Rest kann im Kühlschrank mehrere Tage aufbewahrt werden, bis Sie ihn für etwas anderes brauchen. Eigelb kann z. B. für Saucen oder Teige verwendet werden oder auch für Mayonnaise. Mit übrigem Eiweiß kann man immer Baisers backen als Verzierung für den nächsten Kuchen. Behälter mit Eiresten beschriften, sowohl die Menge als auch das Datum sollten Sie vermerken. Wenn Sie sich nicht mehr sicher sind: 1 Ei wiegt im Durchschnitt 50 g, und das Eigelb macht etwas weniger als die Hälfte aus.

Eiweiß in einer Plastik- oder Glasschüssel aufheben und gut zudecken. Wenn Sie ganzes Eigelb lagern, bildet sich eine dicke Haut, selbst im zugedeckten Behälter. Deshalb Eigelb in den kleinstmöglichen Behälter geben und diesen bis zum Rand mit kaltem Wasser füllen. Vor dem Benutzen des Eigelbes das Wasser vorsichtig abgießen.

Kaputtes Eigelb mit 1–2 EL kaltem Wasser schlagen, in eine kleine Schüssel geben und gut zudecken.

Oben: Ganze Eier kann man luftdicht im Plastikbehälter im Kühlschrank aufheben.
Unten: Eiweiß kann man in einem luftdichten Behälter einfrieren.

Oben: Eigelb mit Wasser bedecken, dann wird es nicht hart.

Oben: Geschlagene Eier mit Klarsichtfolie abdecken.

Eier einfrieren

Rohes Ei ohne Schale kann man in kleine versiegelbare Gefäße geben und einfrieren. Nehmen Sie ein Gefäß, das gerade groß genug für das Ei ist, damit wenig Luft eingeschlossen wird. Behälter mit Datum und Anzahl der Eier beschriften. Über Nacht im Kühlschrank auftauen und dann schnell verwenden.

Eier einfrieren

1 Ganze Eier leicht schlagen, bis Eigelb und Eiweiß vermischt sind. In kleine Gefäße gießen.

2 Eigelb und Eiweiß kann man auch getrennt in kleinen Behältern einfrieren. Eigelb leicht schlagen und für 4 Eigelb $^1/_8$ TL Salz oder $1^1/_2$ TL Zucker dazugeben. In den Behälter geben, beschriften, dabei auch angeben, ob Salz oder Zucker dazugegeben wurde.

3 Wer häufig Eier in kleinen Mengen verwendet, kann sie in Tabletts für Eiswürfel geben und ganz dicht mit Klarsichtfolie abdecken. Gefrorene Eiwürfel in Gefriertüten umfüllen.

4 Ganze gekochte Eier sind nicht ideal zum Einfrieren. Hartgekochtes Eiweiß wird noch härter und gummiartig. Hartgekochtes Eigelb hingegen kann man luftdicht eingepackt gut einfrieren.

Oben: Leicht geschlagene Eier kann man im Eiswürfelbehälter einfrieren.

Frischetest für Eier

Sobald das Ei gelegt ist, kann Feuchtigkeit durch die poröse Schale nach außen gelangen. Luft dringt ein, und damit beginnt der Verfall. Je wärmer das Ei, desto schneller geht der Verfall. Wenn das Ei älter ist, werden die Eihäute, die die Bestandteile voneinander trennen, weicher, und damit wird das Ei wabbelig.

Oben: Ein frisches Ei hat ein dickes Eigelb und zwei klare Eiweißschichten

Oben: Ein 12 Tage altes Ei hat ein deutlich flacheres Eigelb

Oben: Beim 21 Tage alten Ei kann man die Eiweißschichten nicht mehr sehen.

Oben: Ein frisches Ei wird auf den Grund des Wassers sinken.

Oben: Je älter das Ei, umso leichter, und es treibt im Wasser nach oben.

Ganz frische Eier schmecken hervorragend und sind ideal zum Pochieren, Braten und für Rührei, weil die Bestandteile noch fest halten. Wenn man Eigelb und Eiweiß trennen will, geht das am besten mit Eiern, die mindestens 2 Tage alt sind. Denn jetzt werden Eigelb und Eiweiß schon nicht mehr so fest zusammengehalten.

Wenn das Ei noch älter wird, steigt das Risiko, beim Trennen das Eigelb kaputt zu machen.

Frische beeinflusst nicht den Nährwert von Eiern, aber die Kocheigenschaften. Ältere Eier breiten sich mehr aus, sind flacher und wabbeliger beim Pochieren oder Braten, aber einfacher zu schälen, wenn sie hartgekocht sind. Für hartgekochte Eier dürfen sie wirklich schon ein oder zwei Wochen alt sein, dann ist die Luftkammer größer und trennt das Ei von der Schale, was das Schälen erleichtert.

Um das Alter eines ungestempelten Eies zu bestimmen, schlagen Sie es in einen Teller: Ein frisches Ei hat ein dickes rundes Eigelb umgeben von zwei deutlich erkennbaren Schichten Eiweiß. Ein 10–12 Tage altes Ei hat ein flacheres Eigelb und weniger klare Konturen zwischen den zwei Eiweißschichten. Und beim 21 Tage alten Ei sind die Eiweißschichten nicht mehr als solche erkennbar.

Natürlich gibt es auch einen Frischetest, bei dem man das Ei nicht aufbrechen muss. Legen Sie das Ei in ein Glas mit kaltem Wasser. Ein sehr frisches Ei hat nur eine kleine Luftkammer und ist damit schwerer. Es bleibt auf dem Boden. Ein altes Ei hat eine große Luftkammer, wiegt deshalb weniger und wird – mit dem runden Ende nach oben – im Wasser hochsteigen. Ein extrem altes Ei wird an der Wasseroberfläche treiben. Dieses sollten Sie lieber nicht mehr essen, es ist ziemlich sicher schlecht.

Wie alt ist zu alt?

Empfehlungen für Geschäfte raten, nur Eier zu verkaufen, die weniger als 21 Tage alt sind. Diese Empfehlung ist sicher. Wenn Eier korrekt gelagert werden, sind sie auch nach 28 Tagen noch gut. Wenn Sie ein Ei haben, das noch älter ist, sollten Sie einen der Tests machen. Sicherer ist natürlich, Eier nach dem angegebenen Datum wegzuwerfen. Wenn Sie im Zweifel sind, jedes Ei einzeln in eine Tasse schlagen. Der Geruch eines schlechten Eies lässt keine Zweifel mehr offen.

Links: Tausendjährige Eier bekommen ihre Farbe durch die Paste aus Asche und Limetten, in die sie gepackt werden.

Eier konservieren

Vor der intensiven Eierproduktion legten die Hennen nur an warmen Tagen Eier, und deshalb mussten sie für kalte Zeiten konserviert werden. Bevor man die Technik des Einfrierens und Trocknens perfektioniert hatte, wurden Eier meistens in Natriumsilikat eingelegt, einer bakterienresistenten Lösung, die sowohl das Eintreten von Bakterien als auch das Austreten von Feuchtigkeit verhinderte. Die Eier wurden in der Lösung an einen kühlen Ort gestellt und hielten 8–9 Monate.

Allerlei Produkte wurden auf die Schalen gepinselt in dem Versuch, sie zu versiegeln, aber nur Öl und Vaseline haben das erfolgreich geschafft. Beide werden auch heute noch verwendet.

Die wahrscheinlich älteste Methode, Eier zu konservieren, stammt wohl von den Chinesen. Eier werden mit Schale hartgekocht und anschließend in eine Paste aus Erde und Salz gepackt. Dies wird fest in Reispflanzen oder Gras gewickelt und in eine große Schüssel gegeben. Die Eier lagern zugedeckt an einem kalten Ort für 30–40 Tage. Diese Eier werden in China häufig in Kuchen eingebacken, und wenn dieser angeschnitten wird, kommt das knallige Eigelb zum Vorschein. Tausendjährige Eier werden ähnlich zubereitet und brauchen auch etwa 40 Tage. Sie werden in eine Paste aus Asche und Limette gepackt, die ihnen die grün-braune Farbe verleihen. Die Schale ist so hart, dass sie vor dem Schälen eingeweicht werden muss. Die Eier werden mit Sojasauce und Sesamöl gegessen oder kleingeschnitten mit Schweinefleisch pfannengerührt. Sie halten etwa 2–3 Monate.

Oben: Tausendjährige Eier (links) und gesalzene Enteneier brauchen etwa 40 Tage, bis sie fertig sind

Produkte aus Eiern

Für die Gastronomie sind Eier in verschiedenen weiterverarbeiteten Formen erhältlich, für den privaten Haushalt ist die Auswahl etwas begrenzter. In manchen Ländern stieg durch die Angst vor Salmonellen die Nachfrage nach getrockneten Eiern ganz enorm. Es gibt sowohl ganze getrocknete Eier als auch getrennte Eier zum Backen, für Ausbackteige und Baisers.

Getrocknetes Ei gab es zum ersten Mal im zweiten Weltkrieg als Teil der Essenszuteilung. Danach geriet es in Vergessenheit, bis es vor einigen Jahren wieder in getrockneter Form in Fertigmischungen auftauchte. Getrocknetes Eiweiß und ganze getrocknete Eier sind auch als Einzelprodukte erhältlich, aber nicht so weit verbreitet wie in Fertigmischungen. Getrocknetes Ei ist ideal für Menschen mit einem schwachen Immunsystem, die kein rohes oder nur kurz gekochtes Ei essen sollten.

Weitere Fertigprodukte aus Eiern sind eher für die Gastronomie verfügbar. Hier gibt es Mischungen für Omelett, Rührei, verschiedene Quiches und Pfannkuchen. Diese Produkte sind sehr praktisch und schmecken annähernd so gut wie frisches Ei. Besonders Trockeneiweiß ist eine perfekte Alternative zu frischem Eiweiß, und niemand wird einen Geschmacksunterschied bemerken. Trockenmischungen für Baisers bringen wunderbare Ergebnisse hervor und haben den Vorteil, dass man sie lange lagern kann. Diese Trockenprodukte sind immer bereit und besonders praktisch, wenn man nur geringe Mengen braucht. Ganzes getrocknetes Ei eignet sich für Rührei, Omeletts und auch zum Backen und für Desserts. Es wird einfach mit Wasser angerührt oder zu den anderen trockenen Zutaten gegeben und dann mit Wasser angerührt.

Die Kocheigenschaften von Eiern

Die physikalischen Eigenschaften von Eiweiß und Eigelb machen das Kochen mit Eiern ziemlich faszinierend. Wegen der Reaktionen von Eiweiß und Eigelb während der Vorbereitung und des Garens erhält man unendlich viele verschiedene Endprodukte vom luftigen Soufflé über cremige Vanillesauce bis hin zu knusprigen Ausbackteigen und üppiger Mayonnaise. Eier haben drei ganz besondere Fähigkeiten: Sie können auflockern, sie können gerinnen und sie können emulgieren. In einfachen Worten: sich aufplustern, sich setzen und eindicken.

Auflockern

Wenn ein Eiweiß kräftig geschlagen wird, wird Luft eingefangen und es entsteht eine schaumige Masse, der Eischnee. Seine gallertartige Konsistenz hilft dem Eiweiß, Luftblasen aufzunehmen und zu behalten. Je kräftiger das Eiweiß geschlagen wird, umso mehr Luft wird aufgenommen und dabei breiten sich die Proteine im Eiweiß um ein Vielfaches aus.

Die Konsistenz des Eischnees hängt von der Größe der Luftblasen ab. Größere Blasen sorgen für weichen und feuchten Eischnee, kleinere Blasen machen den Eischnee steif und trocken. Je länger der Eischnee geschlagen wird, umso kleiner werden die Luftbläschen. Wenn Eischnee zu lange geschlagen wird, können sich die Proteine nicht mehr strecken, und das Ganze wird trocken und krümelig. Wenn Sie jetzt noch weiterschlagen, fällt das Eiweiß in sich zusammen.

Idealerweise sollte Eiweiß für Eischnee Zimmertemperatur haben. Also 30 Minuten vor dem Schlagen aus dem Kühlschrank nehmen. Sehr kaltes Eiweiß ist noch mehr gallertartig und kann nicht so gut Luft aufnehmen. Sehr junges Eiweiß kann zu den selben Problemen führen, weil es noch nicht ausgereift ist. Altes Eiweiß ist oft zu dünn und schwach, um die Luftblasen zu halten. Wer sicher sein will, gibt etwas Weinstein auf das Eiweiß.

Auch die geringste Menge Fett verhindert, dass das Eiweiß zu Eischnee wird, also Schüssel und Schneebesen wirklich absolut sauber und fettfrei bereit stellen. Eigelb enthält auch Fett, also beim Eiertrennen aufpassen.

Stabilisieren

Wenn ein Ei erhitzt wird, geht das Protein in einen festen Zustand über. Dadurch wird das Ei fester. Dies passiert bereits bei 63 °C. Deshalb dürfen z. B. Baisers nicht zu heiß gebacken werden, weil sie dann verbrennen bevor sie überhaupt getrocknet und fest geworden sind. Wenn die Temperatur zu niedrig ist, werden die Eiweißproteine nicht fest, der Zucker läuft langsam heraus und hinterlässt eine klebrige Masse auf dem Backblech.

Eigelb enthält noch mehr Proteine und reagiert damit noch empfindlicher auf Hitze als Eiweiß. Deshalb muss Eigelb mit Vorsicht gekocht werden, weil es sonst gerinnt. Das passiert, wenn Protein und Flüssigkeit sich voneinander trennen.

Um das Gerinnen zu verhindern, kann man kleine Menge Speisestärke zur Eigelbmischung geben. Speisestärke hält Protein und Flüssigkeit zusammen und sorgt dafür, dass sie sich auch beim Erhitzen nicht trennen. Natürlich ist es ein Schwindel, der Vanillesauce Speisestärke zuzugeben, um die lange Kochzeit bei schwacher Hitze zu umgehen. Aber merken wird es keiner!

Emulgieren

Wenn eine Flüssigkeit, z. B. Öl, unter ein Ei geschlagen wird, verteilen sich winzig kleine Tröpfchen gleichmäßig im Ei und sorgen dafür, dass die Mischung fester wird. Hierbei ist es wichtig, dass das Verhältnis von Ei und Flüssigkeit genau stimmt, sonst verbinden sich die Zutaten nicht. Die Flüssigkeit muss außerdem ganz langsam zu dem Ei geschlagen werden, damit das Ei genug Zeit hat, die Flüssigkeit aufzunehmen. Wenn sie zu schnell dazugegeben wird, kann sie gerinnen.

Zu den Klassikern, die auf der Emulsion von Ei und Öl basieren, gehören die Sauce Hollandaise und Mayonnaise. Bei der Hollandaise kommt noch Hitze hinzu, die die Butter schmelzen lässt, so dass auch sie zum Ei gerührt werden kann. Außerdem sorgt die Hitze dafür, dass die Eigelbproteine fest werden und damit die Sauce noch mehr eindickt.

Oben: Die Konsistenz von Eiweiß ist ideal, um Luftblasen einzufangen.

Oben: Durch Hitze werden die Proteine im Ei fest.

Oben: Öl wird unter ein Ei geschlagen für eine Emulsion.

Nützliche Helfer

Die richtige Ausstattung erleichtert jeden Job und bringt bessere Ergebnisse -das gilt auch für das Kochen mit Eiern. Ein guter Schneebesen wird Eischnee zu neuen Höhen schlagen und die ideale Pfanne sorgt für gleichmäßig dünne, perfekte Pfannkuchen oder Crêpes.

Das Angebot an Küchengeräten ist endlos, und viele Dinge werden Sie niemals brauchen. Manche Geräte hingegen sind für den unsicheren Koch hilfreich, für den erfahrenen aber vollkommen überflüssig. Ein solches Gerät ist der Eiertrenner, der verhindert, dass Sie sich mit Schalenresten und Eigelbelementen im Eiweiß herumärgern müssen.

Körbe

Eierkörbe aus Draht und Weidengeflecht sehen sehr schön aus und sind nützlich zum Aufbewahren von Eiern, allerdings nur, wenn Sie die Eier bald essen. Der Raum sollte zudem nicht wärmer als 20°C sein und gut belüftet sein. Keine Körbe mit Eiern in fensterlosen Räumen aufheben.

Oben: Drahtkörbe haben oft Laternen- oder Hühnerform.

Links: Körbe aus Naturgeflecht sind praktisch zum Eiersammeln.

Unten: Eieruhren sind sehr hilfreich beim Eierkochen.

Eieruhren
Eine Eieruhr ist nicht nur beim Eierkochen hilfreich. Die größeren, sich drehenden Eieruhren, oft in Ei- oder Gemüseform, sind gut für längere Kochzeiten, aber zu ungenau für Eier. Das rote Modell oben wurde speziell zum Eierkochen entwickelt: Es kommt mit den Eiern in den Topf, und je nach Zustand der Eier wird „soft", „medium" oder „hard" aufleuchten. Die klassische Eieruhr enthält eine gewisse Menge Sand oder Salz in einem Plastik- oder Glasgefäß. Der Sand braucht 3 Minuten, um vom oberen Teil in den unteren Teil zu gelangen – perfekt für ein weichgekochtes Ei.

Eierpiekser
Das runde Ende eines Ei wird mit dem Eierpiekser eingestochen, damit Luft aus der Luftkammer entweicht und das Ei beim Kochen nicht platzt. Ein nützliches und preiswertes Gerät, mit dem das Einstechen viel einfacher ist als mit einer Heftzwecke. Die runde Seite des Eis aufsetzen und das Ei leicht nach unten drücken. Beim gezeigten Modell drückt man die graue Taste und die Nadel kommt nach oben.

Eiertrenner
Natürlich kann man Eier mit der Hand trennen, aber dafür ist ein bisschen Übung nötig. Und in manchen Rezepten mit Eischnee darf einfach nicht der kleinste Tropfen Eigelb im Eiweiß sein, sonst gelingt der Eischnee nicht. Der Eiertrenner wird auf einen Schüsselrand gesetzt, dann schlägt man das ganze Ei hinein. Das Eigelb setzt sich in die Mitte, und das Eiweiß fließt seitlich ab.

Oben: Eiertrenner

Löffel und Schaber aus Holz
Hier gibt es auch wieder eine Riesenauswahl an Größen und Formen. Die hier abgebildeten sind die wichtigsten für das Kochen mit Eiern. Der kleinste Löffel ist ideal für kleine Mengen Sauce und Rührei, der größere dient zum Teigrühren. Der Schaber mit den Schlitzen holt pochierte und gebratene Eier aus der Pfanne, der Schaber mit den Löchern schlägt und rührt Eier. Der glatte Schaber ist zum Wenden von großen Rühreistücken und ist auch nützlich, wenn mal was am Topfboden klebt.

Eierlöffel
Dieses Spezialgerät erfüllt drei Aufgaben: Es trennt Eiweiß und Eigelb, es verschlägt Eier miteinander, und die Nadel am Ende des Griffes sticht Eier vor dem Kochen ein, damit sie nicht platzen.

Links: Ein Eierlöffel kann Eier trennen, schlagen und einstechen.

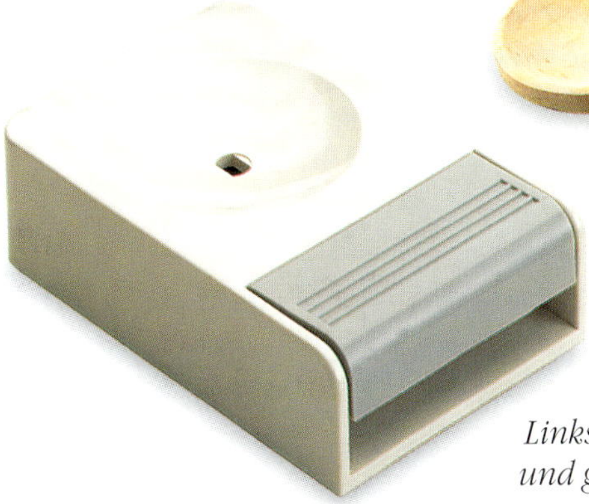

Links: Ein Eierstecher sticht schnell und ganz einfach ein Loch ins Ei.

Oben: Löffel und Schaber aus Holz gibt es in vielen Größen und Formen. Sie sind wirklich nützlich beim Eierkochen.

Rührgeräte
Hier gibt es ganz sicher etwas für jeden Geschmack und Geldbeutel, die Auswahl ist verblüffend. **Schneebesen aus Holz** eignen sich, wenn Eier oder Saucen nur ganz leicht geschlagen werden. Schneebesen aus Holz haben die Form von länglichen Ballons und fangen sehr viel Luft ein, wenn man sie richtig benutzt. Der Trick ist, dass die Hand die Arbeit macht, während Handgelenk und Arm eher ruhen. Manche erfahrenen Köchinnen und Köche halten den Schneebesen zwischen den beiden Handinnenflächen und rollen ihn dann hin und her und auf und ab. Das braucht ein bisschen Praxis und eignet sich nur für schmale Gefäße, da das Volumen vom Eischnee bei dieser Methode nicht sein Maximum erreicht.

Von links nach rechts: Ein kleiner Rührer, ein flacher Schneebesen, ein kegelförmiger Schneebesen, ein Cocktailrührer und ein Handrührgerät.

Kleine Rührer sind hilfreich zum Vermischen von kleinen Mengen. **Flache Schneebesen** machen Eischnee sehr luftig, aber es dauert lange, bis er auch fest ist.

Kegelförmige Schneebesen sind praktisch für Saucen und Cremes. **Cocktailrührer mit langem Stiel** sind ideal zum Rühren und Schlagen in hohen schmalen Gefäßen. **Handrührgeräte mit zwei Rührbesen** sind die beste Alternative zum elektrischen Handrührgerät. Gut geeignet, um kleine Mengen gut zu verschlagen.

Rechts: Schneebesen aus Metall gibt es in vielen Größen für verschiedene Aufgaben, vom Schlagen einer feinen Sauce bis zum Eischnee für Baisers.

Links: Ein Schneebesen aus Holz ist gut für leichtes Schlagen von Ei oder Saucen.

Schaumlöffel und Pfannenheber

Große Schaumlöffel und Pfannenheber brauchen Sie unbedingt, um Eier aus der Pfanne zu holen. Ob gekocht, gebraten oder pochiert – Eier müssen vorsichtig herausgehoben werden und dabei soll Flüssigkeit abtropfen. Auch zarte Omeletts brauchen etwas Unterstützung, wenn man sie aus der Pfanne holt. Auch wenn die hier gezeigten Geräte im Grunde die gleichen Aufgaben erfüllen, gibt es doch kleine Unterschiede: Große runde Schaumlöffel sind ideal für pochierte Eier, da sie diese in Form halten. Flache Pfannenheber sind gut für Spiegeleier oder Eierkuchen.

Oben: Schaumlöffel und Pfannenwender braucht man zum Herausheben.

GERÄTE ZUM KOCHEN

Pochierpfanne

Dieses Gerät heißt zwar Pfanne, ist aber eigentlich ein Dämpfer. Die Eier kommen in individuelle Vertiefungen in ein Tablett über kochendes Wasser. Die Vertiefungen mit Butter einfetten. Das fertig pochierte Ei ist gleichmäßig rund. Je nach Kochzeit ist das Eiweiß mehr oder weniger fest. Das Wasser sollte nicht zu heftig kochen, sonst wird das Eiweiß wie Gummi. Die Pfannen gibt es für 1 Ei, 2 oder 4 Eier.

Pochierring

Diese Ringe dienen dazu, dass die Eier beim Pochieren ihre Form behalten, was auch den Vorteil hat, dass Sie mehrere Eier gleichzeitig pochieren können.

Oben: Pochierringe

Eierpochierer

Pochieren war schon immer eine sanfte Methode des Eierkochens. Das Wasser wurde sofort nach dem Aufkochen von der Hitzequelle genommen. Die Eier blieben dann 10 Minuten im Wasser. Heute gibt es Pochiergläser, in die man Eier ohne Schale gibt. Die Pochiergläser stellt man in schwach siedendes Wasser. So garen die Eier langsam und bei sanfter Hitze. Pochiergläser gibt es für mittelgroße und große Eier.

Oben: Eier werden in der Pochierpfanne gedämpft.

Oben: Eierpochierer garen Eier besonders sanft.

Unten: In Omelettpfannen mit dickem Boden verteilt sich die Hitze gleichmäßig.

Unten: Eine Omelettpfanne mit rundem Rand hilft dem Omelett beim Hinausgleiten.

Omelettpfanne

Wenn Sie oft Omelett machen, sollten Sie sich eine Pfanne ausschließlich dafür zulegen. Sie sollte aus Aluminium, Stahl oder Gusseisen sein und einen dicken Boden haben. Die Ränder sollten abgerundet sein, damit das Omelett leicht herausgleiten kann. Eine Pfanne aus Stahl muss mit Öl erhitzt werden, damit nichts kleben bleibt, und sollte nach Gebrauch nur mit Küchenpapier gesäubert werden.

Pfannkuchenpfanne

Die ideale Pfannkuchenpfanne ist leicht und hat einen niedrigen Rand, damit man den Pfannkuchen leicht wenden kann. Sie kann aus Stahl sein, aber es gibt auch gute beschichtete Pfannen. Die Stahlpfanne muss vor dem Gebauch eingeölt werden, damit nichts kleben bleibt. Dazu etwas Öl in der Pfanne erhitzen, bis es raucht. Dann das Öl mit Küchenpapier verteilen. Öl ausgießen und Pfanne trocknen.

Oben und links: Pfannkuchenpfannen sorgen für gleichmäßig dünne Pfannkuchen.

OFENFESTE FORMEN

Souffleeformen

Souffleeformen erkennt man an ihren geraden Seitenwänden, die das Soufflé beim gleichmäßigen Aufgehen stützen. Im Zweifelsfall lieber eine etwas kleinere Form nehmen als im Rezept angegeben, denn dann geht das Soufflee höher auf. Für kalte Soufflees bekommen diese Formen meist noch einen Papierkragen, der die Souffleemasse hält, bis sie fest ist. Klassische Souffleeformen sind weiß.

Auflaufformen

Diese flachen Formen gibt es rund, oval und eckig und in vielen Größen. Sie sind ideal für leckere Aufläufe aus Gemüse, Nudeln oder Fleisch mit Eiern und Sahne. Auch für süße Speisen geeignet, bei denen Früchte zuerst gratiniert und dann unter dem Grill gebräunt werden

Miniförmchen

Im Prinzip sehen sie aus wie kleine Souffleeformen, meist haben sie auch wie diese einen geraden hohen Rand. Die Förmchen werden für individuelle Portionen benutzt, sei es, dass das Gericht in der Form serviert wird oder aus der Form auf einen Teller gestürzt. Bei empfindlichen Gerichten wie Vanillecremes und -puddings werden die Förmchen meist in einem Wasserbad im Backofen gegart.

Miniförmchen haben den großen Vorteil, dass die Gerichte gleichmäßig garen. Sie bekommen sie aus weißem Porzellan, hitzefestem Glas, Keramik und auch modernem bunten Porzellan. Je dicker das Förmchen, desto länger die Garzeit. Und vergessen Sie nicht, dass dickwandige Förmchen gut Hitze stauen und das Gericht noch weitergart, nachdem Sie es aus dem Ofen geholt haben.

Oben: Auflaufformen sind ideal für die meisten Backofengerichte.

Unten Souffleeformen gibt es in allen Größen von der Ein-Personen-Form bis zur Familiengröße.

Unten: Miniförmchen aus weißem Porzellan gibt es in vielen Größen.

Ein einfacher Mixer ist ideal für Pfannkuchenteig.

Die Küchenmaschine

Die Küchenmaschine hat das Kochen revolutioniert. Mit Leichtigkeit kann man jetzt Mayonnaise, Ausbackteige und auch manche Kuchen- und Brotteige machen! Die einzige Einschränkung liegt darin, dass kleine Mengen in der meist sehr großen Maschine nicht bearbeitet werden können, da sie einfach am Rand kleben bleiben. Für eine kleine Portion Mayonnaise sollten Sie lieber den Handmixer nehmen. Bereiten Sie empfindliche Speisen wie z. B. Sauce Hollandaise auf schwächster Stufe zu. Und mixen Sie nie zu lange!

Oben: Die elektrische Omelettpfanne macht feine Omeletts in wenigen Minuten.

ELEKTROGERÄTE

Mixer

Wenn Sie öfters Mayonnaise oder Pfannkuchen machen, werden Sie merken, wie nützlich ein Mixer ist.

Einfache Mixer mit einem abnehmbaren Gefäß sind praktisch und unkompliziert. Das Gefäß wird zum Spülen abgenommen.

Handmixer mit einem passenden Messbecher sind schnell, aber nicht für große Mengen geeignet.

Freistehende Elektromixer mit dazugehörigen Schneebesen sind ideal für Kuchenteig oder Eischnee. Oft ist eine Metallschüssel dabei. Diese großen Maschinen arbeiten langsamer als der Handmixer, Sie können also etwas anderes machen, während der Mixer den Eischnee für Sie schlägt. Richtig große Mixer gibt es mit vielen Spezialausstattungen.

Links: Der freistehende Elektromixer hat oft viele Spezialausstattungen.

Elektrische Omelettpfanne

Diese Omelettpfanne bäckt zwei kleine Omeletts in wenigen Minuten. Die erwärmten Vertiefungen werden mit Öl oder Butter eingepinselt. Alle Füllungen müssen zuerst gegart werden, dann die Eimischung in die Vertiefungen gießen und Deckel zumachen.

Zubehör für die Mikrowelle

Viele Leute kochen richtig gerne mit der Mikrowelle, und für sie gibt es spezielle Geräte für das Eierkochen in der Mikrowelle. Da gibt es ein spezielles Gerät mit Deckel, das Sie unbedingt zum simplen Eierkochen brauchen, denn Sie dürfen Eier nicht auf herkömmliche Weise in der Mikrowelle kochen, da sie platzen würden. Auch für Omeletts und pochierte Eier gibt es spezielle Geräte.

Zubehör zum Servieren

Nicht nur zum Kochen von Eiern gibt es spezielle Geräte, auch zum Servieren findet sich einiges Zubehör.

Oben, im Uhrzeigersinn von rechts oben: Mikrowellenzubehör wie Omelettpfanne, Eierpochierer, Pochierpfanne und Korb zum Eierkochen.

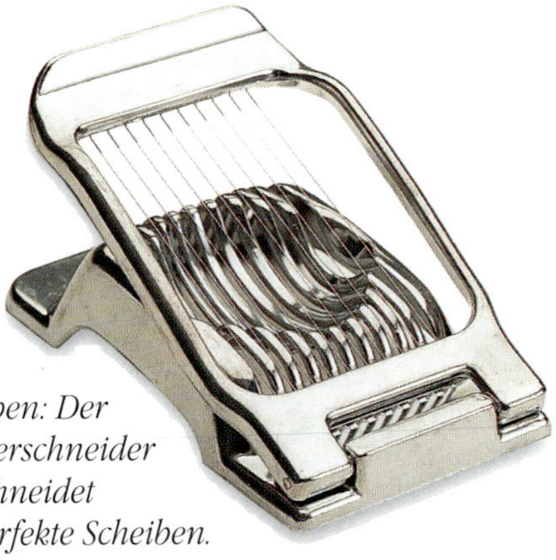

Oben: Der Eierschneider schneidet perfekte Scheiben.

Der Eierschneider

Es ist gar nicht so einfach, Eier mit einem Messer in gleichmäßige Scheiben zu schneiden. Hier hilft der Eierschneider. Das hartgekochte Ei wird hineingelegt und der Rahmen mit den dünnen Drähten wird langsam nach unten gedrückt.

Oben: Der Eierköpfer schneidet die Spitze eines gekochten Eies sauber ab.

Der Eierköpfer

Diese Schere mit der runden Schneide und den Zähnchen schneidet das obere Ende eines gekochten Eis sauber ab, ohne dass die Schale an anderen Stellen Sprünge bekommt.

Eierbecher

Da Eier so eine unpraktische Form haben, sind Eierbecher vom Frühstückstisch nicht wegzudenken. Die Auswahl an Farben, Formen und Materialien ist endlos. Manche Eierbecher haben einen Deckel zum Warmhalten.

Links: Eierbecher halten heiße, gekochte Eier, so dass man sie mit dem Löffel essen kann.

KÜCHEN-TECHNIK UND GRUNDREZEPTE

Eier sind eines der vielseitigsten Lebensmittel überhaupt. Dieses Kapitel vermittelt Ihnen das notwendige Wissen über die verschiedenen Zubereitungsmethoden für Eier. Vom simplen Eierkochen bis zum raffinierten Soufflee – hier werden alle Methoden und Grundrezepte detailliert erklärt, und Sie werden bald sehen, welche unendlichen Möglichkeiten das Kochen mit Eiern bietet.

Garmethoden

Auch im Hinblick auf Garmethoden sind Eier ausgesprochen vielseitig. Wenn man sich klar macht, was mit dem Ei beim Erhitzen und Kochen passiert, erkennt man schnell den Sinn der verschiedenen Zubereitungs- und Garmethoden. Eier bestehen aus Eigelb und Eiweiß und enthalten überwiegend Wasser, Fett und Protein und andere Elemente und Inhaltsstoffe in sehr geringen Mengen. Das Eiweiß besteht hauptsächlich aus Wasser und Protein, das Eigelb aus Fett, Protein und anderen Inhaltsstoffen.

Das Protein spielt beim Garprozess die entscheidende Rolle: Es wird beim Erhitzen fest. Je länger es erhitzt wird oder je höher die Temperatur ist, umso fester wird es. Wenn ein Ei zu lange oder zu heftig erhitzt wird, wird das Protein zu hart und damit das ganze Ei, und dieses Ei wird sicher keiner mehr essen wollen

Beim Schlagen verbinden sich die Eiweißproteine mit den Eigelbproteinen, und es braucht eine höhrere Temperatur, damit die Verbindung fest wird. Im Gegensatz zu gekochten Eiern, wo zuerst das Eiweiß fest wird, lassen sich geschlagene Eier sanft erhitzen, bis sie weich und cremig werden, wie z. B. beim Rührei. Zu lange oder zu heiß gekochtes Rührei gerinnt, da das Protein fest wird und sich vom Rest trennt.

Ein entscheidender Faktor beim Eierkochen ist also, Temperatur und Dauer des Garprozesses unter Kontrolle zu haben. Selbst beim simplen Eierkochen darf die Temperatur nicht zu hoch sein, „sehr" heiß ist schon „zu" heiß. Es gibt natürlich Ausnahmen, z. B. Omelett und Spiegelei brauchen eine hohe Temperatur, diese wird aber durch die sehr kurze Kochzeit ausgeglichen.

Eier trennen

Wenn Sie Eier aufschlagen, um Eigelb und Eiweiß zu trennen, sollten Sie das Ei in der Mitte gegen einen Tassenrand schlagen. Sie brauchen zwei Tassen. Halten Sie die beiden Schalenhälften so, dass das Eiweiß in die Tasse fließen kann und das Eigelb in der Schale bleibt.

1 Das Ei mit einer kräftigen Bewegung am Rand einer Tasse oder Schüssel aufschlagen, möglichst genau in der Mitte. Oder Sie machen zuerst mit der Schneide eines großen Messers eine Kerbe in der Mitte des Eis.

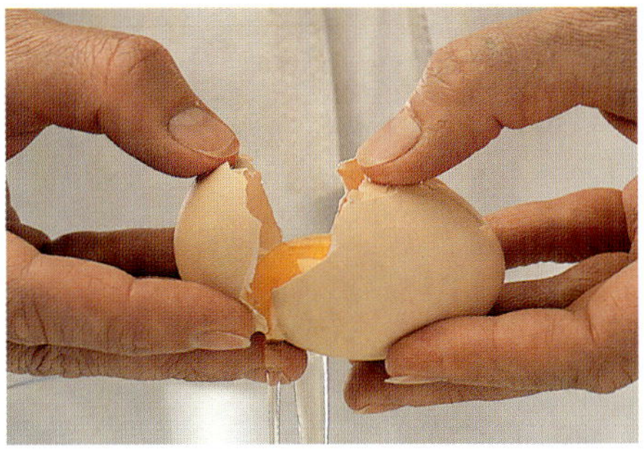

2 Mit den Daumen die Schalenhälften vorsichtig auseinanderziehen, dabei die Schale möglichst nicht eindrücken. Die Schalenhälfte mit dem Eigelb gerade halten, das Eiweiß aus beiden Hälften in die Schüssel fließen lassen.

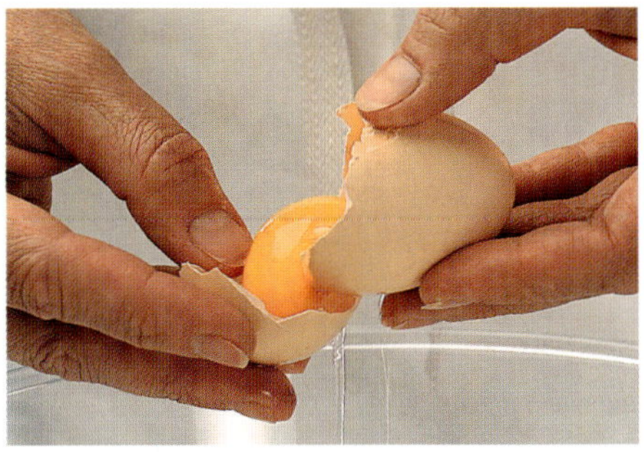

3 Das Eigelb vorsichtig von einer Schalenhälfte in die andere gleiten lassen, dabei das Eigelb nicht kaputtmachen. Hierbei fließt noch mehr Eiweiß in die Schüssel. Diesen Vorgang so oft wiederholen, bis alles Eiweiß in der Schüssel ist. Eigelb in eine andere Schüssel geben.

Eier anstechen

Sehr frische oder kalte Eier können kaputtgehen, wenn man sie ins kochende Wasser gibt. Das beeinträchtigt zwar nicht unbedingt die Qualität, sieht aber auch nicht gerade schön aus. Um das zu verhindern, stechen Sie das Ei an der runden Seite, die ein Luftpolster hat, ein. So kann die Luft entweichen, ohne dass die Schale zerbricht.

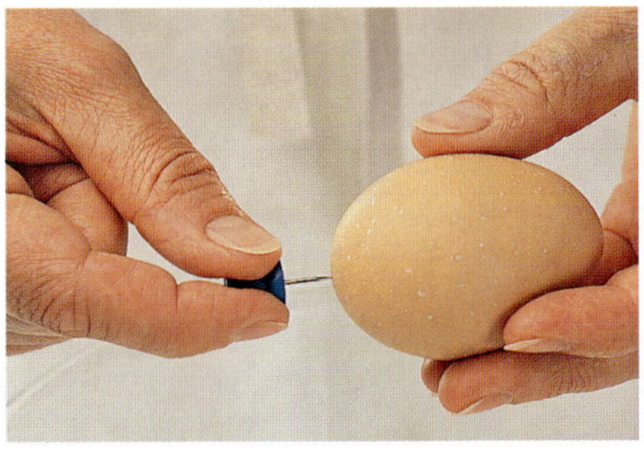

Hierzu brauchen Sie eine Heftzwecke. Diesen vorsichtig mit drehenden Bewegungen in die Schale drehen. Nicht zu fest drücken.

Wenn Sie einen Eierstecher haben, geht das Ganze natürlich einfach. Das angestochene Ei ins kochende Wasser geben und wieder aufkochen.

Eier kochen

Sie sollten Eier nicht zu heftig kochen, denn die Schale könnte kaputtgehen, und dann verlieren Sie einen Teil vom Eiweiß. Eine Möglichkeit, dies zu vermeiden, ist, die Eier in kaltes Wasser zu geben, aber dann ist das Timing ungenau. Am besten geben Sie Eier in siedendes oder gerade kochendes Wasser. Sobald das Wasser wieder Blasen wirft, stellen Sie die Eieruhr. Wenn Sie weich gekochte Eier machen, die später noch mit anderen Zutaten weitergegart werden, verkürzen Sie die Kochzeit etwas und geben die Eier sofort unter fließend kaltes Wasser. Wenn Sie Eier hart kochen, z. B. für Salat, sollten Sie die Eier in der ersten Minute 1-2 mal drehen, damit das Eigelb in der Mitte bleibt. Das sieht einfach schöner aus. Frischgelegte Eier sollten erst nach 2-3 Tagen hart gekocht werden, denn in den ersten Tagen sind sie sehr schwer zu schälen.

Sieden und kochen

Wasser siedet kurz bevor es aufkocht. Meistens lässt man es einmal aufkochen und reduziert dann die Temperatur auf den Siedepunkt, an dem das Wasser in Bewegung ist und ab und zu eine Blase auftaucht. Wenn das Wasser sich nur wenig bewegt, ist das sanftes Sieden. Wenn regelmäßig Blasen aufsteigen, spricht man vom ständigen Sieden. Man kann Wasser sanft kochen, sodass die Blasen langsam an die Oberfläche kommen, während sie beim heftigen Kochen wild auftauchen.

Perfekt gekochte Eier

1 Kalte Eier, die hart gekocht werden, am besten in kaltes Wasser geben.

2 Oder Eier von einem Löffel ins kochende Wasser gleiten lassen, dabei aufpassen, dass sie nicht auf den Topfboden fallen und zerbrechen.

3 Wenn das Wasser wieder sanft köchelt, die Eieruhr auf die gewünschte Kochzeit stellen (siehe Tabelle).

Kochzeiten

Diese Kochzeiten gelten für Eier, die in heißes Wasser gegeben werden. Wenn Sie Eier in kaltes Wasser geben, ziehen Sie etwa 30 Sekunden der hier angegebenen Zeit ab. Natürlich sind diese Angaben nur Anhaltspunkte, und Kochzeiten variieren, wenn Eier sehr kalt, sehr frisch oder sehr alt sind. Für ganz frische Eier (weniger als 48 Stunden) sollten Sie 30 Sekunden mehr Kochzeit rechnen und für sehr alte Eier noch mehr.

Kochzeit in Minuten

	klein	mittel	gross
Weich	3	4	$4^1/_2$–5
Wachsweich	4	5–6	6–7
(Eigelb noch weich)			
Hart	7	8–10	10–12

Gekochte Eier schälen und servieren

Weichgekochte Eier am besten sofort essen. Wenn Sie aber 1-2 Minuten abkühlen, sollten Sie die Spitze mit einem Löffel leicht zerbrechen, damit Dampf entweichen kann und die Eier nicht weitergaren. Wenn sie weiterverwendet werden, sollten sie so schnell wie möglich geschält werden.

Eier lassen sich leichter schälen, wenn sie kalt sind. Am besten geben Sie sie sofort nach dem Kochen in ein Gefäß mit kaltem Wasser, das sie öfters wechseln. Um zu vermeiden, dass sich schwarze Ringe um das Eigelb bilden, bricht man die Schale der gekochten Eier sofort mit einem Löffel ein und legt die Eier dann in kaltes Wasser. Geschälte Eier, die nicht sofort weiterverwendet werden, am besten in einer Schüssel mit kaltem Wasser im Kühlschrank aufheben.

Gekochte Eier servieren

Brechen Sie die Schale mit einem Eierköpfer ein, so dass man die Spitze mit einem Löffel abheben kann.

Oder Sie schneiden die Spitze mit einem kleinen scharfen Messer ab. Dabei gleichmäßig schneiden, damit die Schale nicht ganz zerbricht.

Gekochte Eier schälen

1 Das gekochte Ei aus dem Wasser nehmen und in eine Schüssel mit sehr kaltem Wasser legen. Wenn es etwas abgekühlt ist, die Schale rundherum mit einem Löffel aufbrechen oder das Ei sanft an einer harten Fläche aufklopfen.

2 Das Ei vom runden Ende her beginnend schälen, hier befindet sich eine hohle Stelle vom Luftbeutel. Schale zusammen mit dem darunterliegenden Häutchen entfernen, so sollte sie in großen Stücken leicht abgehen.
Falls die Schale nicht gut abgeht, das Ei kurz unter fließend kaltes Wasser halten.

Eier als Garnierung

Hart gekochte Eier sind ideal zum Garnieren. Sie müssen wirklich appetitlich aussehen und daher perfekt gekocht, sofort aufgeklopft und dann abgekühlt und geschält werden. Vor dem Schneiden komplett abkühlen.

Der Eierschneider

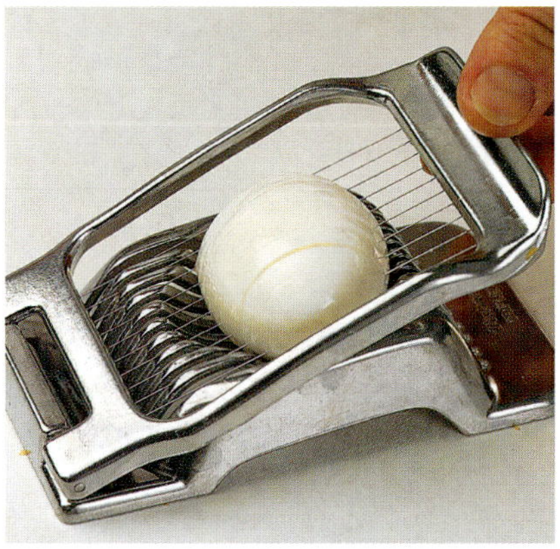

Ideal für gleichmäßige Scheiben. Hart gekochtes, abgekühltes Ei hineinlegen, Drähte etwas einölen, damit sie leicht durch das Ei schneiden.

Hart gekochte Eier kleinhacken

Die Schneide eines großen Messers etwas einölen und die Eier halbieren oder vierteln. Dann grob oder fein hacken, je nach Rezept. Fein gehackte hart gekochte Eier sind die perfekte Garnierung für Salate oder Terrinen. Auch fein für belegte Brote.

Hart gekochte Eier sieben

Eigelb und Eiweiß getrennt durch ein feines Sieb drücken. Dann entweder eines oder beide als Garnierung für kalten Fisch, Krabbencocktail, Terrinen und kalte Suppen verwenden. Auch schön als Verzierung für Mayonnaise oder gefüllte Eier.

1 Gekochtes Eigelb ist relativ weich und lässt sich daher leicht durch das Sieb drücken. Sie können es entweder auf ein Brett sieben oder direkt auf das Gericht.

2 Gekochtes Eiweiß ist fester als Eigelb und daher ist es etwas mühsamer. Drücken Sie das Eiweiß mit einem Löffel fest durch das Sieb. Am besten, Sie sieben das Eiweiß zunächst auf ein Brett und nicht direkt auf das Gericht. Das gesiebte Eiweiß dann mit einem Löffel über das Gericht streuen.

Eier füllen

Hart gekochte Eier lassen sich prima füllen. Mit einem Teelöffel das Eigelb aus den hart gekochten Eierhälften nehmen, dann Eigelb mit den anderen Zutaten mischen. Perfekte Partyhappen, die man lange vorher vorbereiten kann und dann bis zur Party kühlstellt.

1 Cremige Füllungen, wie z. B. Knoblauch-Kräuterbutter, Frischkäse oder Mayonnaise am besten mit zwei Teelöffeln in die Eierhälten füllen.

2 Festere Füllungen, wie z. B. diese Paste aus Eigelb, Tomate, Chili und Anchovisessenz am besten in einen Spritzbeutel mit relativ großer Tülle geben. Dann für das Muster mit leicht drehenden Bewegungen in das Ei füllen.

Eier pochieren

Experten diskutieren immer wieder, ob man nun Salz oder Essig ins Wasser gibt, damit es wirbelt und das Eiweiß zwingt, sich von selbst um das Eigelb zu legen. Andere raten, das Ei ins Wasser zu geben und sofort die Hitze zu reduzieren. Alle Methoden funktionieren. Wichtig ist nur, dass das Ei wirklich frisch ist, sonst fließt das Eiweiß zu stark auseinander.
Ein Poschierring hilft, das Ei in Form zu halten. Manche schwören auf die Poschierpfanne , in der das Eiweiß allerdings fester wird und damit eher an ein weichgekochtes Ei erinnert.

Klassisch pochiertes Ei

1 Etwa 3-4 cm hoch Wasser in eine Bratpfanne geben. 1 EL Essig dazugeben und Wasser aufkochen. Hitze reduzieren, so dass es sanft köchelt. Ei in einer Tasse aufschlagen und von dort langsam in das köchelnde Wasser gleiten lassen.

2 Ei 1 Minute sanft köcheln. Dann mit einem Löffel etwas Wasser auf das Eigelb geben, damit es auch gart.

3 Das Ei ist fertig, wenn es sich ganz leicht vom Pfannenboden lösen lässt. Mit einem Schaumlöffel oder Fischheber herausholen.

4 Mit einer Küchenschere ausgefranste Ecken abschneiden. Wasser komplett abtropfen lassen und Ei vor dem Servieren mit Küchenpapier trocknen.

Pochieren mit dem Pochierring

Den eingeölten Poschierring in einen Topf mit sanft köchelndem Wasser geben. Ei in den Ring gleiten lassen. 1 Minute kochen, bis das Eiweiß am Rand fest ist. Wasser auf das Ei geben und 1-2 Minuten garen, bis es oben fest ist. Mit einem Messer am Rand des Rings entlangfahren, Ei und Ring aus der Pfanne heben. Ring entfernen, Ei abtrocknen und servieren.

Eier gedämpft

Bei dieser Methode werden die Eier gedämpft. Ein Tablett mit Vertiefungen trennt die Eier vom Wasser. Wasser in die Pfanne gießen und aufkochen lassen. Etwas Butter in jedes Förmchen geben und wenn diese geschmolzen ist, je ein Ei hineingeben. Topf zudecken und 3 Minuten sanft köcheln, bis die Eier oben gerade fest sind. Mit einem Messer die Eier aus den Formen lösen und auf frisch gebuttertem Toast servieren.

Eier garziehen lassen

Dies ist eine sehr sanfte Garmethode. Eier in einen Topf geben wie beim normalen Eierkochen. Wasser sanft aufkochen, Topf zudecken und von der Platte ziehen. Eier 5-6 Minuten ziehen lassen für ein weiches Ei und 7-8 Minuten für ein hartes Ei.

Eier im Eipochierer garen

Den Eipochierer mit Butter einfetten und ein Ei hineinschlagen. Salzen und pfeffern, Deckel auf den Eipochierer setzen und das Ganze in einen Topf mit schwach kochendem Wasser stellen. Eier je nach Größe 6-10 Minuten garen. Eier im Eipochierer servieren.

Eier backen

Im Backofen in Förmchen gegarte Eier schmecken besonders fein und sind schnell und einfach zubereitet. Sie können Sie mit Zutaten wie z. B. Sahne, Knoblauch, Schinken oder Käse zu köstlichen Vorspeisen verfeinern. Die Förmchen mit Alufolie abdecken, damit das Eigelb nicht zu lange kocht.

1 Backofen auf 180° / Umluft 160° / Gas Stufe 2 vorheizen. Förmchen etwas einfetten und je ein Ei hineinschlagen. Butter, Salz und Pfeffer daraufgeben.

2 Förmchen in eine Bratreine stellen, die halbhoch mit heißem Wasser gefüllt ist. Eier 15-18 Minuten backen, bis das Eiweiß fest ist.

Rühreier

Hier werden geschlagene Eier in heißer Butter gerührt, bis sie fest werden. Je nach Geschmack kann man sie cremig lassen oder länger garen, bis sie richtig fest sind. Sie können auch Wasser oder Milch zu den Eiern geben.

Für ein schnelles leichtes Abendessen oder auch als Belag für Sandwiches kann man Rührei mit verschiedenen Zutaten verfeinern. Frische Kräuter, Schinkenwürfel, Tomaten, Pilze und Knoblauch passen hervorragend. Auch im Vorratsschrank findet sich einiges wie Anchovisfilets, Thunfisch oder Dosenbohnen. Meist wird Rührei auf Toast serviert, aber es gibt viele andere Möglichkeiten, z. B. auf getoasteten Brötchen oder Pittabrot. Ein Klassiker ist Rührei mit Räucherlachs. Versuchen Sie auch einmal Rührei auf gedämpftem Gemüse, z. B. Spinat.

Grundrezept für Rührei

1 Eier mit Salz und Pfeffer leicht schlagen, dabei 3 Eier pro Person rechnen. 1 EL Butter in einem kleinen Topf erhitzen. Eier schnell hineingeben und rühren.

2 Die Eier bei mittlerer Hitze 1-2 Minuten rühren, bis sie ein bisschen fest werden, aber noch immer feucht und cremig sind.

3 Wer die Rühreier fester und etwas trockener möchte, rührt seltener und lässt die Eier etwa 4 Minuten im Topf garen.

4 Wer sein Rührei in größeren Stücken möchte, rührt nicht, sondern wendet die Eiermasse, sobald sie fester wird, in großen Portionen mit einem Pfannenheber aus Holz.

Eier braten

Hier gibt es zwei Möglichkeiten: Entweder man brät das Ei ohne Fett oder mit sehr wenig Fett bei mittlerer Hitze zu einem Spiegelei, oder man frittiert es in reichlich Öl von beiden Seiten. Ersteres ist sicher die gesündere Variante, aber ein frittiertes Ei ist einfach herrlich knusprig. Die Eier sollten in jedem Fall sehr frisch sein. Pflanzenöl eignet sich für beide Methoden, beim Spiegelei können Sie auch etwas Butter dazugeben.

Spiegelei braten

1 2–3 EL Öl in einer schweren Bratpfanne bei mittlerer Hitze erwärmen. 1 Ei in die Pfanne schlagen und warten, bis es sich setzt und anfängt, Blasen zu werfen. Dann erst das nächste Ei dazugeben.

2 Nach 1 Minute etwas Öl auf das Eigelb geben, damit es auch gart.

3 Nochmals 1 Minute braten, bis das Eiweiß nicht mehr durchsichtig ist und die Ränder braun werden. Wenn Sie das Eigelb etwas fester möchten, braten Sie das Ei noch 1 Minute. Dann Ei mit einem Pfannenwender oder Fischheber herausnehmen und das Öl abtropfen lassen. Oder auf Küchenpapier entfetten.

4 Wer es noch ein bisschen knuspriger mag, dreht das Ei um und brät es 1 Minute auf der anderen Seite.

Spiegelei mit Buttersauce

1 1 TL Butter erhitzen, bis sie schäumt. Ein Ei hineingeben und 1 Minute braten, bis es fest wird.

2 Ei mit einem Pfannenwender oder Fischheber vorsichtig umdrehen, so dass es ganz bleibt.

3 Nochmals kurz braten, bis das Eiweiß in der Mitte auch fest ist. Auf einen angewärmten Teller legen und warm halten.

4 Für die Sauce 1 EL Butter im Topf schmelzen, bis sie schäumt. Etwas Aceto Balsamico dazugeben und noch ein paar Sekunden garen. Sauce über das Ei geben.

Eier frittieren

1 Ei zuerst in eine Tasse oder kleine Schüssel schlagen, so können Sie es schnell in die Pfanne geben, ohne sich mit heißem Öl zu bespritzen.

2 Pflanzenöl etwa 2,5 cm hoch in eine Pfanne oder Fritteuse geben und auf 180° erhitzen. Es ist heiß genug, wenn ein Brotwürfel in 45 Sekunden bräunt. Ei langsam in das heiße Öl gleiten lassen.

3 Ei 30 Sekunden frittieren, dann mit einem Schaumlöffel vorsichtig wenden.

4 Wieder 30 Sekunden frittieren, bis das Eiweiß knusprig ist und golden. Ei mit dem Schaumlöffel aus der Pfanne nehmen und vor dem Servieren auf Küchenpapier abtropfen lassen.

Grundrezepte

Die enorme Vielseitigkeit von Eiern zeigt sich erst richtig, wenn sie mit anderen Zutaten kombiniert werden. Diese Grundrezepte und -mischungen sind die Basis für unendlich viele herrliche Rezepte mit Eiern.

Wie wir gesehen haben, verändert das Schlagen das Verhalten der Eier beim Kochen. Wenn man Eigelb und Eiweiß schlägt, erinnert das kaum noch an das pure Ei. Wenn man Zucker hinzugibt, wird es eine dicke, cremige Masse. Wenn man ein Eiweiß alleine schlägt, nimmt es viel Luft auf und wird zu schaumigem Eischnee. Die Fähigkeit des Eies, Luft aufzunehmen, ist Voraussetzung für mehrere Garmethoden und bringt unendliche Möglichkeiten für pikante und süße Köstlichkeiten.

Wenn man Mischungen mit Ei erhitzt, arbeitet das Protein und sorgt dafür, dass sie fest werden. Ob Eier nun mit Luft schaumig gerührt werden, ob sie mit anderen Zutaten gemischt werden – Geschmack und Konsistenz haben nicht mehr viel zu tun mit einem gekochten Ei. Die folgenden Rezepte und Mischungen zeigen, wie Eier beim Aufgehen helfen, wie sie Mischungen locker machen oder fest werden lassen.

Ausbackteige

Ausbackteig besteht meist aus Mehl und Flüssigkeit wie Milch. Oft wird auch Ei dazugegeben. Je nach Rezept variiert das Mengenverhältnis von Mehl, Milch und Ei. Aus dieser simplen Mischung lässt sich einiges machen, z. B. Crêpes, Pfannkuchen in allen Größen oder auch gebackene Leckereien wie der Yorkshirepudding aus England oder das Clafoutis aus Frankreich. Wenn man zu dieser Mischung Backtriebmittel gibt, kann man Waffeln und Blinis (Pfannkuchen aus Hefeteig und Buchweizengrieß) machen. Bei manchen Gerichten, wie z. B. Pfannkuchen, soll der Teig ruhen, damit die Luftblasen entweichen können. Teig zudecken und an einen kühlen Ort stellen. Wenn Sie Teig länger aufheben, muss er richtig kaltgestellt werden.

Grundrezept Ausbackteig

1 2 Eier mit dem Handrührgerät oder per Hand gut verschlagen.

2 125 g Mehl unterschlagen, bis die Mischung zu dick ist, um weiterzurühren. (Mehl nicht sieben, die Klumpen lösen sich beim Rühren auf).

3 Etwas Milch und das übrige Mehl hinzugeben und glatt rühren. Nach und nach 250 ml Milch dazugeben und glatt rühren. 20 Minuten ruhen lassen.

4 Wer den Teig im Mixer macht, rührt Mehl, Eier und etwas Milch zu einer Paste, gibt dann die übrige Milch hinzu und mixt alles, bis es glatt ist.

Variante zum Ausbackteig

1 Statt Milch können Sie auch Wasser, Brühe oder Wein nehmen. Bier oder Cidre machen den Teig luftig.

2 Der Teig kann mit 1–2 TL gehackten Kräutern, Knoblauch, Zitronenschale, Senf oder Zucker gewürzt werden.

Yorkshirepudding

1 Backofen auf 220° / Umluft 200° / Gas Stufe 3 vorheizen.

2 Etwas Fett in die Spezialform geben und im Backofen 3-5 Minuten sehr stark erhitzen.

3 Teig in die Form gießen, das Fett muss so heiß sein, dass es zischt. Yorkshirepudding 25-30 Minuten backen. Eine klassische englische Beilage zum Sonntagsbraten.

Pfannkuchen

Pfannkuchen werden nacheinander gebacken, daher sollten Sie sie gestapelt mit Küchenpapier dazwischen im Ofen warmhalten, bis alle fertig sind.

1 Ein wenig Öl in einer Bratpfanne erhitzen. Etwas Teig (Grundrezept, aber mit 3 Eiern) hineingeben und die Pfanne drehen, so dass der Teig sich überall gleichmäßig dünn verteilt.

2 Bei mittlerer Hitze backen, bis er unten goldbraun ist. Ränder lösen, dann zum Pfannenrand gleiten lassen.

3 Pfannkuchen durch schwungvolles Hochheben der Pfanne oder mit einem Pfannenwender wenden.

4 Die zweite Seite goldbraun backen, dann auf Küchenpapier abtropfen.

Minipfannkuchen

Zutaten für 18 Pfannkuchen

200 g Mehl
1 1/2 TL Backpulver
1/2 TL Salz
1 TL Zucker
1 Ei, geschlagen
300 ml Milch
Öl zum Backen

1 Eine schwere Bratpfanne erhitzen. Mehl und Salz in eine Schüssel sieben, Zucker dazugeben. Eine Mulde in die Mitte machen.

2 Das Ei und 150 ml Milch dazugeben, dann Mehl langsam untermischen. Mit der übrigen Milch glattrühren.

3 Etwas Öl in die Pfanne geben. Teig esslöffelweise hineingeben und backen, bis der Teig Blasen wirft und diese anfangen zu platzen.

4 Minipfannkuchen wenden und auf der zweiten Seite goldbraun backen. Fertige Pfannkuchen in eine Stoffserviette gepackt warm halten, bis alle fertig gebacken sind.

Omeletts

Locker geschlagene Eier mit Salz und Pfeffer in der Pfanne gebacken - in 3 Minuten ist ein Omelett fertig. Gewürze und Kräuter, verschiedene Füllungen - es gibt endlose Möglichkeiten, das Omelett zu variieren oder üppiger zu machen. Wenn Eiweiß zuerst zu Schnee geschlagen und dann unter das Eigelb gehoben wird, handelt es sich um ein Soufflee-Omelett. Mit Obstfüllung wird aus einem einfachen Omelett ein wunderbares Dessert.

Klassisches Omelett

1 Rechnen Sie pro Omelett 3 Eier. Diese mit Salz und Pfeffer schlagen.

2 1 EL Butter in einer Bratpfanne erhitzen, bis sie brodelt, aber nicht raucht oder braun wird. Eier hineingießen, Pfanne leicht drehen

3 Eier einige Sekunden backen, bis sie sich setzen. Dann mit einer Gabel die äußeren Ränder nach innen ziehen, so dass ungegartes Ei aus der Mitte nach außen laufen kann und gart. Etwa 1 Minute backen. Wer es fester möchte, backt es etwas länger.

4 Mit einem Pfannenwender ein Drittel des Omeletts zur Mitte falten.

5 Omelett nochmals falten, das geht am besten, indem man die Pfanne schräg hält. Omelett sofort auf einen angewärmten Teller gleiten lassen.

Tipp:
Das Ei in der Mitte sollte noch ein bisschen flüssig sein – das ist das perfekte Omelett. Natürlich können Sie es auch länger backen.

Soufflee-Omelett

Hier werden Eier getrennt und Eiweiß zu Eischnee geschlagen. Dieser wird unter das Eigelb gehoben, so dass es eine luftige Masse ergibt. Das gegarte Soufflee-Omelett kann man auch füllen. Es muss in jedem Fall rasch serviert werden, sonst fällt es zusammen.

1 Eier trennen. Eigelb mit Salz und Pfeffer oder Zucker in einer großen Schüssel schlagen. Eiweiß zu Eischnee schlagen, unter das Eigelb heben, bis alles gut vermischt ist. Grill vorheizen.

2 1 EL Butter in einer Pfanne erhitzen und die Mischung hineingeben. Gleichmäßig in der Pfanne verteilen.

3 Bei schwacher Hitze 2-3 Minuten backen, bis die Mischung goldbraun ist, unten fest ist und oben fest wird.

4 Sie können das Omelett schon jetzt servieren oder noch kurz grillen. Pfanne einige Sekunden unter den Grill halten, dabei nicht zu nah an die Grillschlange kommen, da das Omelett aufgeht.

5 Die Füllung auf einem Drittel des Omelett-Soufflees verteilen.

6 Mit einem Pfannenwender oder Teigschaber das Omelett falten und sofort auf einen warmen Teller geben.

Für die Profi-Grillstreifen auf dem Omelett einen geölten Metallspieß mit Holzgriff über der Gasflamme sehr stark erhitzen. Dann mit leichtem Druck diagonal auf das Omelett pressen. Sie können davor auch noch Puderzucker über das Omelett streuen.

Eierkuchen
Während das dünne Omelett nach dem Füllen gefaltet wird, wird beim Eierkuchen die Füllung schon unter die geschlagenen Eier gemischt. Hier brauchen Sie mehr Zutaten und Gewürze. In der Regel verwendet man Kartoffeln und Zwiebeln. Der Eierkuchen wird langsam gegart, bis er fest wird. Er schmeckt heiß, warm und kalt. Tortilla aus Spanien und Frittata aus Italien sind Beispiele für köstliche Eierkuchen.

Tortilla

1 Butter und Öl in einer großen Bratpfanne erhitzen, Kartoffelscheiben und Zwiebelringe roh hineingeben und bei schwacher Hitze fast weich kochen. 6 Eier mit Salz und Pfeffer, 1 gepressten Knoblauchzehe und gehackter Petersilie schlagen. Eier über das heiße Gemüse gießen und 4-5 Minuten garen, bis die Eier fest werden.

2 Pfanne mit einem großen Teller zudecken. Pfanne und Teller mit einem Küchentuch zusammenhalten. Dann beides schnell umdrehen.

3 Pfanne anheben, so dass die Tortilla auf dem Teller liegt.

4 Tortilla wieder in die Pfanne geben und auf der zweiten Seite backen, bis sie goldbraun ist und fest wird. In Stücke schneiden und heiß oder kalt mit Salat servieren.

Füllungen
Omelett schmeckt mit gedünsteten Pilzen oder geriebenem Käse mit gehackter Petersilie oder Schinkenwürfeln.

Süße Soufflee-Omeletts schmecken am besten mit Obstfüllung, z. B. frischen Himbeeren, in Likör flambiert und mit Sahne angerichtet. Auch Marmelade schmeckt gut kurz mit Cognac angewärmt.

Im Eierkuchen schmecken gedünsteter Spinat oder Zucchini ebenso wie pikante Würstchen mit den Grundzutaten Kartoffel und Zwiebel.

Eier zum Binden, Panieren und Glasieren

Eier erfüllen diese drei Aufgaben perfekt. Sie binden Zutaten und sorgen dafür, dass das Gericht beim Garen seine Form behält. Mit Mehl und Paniermehl eignen sich Eier perfekt zum Panieren. Sie sorgen auch dafür, dass Ausbackteige zum Frittieren locker sind. Geschlagene Eier oder auch nur Eigelb gibt vielen Backwaren einen schönen goldenen Glanz.

Zutaten mit Ei binden

Eier gehören in Frikadellen, Pasteten, Kartoffelkuchen, Hackbraten und noch viele andere Gerichte. Beim Garen werden die Eier fest und verbinden die anderen Zutaten miteinander. Rechnen Sie 1 Ei pro 450 g andere Zutaten.

Einfache Fischküchlein

200 g Thunfisch (Dose) mit 300 g Kartoffelbrei in einer großen Schüssel vermischen. Mit 2 EL frischer Petersilie oder Dill und Salz und Pfeffer würzen, 1 geschlagenes Ei unterrühren.
Mischung zu 8 Fladen formen. Jeden Fladen erst in geschlagenes Ei tauchen, dann im Paniermehl wälzen. Auf beiden Seiten goldbraun und knusprig grillen. Auf 4 Teller verteilen und heiß mit gegrillten Tomaten oder Zucchini servieren.

Panieren mit Ei und Paniermehl

Manche empfindlichen Zutaten, z. B. Fisch, werden paniert, um sie vor der Hitze beim Frittieren zu schützen. Den Fisch erst in Mehl wenden, dann in geschlagene Eier tauchen und zum Schluss im Paniermehl wälzen. Die Panierung wird beim Garen knusprig und das Innere bleibt saftig.

Glasieren mit Ei

Teig und Brot, vor allem pikantes Backwerk, werden richtig schön goldbraun, wenn man sie vor dem Backen mit Ei bepinselt. Sie können ein ganzes Ei schlagen oder nur das Eigelb mit etwas Wasser und Salz, dann glänzt die Kruste noch mehr. Eier helfen auch, die Oberfläche vom Teig zu versiegeln. Hier wird Eiweiß auf den Teig gepinselt, damit die Füllung nicht den Teig durchweicht. Oder man pinselt ein ganzes geschlagenes Ei auf Teigkanten, um diese zu versiegeln, so dass die Füllung nicht herausläuft.

Pikante Eiersaucen

Viele klassische Saucen enthalten Ei, das entweder mit heißer Butter oder Öl emulgiert oder langsam mit etwas Flüssigkeit unter ständigem Rühren erhitzt wird. Das Ergebnis ist immer köstlich. Sauce Hollandaise ergänzt einfach gegrillten Fisch perfekt, während Sauce Béarnaise ideal zu gegrilltem Fleisch passt, besonders zu Steak.

Ein bisschen Ruhe und Geduld braucht der Saucenkoch auch. Starke Hitze und zu schnelles Kochen oder heftiges Rühren können Eisaucen verderben. Ganz vorsichtige Saucenköche machen Buttersaucen bei schwacher Hitze im Wasserbad - das dauert allerdings ewig. Am besten machen Sie die Saucen in einem kleinen Topf bei schwacher Hitze.

Sauce Hollandaise

1 3 große Eigelb in einem Topf mit 1/4 TL Weißweinessig, 1 EL Zitronensaft und Salz und Pfeffer schlagen.

2 175 g Butter erhitzen, bis sie Blasen wirft. Langsam zur Eimischung gießen, dabei ununterbrochen mit dem Schneebesen rühren. Sanft erhitzen, öfters rühren. Falls sich Klümpchen bilden, kräftiger schlagen.

3 Sauce unter Rühren weiterkochen, bis sie eindickt und cremig wird. Sofort verwenden oder warmhalten.

4 Wenn die Sauce gerinnt, von der Herdplatte nehmen, in eine Schüssel umfüllen und dort schlagen, bis die Sauce abgekühlt ist.

Sauce Béarnaise

1 2 gehackte Schalotten, 1 zerkleinerte Knoblauchzehe, 4 schwarze Pfefferkörner, frische Petersilie und Estragon in 2 EL Wasser und 4 EL Weißweinessig kochen, bis es auf die Hälfte reduziert ist. 3 große Eigelb schlagen und 175 g Butter schmelzen.

2 Essig durch ein Sieb zum Eigelb geben, ständig schlagen. Heiße Butter dazugießen. Danach geht' s weiter wie ab Schritt 2 bei der Hollandaise.

Buttersaucen warm halten

Diese warmen Saucen kann man gut vorher vorbereiten und warmhalten. Klarsichtfolie direkt auf die Sauce geben, damit keine Luft hinein kann. Schüssel in einen Topf mit warmem Wasser stellen. Falls die Sauce zu sehr abgekühlt ist, am besten in der Mikrowelle sanft erhitzen. Buttersaucen lassen sich auch einfrieren. Dann sanft erhitzen, dabei die ganze Zeit rühren.

Mayonnaise

Diese cremige Sauce wird nicht erhitzt und bekommt ihre Konsistenz alleine durch das kräftige Schlagen. Hier wird Öl zu einem Ei gerührt.

Grundrezept Mayonnaise

1 1 großes Ei in einer Schüssel mit Salz und Pfeffer schlagen. 1/2 TL Dijonsenf und den Saft von 1/2 Zitrone oder 2 EL Weißweinessig dazugeben.

2 600 ml Öl bereitstellen, am besten ist eine Mischung aus gutem Pflanzenöl oder Sonnenblumenöl und leichtem Olivenöl, jeweils 300 ml.

3 Unter ständigem Schlagen langsam das Öl einfließen lassen. Für festere Mayonnaise verwenden Sie 2 Eigelb und nur 300 ml Öl.

4 Immer weiter Öl unterschlagen, bis die Mayonnaise glänzt und richtig schön cremig ist. Bis zum Essen kaltstellen.

5 Im Kühlschrank im luftdichten Behälter kann Mayonnaise 1 Woche halten.

Mayonnaise im Mixer oder mit der Küchenmaschine

Auch für Mayonnaise muss man sich ein bisschen Zeit nehmen. Sie lässt sich- wenn es mal wirklich eilt - auch im Mixer zubereiten. Auch dann müssen Sie das Öl langsam hinzugeben, sonst vermischen sich die Zutaten nicht.

Am besten machen Sie eine größere Portion im Mixer. Ei mit Gewürzen mixen. Bei laufendem Mixer das Öl ganz langsam einfließen lassen, bis die Mayonnaise cremig ist.

Süße Eiersaucen

Bekannte süße Saucen sind z. B. Sabayon, der pur serviert werden kann oder mit gegrilltem Obst. Die bekannteste Sauce ist sicher die Vanillesauce, die ist selbst gemacht einfach um Längen besser als jedes Fertigprodukt. Und alle Saucen sind relativ einfach zu machen.

Vanillesauce

1 450 m Milch mit einigen Tropfen Vanilleessenz in einem Topf erhitzen. Kurz bevor die Milch kocht, Topf von der Platte nehmen. 2 Eier und 1 Eigelb mit 1-2 EL Zucker in einer Schüssel schlagen. 1 TL Speisestärke mit 2 EL Wasser anrühren und zu den Eiern geben. Zuerst nur wenig heiße Milch einrühren, dann den Rest auch.

2 Ei-Milchmischung durch ein Sieb zurück in den Topf gießen und unter Rühren sanft erhitzen.

3 Immer weiterrühren, bis die Vanillesauce so cremig ist, dass sie an einem Holzlöffel hängen bleibt. Sofort servieren oder gut zudecken, damit sich keine Haut bildet. In einem Topf mit heißem Wasser bis zum Servieren warmhalten.

Vanillesauce aus dem Backofen

1 Backofen auf 180° / Umluft 160° / Gas Stufe 2 vorheizen. Eine ofenfeste Form mit Karamel auskleiden oder mit Butter einfetten. Wer will, gibt eine Lage frisches Obst in die Form.

2 4 große Eier mit einigen Tropfen Vanilleessenz und 1-2 EL Zucker schlagen. 600 ml heiße Milch dazurühren, dann das ganze durch ein Sieb in die Form gießen.

3 Form in ein Backblech stellen und warmes Wasser bis zur halben Höhe des Bleches einfüllen. 50-60 Minuten backen, bis die Sauce etwas fest wird.

Sabayon-Sauce

1 1 Eigelb und 1 EL Zucker pro Person in einer großen hitzefesten Schüssel über einem Topf mit siedendem Wasser schlagen. Langsam 2 EL Weißwein, Likör oder Fruchtsaft einfließen lassen.

2 Sauce bei konstanter Hitze ununterbrochen schlagen, bis sie sehr schaumig wird.

3 Weiterrühren, bis die Sauce so dick ist, dass sie schwer vom Löffel fällt. Entweder gleich warm servieren oder Schüssel vom Topf nehmen und unter Rühren abkühlen lassen.

Soufflees

Ein wunderbar aufgegangenes, heißes Soufflee ist der Star eines Menüs, aber selbst erfahrene Köchinnen trauen sich manchmal nicht daran vor lauter Angst, dass es zusammenfällt. Im Grunde geht es wirklich einfach, und Sie sollten Ihre Sorge nicht darauf konzentrieren, dass das Soufflee pünktlich aufgeht (wenn nicht, gibt es noch einen Apéritif), sondern dass Ihre Gäste brav am Tisch sitzen und das Soufflee in Empfang nehmen. Ein Soufflee mag keine Hektik. Der Ofen muss auf die richtige Temperatur vorgeheizt sein, dann geht das Soufflee auf, sobald man es reinstellt. Die Tür während des Backens bitte nicht öffnen, erst, wenn das Soufflee bestimmt fertig ist!

Geeiste und kalte Soufflees sind im Grunde vornehme Verwandte von Mousse. Sie sind luftiger durch den Eischnee und werden durch Gelatine gebunden, dann hoch in eine Form getürmt, die einen Papierkragen bekommt, damit das Soufflee noch höher aufgehen kann. Sie können diese Soufflees gut gekühlt oder halb gefroren servieren. Kalte Soufflees gehen wirklich ganz einfach und machen richtig Eindruck.

Eine Souffleeform vorbereiten

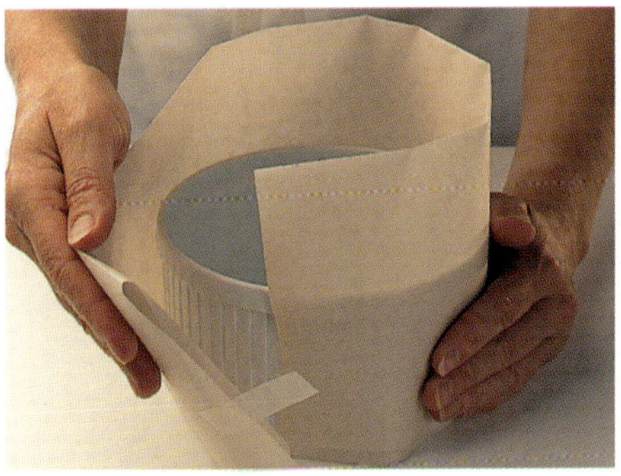

Manche Experten empfehlen auch für heiße Soufflees einen Papierkragen, aber das ist nicht nötig, da die heiße Mischung von selbst zusammenhält. Nur wenn Sie ein extrem hohes heißes Soufflee machen, brauchen Sie einen Kragen. Beim kalten Soufflee ist der Papierkragen jedenfalls wichtig, da er die Mischung oberhalb des Formrandes zusammenhält. Damit das Soufflee perfekt aussieht und nichts an der Form entlangläuft, muss der Kragen richtig straff und fest sitzen.

Backpapier so zurechtschneiden, dass es einmal um die Form passt und in der Mitte gefaltet mindestens 7,5 cm über den Rand der Form hinaussteht. Ein Ende des doppelt gelegten Papiers mit Klebstreifen an der Form befestigen. Papier straff und gleichmäßig um die Form legen und das andere Ende ebenfalls festkleben. Innenseite des Papiers fetten. Beim heißen Soufflee auch die Form fetten.

Soufflee backen

Die meisten Soufflees basieren auf einer Creme. Zunächst eine Souffleeform fetten und den Ofen auf 200 °C / Umluft 180 °C / Gas Stufe 2 vorheizen.

1 2 EL Butter in einem Topf schmelzen und 25 g Mehl einrühren. 300 ml Milch unter ständigem Rühren dazugeben. Milch aufkochen lassen und rühren, bis sie eindickt. Vom Herd nehmen, etwas abkühlen lassen und 4 Eigelb unterschlagen.

2 Die gewünschten Zutaten dazugeben, z. B. Paprika, Senf und geriebenen Käse, und alles gut verrühren.

3 Eiweiß zu Eischnee schlagen. Einen Löffel Eischnee unterheben, so dass die Eigelbmischung lockerer wird. Dann den ganzen Eischnee mit einem Teigschaber oder Metalllöffel unterheben, bis alle Zutaten gut vermischt sind.

4 Die Mischung löffelweise in die Form geben. Mit dem Finger einmal am Innenrand der Form entlangfahren, das hilft dem Soufflee gleichmäßig aufzugehen.

5 Käsesoufflee mit Parmesan oder Paniermehl bestreuen. 30–35 Minuten backen. Form eher weiter unten in den Ofen stellen, damit das Soufflee genug Platz zum Aufgehen hat. Während des Backens nicht die Tür öffnen, das Soufflee könnte zusammenfallen.

Überraschungseffekt

Sie können ein Soufflee mit einer besonderen Füllung variieren. Diese sollte leicht und schnell fertig sein, z. B. Fisch oder vorgegartes Gemüse. Versuchen Sie Lachs ohne Haut und Gräten in einem leichten Käsesoufflee. Die Hälfte der Souffleemischung in die Form geben, dann den Fisch hineingeben und den Rest Souffleemischung daraufgeben. Wie gewohnt garen.

Damit die Oberfläche wie ein Hut aussieht, schneiden Sie das ungegarte Soufflee mit einem Löffel oder Messer tief ein.

Kaltes und geeistes Soufflee

1 Eine Form mit einem Papierkragen ausstatten. 450 g dicke Vanillesauce machen und in eine große Schüssel geben. Beiseite stellen und abkühlen.

2 1 EL Gelatinepulver in 3 EL Wasser auflösen und mit den gewünschten Gewürzen, z. B. Mokkaessenz, Mokkasirup oder zerdrückten, gesiebten Früchten glatt rühren. Diese Mischung zur Vanillesauce geben. Alle Zutaten glatt rühren.

3 Wenn die Mischung langsam eindickt, Eiweiß mit Zucker zu richtig steifem Schnee schlagen.

4 Eischnee unter die Vanillesauce heben. Das geht am besten mit einem großen Ballon-Schneebesen, der dafür sorgt, dass sich die Zutaten gut verbinden.

5 Wenn die Mischung cremig ist, vorsichtig in die vorbereitete Form geben. Die Mischung sollte etwa 2 cm über den Rand der Form hinausstehen. Kaltstellen, bis es fest geworden ist oder mindestens 1 Stunde einfrieren.

6 Vor dem Servieren langsam und vorsichtig den Papierkragen entfernen. Wenn das Papier am Soufflee hängt, mit einem warmen Messer zwischen Soufflee und Form entlangfahren.

7 Den Rand des Souffleees mit fein geraspelter Schokolade oder gehackten Nüssen verzieren. Das geht am besten mit der Kuchenschaufel. Oberseite des Souffleees mit Schokolade verzieren.

Kalte pikante Souffleees

Das Prinzip ist das gleiche wie bei den süßen Souffleees, nur dass sie auf einer pikanten Sauce basieren. Gelatine in den flüssigen Aromen auflösen, Sauce dazurühren und etwas fest werden lassen, bevor der Eischnee untergehoben wird.

Souffleeform auskleiden

Für zusätzliches Aroma in heißen oder kalten Souffleees können Sie die Form innen mit geriebener Schokolade ausstreuen. Im pikanten Soufflee passt Parmesan oder auch Paniermehl. Paniermehl ist ideal für heiße Souffleees, während geröstetes Paniermehl geeistes Soufflee perfekt ergänzt. Form in jedem Fall erst mit Butter einfetten. Dann die Krümel überall verteilen und den Überschuss ausschütten.

TEIGE

Viele Teige enthalten Eier, einerseits als Bindemittel für die trockenen Zutaten, andererseits, um den Teig elastischer zu machen. Sie können im Grunde ganze Eier nehmen. Wir verwenden aber in den Rezepten meist nur Eigelb, da Eiweiß Teig hart machen kann. Im Brandteig spielen Eier eine doppelte Rolle: Sie sorgen dafür, dass der Teig sich setzt und dass er aufgeht.

Mürbeteig

120 g Butter mit 220 g Mehl mit den Fingern oder einer Gabel zu Bröseln rühren. 1 Eigelb und etwas kaltes Wasser dazugeben, dann alle Zutaten zu einem glatten Teig rühren. 10 Minuten kalt stellen.

Käseteig

Dieser köstliche Teig ist sehr vielseitig verwendbar. Er enthält Frischkäse und Butter.

220 g Mehl und 1 Prise Salz auf eine saubere Arbeitsfläche sieben. 6 EL weiche Butter, 6 EL Frischkäse und 1–2 Eigelb dazugeben. Zutaten mit den Fingern vermischen, bis eine dicke Paste daraus entsteht. 10 Minuten kalt stellen.

Brandteig

Aus Brandteig macht man Eclairs und Profiteroles. Auch für manche pikante Köstlichkeit verwendet man Brandteig, z. B. Gougère, hier werden Küchlein aus Brandteig mit Pilzen gefüllt. Brandteig füllt sich beim Kochen mit Luft und dieser Hohlraum ist ideal für Füllungen.

1 65 g Mehl und 1 Prise Salz auf ein Stück Butterbrotpapier sieben.

2 50 g Butter in einem kleinen Topf mit 150 ml kaltem Wasser schmelzen. Aufkochen lassen, dann den Topf von der Platte nehmen.

3 Gesiebtes Mehl auf einmal in den Topf schütten und mit einem Holzlöffel schnell schlagen, so dass der Teig sich vom Topfrand löst und zu einem Ball formt. Nicht zu heftig schlagen, sonst wird der Teig ölig. Abkühlen lassen.

4 3 geschlagene Eier zu der Paste rühren, dabei feste schlagen, damit sich alle Zutaten gleich verbinden.

5 Die Mischung ist erst klumpig. Man muss so lange weiterschlagen, bis Eier und Paste sich gut zu einem glatten und glänzenden Teig vermischt haben.

6 Wenn der Teig zu fest ist, 1–2 EL geschlagenes Ei dazugeben. Der Teig sollte richtig schwer reißend vom Löffel fallen.

7 Ein Backblech mit Backpapier auslegen oder gut einfetten. Für Profiteroles mit 2 Teelöffeln kleine Häufchen Teig mit großem Abstand voneinander aufs Blech setzen.

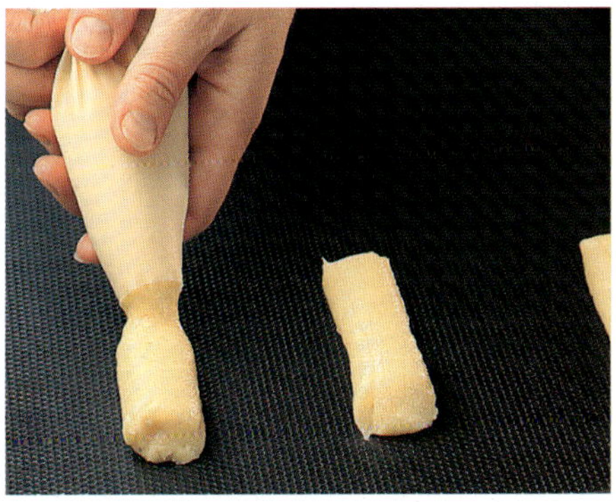

8 Für Eclairs den Teig in einen Spritzbeutel ohne Tülle geben und etwa 5 cm lange Röllchen in großem Abstand auf das Blech setzen.

9 Backofen auf 200 °C / Umluft 180 °C / Gas Stufe 2 vorheizen. Mittelgroßes Gebäck 20–25 Minuten backen, Kleingebäck etwas kürzer. Eclairs brauchen 30–35 Minuten.

PIKANTE ROULADEN

Sie werden mit dem gleichen Teig gemacht wie pikante Soufflees, dann aber auf einem Blech gebacken.

Spinatroulade

1 Backblech einfetten oder mit Backpapier belegen. Ofen auf 180 °C / Umluft 160 °C / Gas Stufe 2 vorheizen.

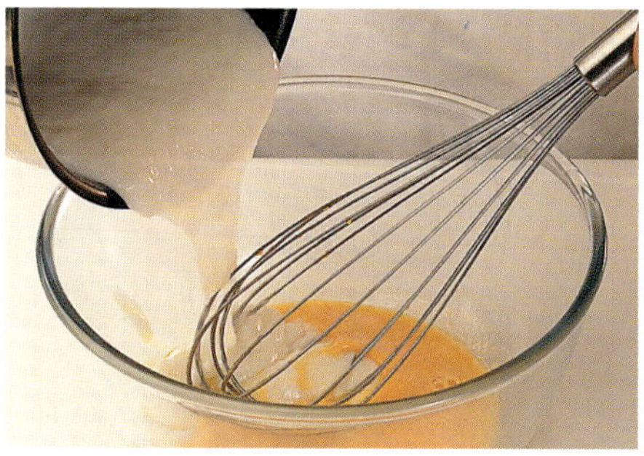

2 2 EL Butter schmelzen und 25 g Mehl einrühren. 300 ml warme Milch dazugeben und aufkochen lassen, dabei schlagen, bis sie eindickt. Kurz abkühlen, dann zu 4 geschlagenen Eigelb in eine Schüssel geben.

3 Die Gewürze und den fein gehackten Spinat oder Käse unterrühren.

4 4 Eiweiß zu Eischnee schlagen und unterheben, bis alles vermischt ist.

5 Mischung auf das Backblech gießen und gleichmäßig verteilen, auch in die Ecken. 10–12 Minuten backen, bis es sich gerade fest anfühlt. Wenn der Teig zu lange gart, wird er fest und lässt sich nicht mehr rollen.

6 Während die Roulade gart, ein Stück Butterbrotpapier auf ein sauberes Küchentuch legen. Mit fein geriebenem Parmesan bestreuen. Die heiße Roulade auf das Papier stürzen und kurz abkühlen. Dann Backpapier abziehen.

7 Am besten sollten Sie die Roulade gleich aufrollen, dann geht es am leichtesten. Mithilfe des Küchentuches und des Butterbrotpapiers Roulade anheben und langsam aufrollen. Aufgerollt im Küchentuch bis zum Servieren aufheben, so bleibt sie saftig.

BISKUITTEIG

Dieser herrliche Teig ist so leicht und luftig! Er kann ganz pur gebacken oder mit Gewürzen aromatisiert werden. Man kann ihn in dünnen Platten backen und als Basis für Rouladen verwenden. Nach dem Backen kann man ihn mit köstlichen Füllungen verfeinern. Biskuitteig kann man ganz ohne Fett machen oder mit 1 EL Butter pro Ei, was wahrscheinlich das Originalrezept ist. Dieser Biskuitteig ist natürlich etwas reichhaltiger und hält auch länger. Biskuitteig ohne Fett sollte sofort weiterverwendet oder aber eingefroren werden. Biskuitteig mit Butter hält sich im luftdichten Gefäß 1–2 Tage.

Backblech vorbereiten

Ein kleines Backblech einfetten und mit etwas Mehl bestäuben. Die dünne Mehlschicht ist wie eine Fläche für den Teig, an der er sich beim Aufgehen festhalten kann und die für eine gleichmäßige Oberfläche sorgt.

Wer ganz sichergehen will, kann auch das eingefettete und mit Mehl bestäubte Blech mit Backpapier auslegen. Das ist auch beim Stürzen des Kuchens durchaus hilfreich. Zum Zuschneiden des Backpapiers stellen Sie die Backform auf das Papier und zeichnen die benötigte Größe + 2,5 cm Rand auf dem Papier an. Papier ausschneiden, Ecken mit der Schere einschneiden und Papier so flach wie möglich auf Blech oder Form legen.

Grundrezept Biskuitteig

Über dem Wasserbad gerührt wird der Biskuitteig noch luftiger und leichter.

1 Backblech einfetten oder mit Backpapier belegen. Ofen auf 180 °C / Umluft 160 °C / Gas Stufe 2 vorheizen.

2 Mit dem Handrührgerät Eier und Zucker in einer hitzefesten Schüssel über siedendem Wasser schlagen.

3 So lange rühren, bis die Mischung bleich, schaumig und cremig ist. Es sollte eine Spur im Teig zu sehen sein, wenn Sie die Schneebesen rausziehen. Schüssel vom Topf nehmen und schlagen, bis die Mischung abkühlt.

4 Mehl zweimal sieben und unter die Mischung heben. Falls geschmolzene Butter benutzt wird, jetzt unterheben.

5 Mit einem Teigschaber Zutaten unterheben, bis alles gut vermischt ist. Teigmischung in die Form oder auf das Blech geben. 10–12 Minuten backen, bis der Teig aufgegangen ist.

Biskuitroulade

Diese wird aus leichtem Biskuitteig gemacht, der auf einem kleinen Blech gebacken wird. Teig noch warm aufrollen, dann geht es einfacher.

1 Während der Teig bäckt, Butterbrotpapier auf ein sauberes Küchentuch legen. Papier überall mit Zucker oder Puderzucker bestreuen.

2 Den fertig gebackenen Biskuitteig vorsichtig auf das Papier stürzen, dann das Backpapier langsam abziehen. Eventuell mit einem Messer nachhelfen, falls es sich nicht löst.

3 Die Kanten vom Biskuitteig mit einem scharfen Messer zurechtschneiden, dann den Teig etwa alle 2,5 cm etwas einschneiden.

4 Biskuitteig noch warm aufrollen, dabei mit dem Küchentuch und dem Butterbrotpapier anheben und unterstützen. Teig beiseite stellen und abkühlen lassen.

5 Biskuit vorsichtig auseinander rollen und mit der Füllung bestreichen. Vorsichtig ohne Papier aufrollen.

Süße Rouladen

Sie können süße Rouladen auch mit anderem Teig machen, z. B. mit einer Schokoladenmischung. Die Backform bleibt die gleiche.

BAISERS

Sie wurden von einem Schweizer Koch in der Stadt Merhrinygen erfunden – daher auch ihr anderer Name – Meringen. Dieser Koch jedenfalls fand heraus, dass man aus der einfachen Verbindung von Eischnee und Zucker ganz wunderbare schaumige Köstlichkeiten kreieren kann. Die Grundmischung heißt Schweizer Meringe. Die Luftblasen, die beim Eischneeschlagen entstehen, sind entscheidend für das Gelingen der Baisers, ohne sie wäre das Ganze nur halb so luftig und fein.

Eiweiß sollte Zimmertemperatur haben, denn dann geht es am besten auf. Die Küche darf nicht feucht sein, denn Zucker nimmt Feuchtigkeit auf, was ihn zu schwer macht. Also, am besten auf einen trockenen, warmen Tag warten, wirklich frische Eier bereitstellen und saubere und fettfreie Arbeitsgefäße. Eischnee am besten in einer Glas- oder Metallschüssel machen, Plastik ist nicht gut, da es oft auch nach dem Spülen minimale Spuren Fett aufweist. Die Schüssel sollte sehr groß sein, damit viel Luft unter das Eiweiß geschlagen werden kann. Langsam anfangen, dann immer kräftiger schlagen, zum Schluss mit Höchstgeschwindigkeit.

Es ist möglich, Eischnee zu lange zu schlagen, viel häufiger passiert es aber, dass man ihn nicht lange genug schlägt. Also wirklich geduldig sein. Machen Sie einen Test mit einem Messer: Schneiden Sie in die Oberfläche des Eischnees. Der Schnitt sollte zu sehen sein, wenn das Messer wieder rausgezogen wird. Der Test in Schritt 3 ist der allerbeste: Drehen Sie die Schüssel mit dem Eischnee um – nun sehen Sie ganz schnell, ob er steif genug ist und in der Schüssel bleibt.

Das Mengenverhältnis bei Baisers ist 1–2 EL Zucker pro Eiweiß. In manchen Rezepten wird Weinstein, Salz, Speisestärke und/oder Essig dazugegeben. Weinstein oder Salz, vor dem Zucker hinzugegeben, sorgen dafür, dass der Eischnee besonders fest wird. Speisestärke und Essig machen das Baiser innen etwas weicher.

Grundrezept Baiser

Ein großer runder Schneebesen ist ideal, um Eischnee für Baisers zu schlagen. Natürlich können Sie auch das Handrührgerät nehmen. Den Zucker sollten Sie auf alle Fälle mit dem Schneebesen unterschlagen.

1 Backofen auf 150 °C / Umluft 140 °C / Gas Stufe 1 vorheizen. Eine Schüssel auf ein feuchtes Tuch stellen, damit sie nicht rutscht. Eiweiß mit ausholenden Bewegungen schlagen. Wenn das Eiweiß schaumig wird, fester schlagen, so dass viel Luft unter die Eier kommt.

2 Weiterschlagen, bis das Eiweiß in festen Spitzen steht.

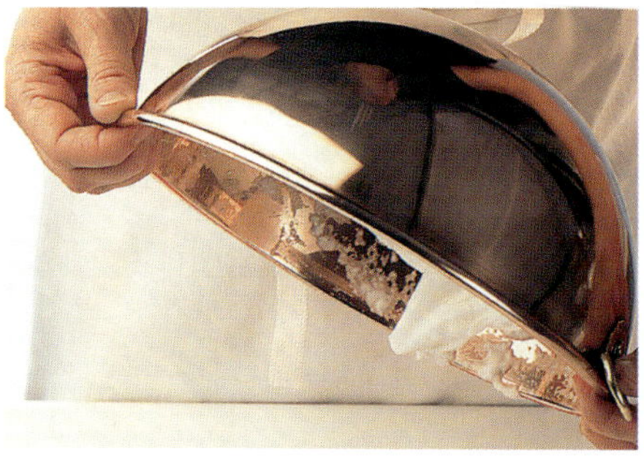

3 Wenn der Eischnee fest ist, die Schüssel kurz umdrehen. Fällt nichts raus, ist der Eischnee fertig fürs Baiser.

4 Nach und nach den Zucker unterschlagen, dabei ständig rühren, bis der ganze Zucker dazugegeben ist. Schlagen, bis die Masse eindickt und schön glänzt. Sie sollte jetzt auch wieder feste Spitzen bilden.

5 Ein Backblech mit Backpapier auslegen. Für einfache Baisers mit zwei Esslöffeln Häufchen auf das Backblech legen, dabei Abstand dazwischen lassen. Die Baisers sollen etwa gleich groß sein, rundlich, mit einer schönen Spitze in der Mitte.

Baisers „trocknen"

Wirklich knusprige, schneeweiße Baisers muss man sehr sanft garen, in diesem Fall spricht man von trocknen. Backofen auf 150 °C / Umluft 140 °C / Gas Stufe 1 vorheizen. Baisers 10 Minuten backen, dann Hitze auf 140 °C / Umluft 130 °C / Gas Stufe 1 reduzieren und dann 30–40 Minuten backen, je nach Größe und Form. Große Baisers oder ganze Lagen für Kuchen brauchen mindestens 1 Stunde. Dicke Baiserschichten müssen sogar bis zu 2 Stunden im Ofen sein. Ofen abstellen und Baisers im Ofen ganz abkühlen lassen.

Baisers pochieren

Baisers lassen sich auch gut pochieren, was sie besonders weich und luftig macht. Manchmal werden sie in Milch pochiert, aber eine Fruchtsaftmischung oder auch mit Vanille aromatisiertes Wasser sind ebenso geeignet.

Mit 2 Servierlöffeln ovale Formen aus dem Teig nehmen und vorsichtig in die leicht siedende Flüssigkeit gleiten lassen. 1 Minute kochen, wenden und nochmals 2 Minuten kochen. Mit einem Schaumlöffel herausnehmen und mit heißer Fruchtsauce oder Obst oder Eis servieren.

Baisers kochen

Bei dieser Methode wird das Eiweiß mit dem Zucker in einer großen Schüssel über einem Wasserbad geschlagen. Diese Baisermischung wird ziemlich fest und bleibt auch länger steif als ungekochte Baisermasse. Die gekochten Baisers werden dann im Ofen getrocknet wie im Grundrezept auch.

Oder Sie verwenden sie in Soufflees und Mousse anstelle von rohem Eischnee.

Italienisches Baiser

Diese Methode ähnelt der vorausgegangenen Methode des gekochten Baisers. Hier wird aber heißer Zuckersirup verwendet anstelle von Zucker. Diese Mischung ist ausgesprochen stabil und ideal für Kuchendekorationen.

Anders als ungekochte Baisermasse bleibt italienisches Baiser fest und gleichmäßig, auch wenn es länger steht. Es bildet eine dünne Kruste, die das weiche Innere zusammenhält.

Rezept für italienisches Baiser

1 175 g Zucker in 6 EL Wasser auflösen, dann aufkochen lassen. So lange kochen, bis es sirupartig und wieder ganz durchsichtig ist. Heiß halten. Eiweiß über einem Topf mit siedendem Wasser steif schlagen.

2 Heißen Sirup nach und nach zum Eischnee gießen, dabei ununterbrochen weiterschlagen.

3 Weiterschlagen, bis die Mischung sehr steif ist und glänzt. Schüssel vom Topf heben und weiterschlagen, bis die Baisermasse abgekühlt ist.

Schokobaisers

Zutaten für 10–12 Stück

2 Eiweiß
120 g Zucker
120 g Bitterschokolade

1 Backofen auf 150 °C / Umluft 140 °C / Gas Stufe 1 vorheizen. Zwei Backbleche einölen. Eiweiß steif schlagen. Zucker dazugeben und unterschlagen, bis die Mischung glänzt.

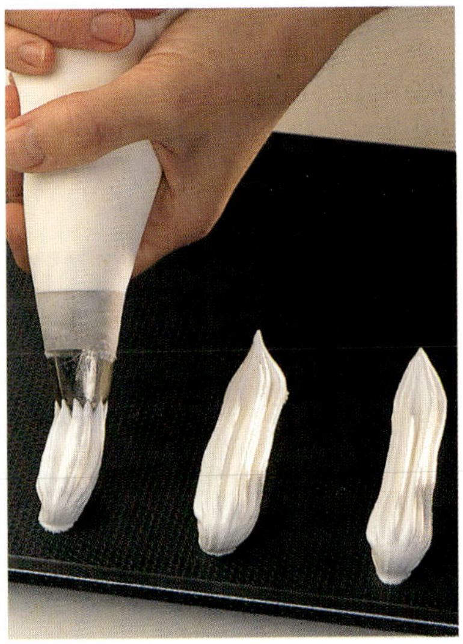

2 Mischung in einen Spritzbeutel mit mittelgroßer Sterntülle geben und etwa 5 cm lange Streifen auf die Bleche setzen.

3 Bleche 7 Minuten in den Ofen stellen, Hitze um 10 °C reduzieren und 30 Minuten trockenbacken. Backofen ausstellen, Baisers im Ofen abkühlen lassen.

4 Schokolade in einer Schüssel zerbrechen und diese in einen Topf mit siedendem Wasser stellen. Schokolade im Wasserbad schmelzen, kurz abkühlen lassen. Ein oder auch beide Enden der Baisers in die Schokolade tauchen und dann auf einem Kuchengitter trocknen lassen.

Baisers mit dem Spritzbeutel
Die steife Baisermasse ist wie geschaffen für den Spritzbeutel. Sie können kleine Rosetten als Verzierung machen oder große Baisernester, die mit Obst, Eis oder Pudding gefüllt werden.

1 Einen großen Spritzbeutel mit einer Sterntülle versehen. Baisermasse hineinfüllen und dann durch drehende Bewegungen Rosetten auf ein mit Backpapier belegtes Backblech geben.

2 Für Nester mit der Sterntülle einen Kreis von innen nach außen auf das Blech spritzen. Dann eine Schicht Masse auf den Rand des Kreises spritzen.

3 Für den Baiserboden eine glatte Tülle auf den Spritzbeutel setzen und von innen nach außen spiralförmig die Masse zu einem Kreis spritzen.

4 Um eine Apfel- oder Zitronentarte mit Baiser zu krönen, spritzen Sie in zwei Richtungen Streifen darauf.

5 Sehr hübsch auf ungedeckten Kuchen ist auch ein Kreis von kleinen Rosetten.

Gekochtes Baiser mit dem Spritzbeutel
Die perfekte Verzierung und geschmackliche Abrundung von ungedeckten Obstkuchen mit säuerlichem Obst wie Rhabarber oder Stachelbeere.

Dieses Baiser ist anders als das klassische Baiser und wird auch anders zubereitet, nämlich bei starker Hitze gebacken, so dass es außen etwas bräunt und innen weich bleibt.

Wenn die Tarte beinahe fertiggebacken ist, geben Sie den Baiserteig obenauf. Dann im Backofen bei 200° / Umluft 180° / Gas Stufe 7–8 Minuten goldbraun backen.

Nussbaiserböden
Knuspriges Baiser eignet sich auch wunderbar, um cremige oder fruchtige Füllungen zusammenzuhalten. Geröstete Nüsse geben noch ein Extra-Aroma dazu. Haselnüsse oder Mandeln ganz fein hacken (schmeckt besser als gekaufte, gemahlene!) und ohne Fett rösten. Mindestens 2 Backbleche mit Backpapier auslegen. Wer möchte, zeichnet auf die Unterseite des Backpapiers einen Kreis, das erleichtert die Arbeit ein bisschen.

1 Geröstete Nüsse gleichmäßig unter die fertige Baisermasse heben.

2 Die Mischung dann in flachen Kreisen von etwa 20 cm Durchmesser auf den Backblechen ausbreiten, mit einem Löffel glatt streichen.

PAWLOWA-BAISER

Dieses beliebte Dessert, aufgegriffen in der Baiser-Beerentorte, ist eine feine Variante des klassischen Baisers, es ist außen noch knuspriger und innen richtig weich, fast noch feucht. Meist wird es mit Sahne oder frischem Obst gefüllt - ein Star unter den kalten Desserts.

Angeblich stammt das Dessert aus Australien, kreiert von einem Koch in Perth. Benannt nach der russischen Tänzerin Anna Pawlowa, die 1926 in Australien war und deren Ballettrock zu dem schaumigen Baiser optisch anregte.

Pawlowa-Baiser geht erstaunlich einfach und lässt sich auch gut vorher vorbereiten und in einer luftdichten Dose einige Tage aufheben. Es gibt wohl viele geheime Rezepte, wie man das Innere so herrlich weich und schaumig bekommt - aber im Grunde sind es drei Dinge, die das Pawlowa braucht und die sie vom herkömmlichen Baiser unterscheidet: die Zugabe von Speisestärke und Essig, das Unterheben der Zutaten mehr als Schlagen und die Höhe des gegarten Baisers.

Füllungen für Pawlowa-Baiser

Pawlowa-Baiser lässt sich mit verschiedenen Füllungen variieren, wobei die Füllung wohl ursprünglich aus Passionsfrucht bestand. Sie können verschiedene Beeren kombinieren oder Obst direkt in die Schlagsahne rühren. Die Schlagsahne kann man auch mit Zitronensaft oder Cognac verfeinern. Das Obst können Sie auch komplett durch gehackte Schokolade ersetzen.

Der Baiserboden kann nach der halben Backzeit mit Mandelblättchen, Kokosraspeln, Kakaopulver oder geriebener Schokolade bestreut werden.

Rezept für Pawlowa-Baiser

1 Zuerst eine klassische Baisermasse aus 4 Eiweiß und 8-16 EL Zucker machen, aber nicht gleich den ganzen Zucker untermischen. 1-2 EL Speisestärke über den Eischnee sieben, dann den Rest Zucker unterheben.

2 1 EL Weißweinessig oder einen anderen hellen Essig dazugeben.

Tipp:

Sie sollten Pawlowa-Baisers unbedingt auf einer total flachen Platte füllen, denn das Gewicht der Füllung könnte dazu führen, dass der Baiserboden bei einem unebenen Untergrund durchbricht.

Falls es doch einmal schiefgeht, vermischen Sie die Pawlowa-Baiserstücke mit Sahne und Obst und stellen sie einige Stunden ins Gefrierfach. Das wird köstliches Softeis.

3 Mit einem Teigschaber aus Plastik den Essig unterheben, bis die Masse wieder gleichmäßig ist. Dabei vorsichtig arbeiten, damit keine Luft aus der Masse entweicht.

4 Backofen auf 140 °C / Umluft 130 °C / Gas Stufe 1 vorheizen. Auf die Rückseite eines Backpapiers einen Kreis von 23 cm Durchmesser zeichnen.

5 Die Hälfte der Mischung flach in der Form des Kreises auf das Papier geben. Den übrigen Teig an den Rändern des Kreises hoch auftürmen, so dass eine Baiserschale entsteht. Diese Schale im Backofen 1-1½ Stunden backen, bis das Baiser fest ist. Ab und zu nachsehen, ob das Baiser braun wird, dann mit Alufolie abdecken.

6 Wenn das Baiser abgekühlt ist, vorsichtig das Backpapier abziehen und mit Schlagsahne und Obst füllen.

GLASUREN UND FÜLLUNGEN

Glasuren und Füllungen sind der krönende Abschluss für viele Kuchen und Torten und zudem ein optisches Plus. Feine Cremes machen Kuchen besonders saftig und aromatisch. Kuchenglasur, vor allen Dingen der traditionelle Zuckerguss aus Puderzucker und Eischnee, ist ideal, um Geburtstags- oder Hochzeitstorten edel zu verzieren.

Klassischer Zuckerguss

Dies ist der traditionelle Guss für Kuchen und Torten zu besonderen Anlässen, vor allem für Hochzeitstorten. Gesiebter Puderzucker und Eischnee werden - je nach Verwendung - zu einer mehr oder weniger festen Masse gerührt.

Zuckerguss lässt sich leicht mit dem Handrührgerät machen. Geben Sie ein bisschen Zitronensaft dazu, das schmeckt noch feiner. Da der Zuckerguss an sich weiß ist, bietet sich natürlich an, ihn zu färben. Die Masse muss zugedeckt werden, wenn sie steht, sonst bildet sich eine feste Schicht.

1 1 Eiweiß mit Zitronensaft in einer Schüssel schlagen, bis das Eiweiß leicht schäumt. Puderzucker nach und nach dazusieben und immer gut unterschlagen. Man rechnet pro Eiweiß etwa 450 g Puderzucker. Geben Sie so viel Zucker hinzu, dass man die Masse gut verstreichen kann. Falls Sie den Spritzbeutel benutzen, geben Sie etwas mehr Zucker hinzu.

2 Weiterschlagen, bis die Masse glatt und sehr steif ist. Falls sie doch zu fest ist, geben Sie tropfenweise Wasser hinzu und rühren es gut unter.

Grundrezept Marzipan

Marzipan wird gerne für Obstkuchen verwendet, denn es bringt eine glatte Fläche für klassischen Zuckerguss und verhindert, dass dieser sich mit dem Obst vermischt. Aus Marzipan lassen sich auch Figuren formen. Manchmal wird Marzipan auch mitgebacken, wie z. B. in Weihnachtsstollen.

1 230 g Puderzucker in eine Schüssel sieben. 230 g gemahlene Mandeln und einige Tropfen Mandelessenz dazugeben. 1 Eigelb hineingeben und alles zu einem festen Teig verrühren, den man kneten und ausrollen kann. Bei Bedarf Wasser hinzugeben.

2 Marzipan in Klarsichtfolie wickeln und kalt stellen. Es hält etwa 1 Woche.

Amerikanischer Zuckerguss

Im Gegensatz zum klassischen Zuckerguss, der relativ fest ist und damit ideal für schwere Torten, eignet sich der lockere Amerikanische Zuckerguss eher für leichte Kuchen wie z. B. Möhrenkuchen. Amerikanischer Zuckerguss ist in 10 Minuten fertig. Am besten, Sie schlagen ihn, bis er kalt ist und geben ihn sofort auf den Kuchen. Vor dem Anschneiden hält er sich ein paar Tage, dann sollten Sie ihn innerhalb eines Tages aufessen.

1 In einer großen Schüssel 150 g Zucker mit 1 EL Wasser, 1 EL Ahornsirup und 1 großen Eiweiß mischen. Schüssel in ein Wasserbad geben und die Mischung schlagen, bis sich der Zucker aufgelöst hat.

2 Masse richtig kräftig schlagen, bis sie sehr steif ist. Aus dem Wasserbad nehmen und weiterschlagen, bis sie abgekühlt ist und so cremig, dass man sie auf dem Kuchen und den Rändern verstreichen kann. Sofort aufstreichen und ganz kalt werden lassen.

Eiweißpulver

Wer keine rohen Eier verwenden möchte, greift zu diesem Produkt. Für klassischen Zuckerguss das Pulver mit Wasser glatt rühren und nach Packungsanleitung auflösen. Dann wie im Rezept beschrieben fortfahren.

Baiser-Butterglasur

Diese Glasur unterscheidet sich sehr von der normalen Butter-Zuckerglasur. Sie eignet sich zum Glasieren von Kuchen und Torten und lässt sich gut mit dem Spritzbeutel auftragen. Außerdem sieht sie sehr professionell aus. Zuckersirup wird mit Eiweiß verschlagen, und dazu kommt weiche Butter. Es gibt eine Variante mit Eigelb anstelle von Eiweiß, sie ist etwas üppiger und schön gelb.

1 120 g Zucker in 6 EL Wasser auflösen und dann auf 115 °C (Zuckerthermometer) aufkochen.

2 4 Eiweiß in eine große Schüssel geben, diese in ein Wasserbad geben und den Zuckersirup unter Rühren hineingießen. Gut rühren, bis die Mischung eindickt und schön glänzt.

3 230 g Butter in einer Schüssel rühren, bis sie richtig weich ist.

4 Mit dem Handrührgerät die Butter unter die Eischneemischung rühren, bis die Masse fest ist und glänzt.

5 Einige Tropfen Vanilleessenz unterrühren, die Mischung abkühlen lassen und dann auf dem Kuchen verstreichen.

6 Für die üppige Variante verwenden Sie Eigelb statt Eiweiß. 4 Eigelb leicht schlagen, dann über einem Wasserbad den Sirup langsam einrühren. So lange rühren, bis die Masse eine mousse-ähnliche Konsistenz hat und fast so hell wie Sahne ist. Schüssel aus dem Wasserbad nehmen und Creme etwas abkühlen lassen. Dann die weiche Butter untermischen.

7 Für eine köstliche Schokoladenglasur 120 g geschmolzene Bitterschokolade unter die abgekühlte Creme mischen.

Crème Patissière

Diese cremige Mischung eignet sich perfekt zum Füllen von Kuchen, Gebäck, Tartes und Flans. Sie können Sie auch zu Eis weiterverarbeiten. Das Rezept ist wirklich ganz einfach, die Creme wird mit Mehl eingedickt. Sie lässt sich gut aufstreichen, aber auch mit dem Spritzbeutel verteilen. Mit Schlagsahne wird diese üppige Creme leichter. Man kann sie auch variieren, z. B. mit Kaffee. Hierzu 2 EL Kaffee in die Milch geben. Für Schokoladenaroma 150 g geschmolzene Bitterschokolade in die Creme rühren.

1 6 Eigelb mit 3 EL Mehl und 120 g Zucker zu einer dicken Creme schlagen.

2 550 ml Milch mit etwas Vanilleessenz zum Kochen bringen. Vom Herd nehmen und durch ein Sieb zum Ei geben, dabei immer feste schlagen.

3 Wenn alle Zutaten gut vermischt sind, die Mischung wieder in den Topf geben und unter ständigem Rühren köcheln, bis sie eindickt. Dann unter Rühren zum Kochen bringen, bis sie cremig, glatt und glänzend ist.

4 Topf vom Herd nehmen und weiterschlagen, bis die Creme etwas abkühlt. Creme bis zum Gebrauch mit Klarsichtfolie zudecken. Abgekühlte Creme nochmals gut durchschlagen

Mit der Mikrowelle

Sie können Eier auch mit der Mikrowelle kochen, dazu sind nur ein bisschen Know-how und spezielle mikrowellengeeignete Geräte nötig.

Einige herkömmliche Garmethoden lassen sich in der Mikrowelle aber nicht realisieren, z. B. Eier kochen. Ganze Eier müssen unbedingt eingestochen werden, da sich sonst Dampf im Inneren bildet, der das Ei zum Explodieren bringen könnte. Die Mikrowelle ist ideal für viele Eiergerichte, da sie viel Zeit spart.

Dämpfen in der Mikrowelle

Wie oben gesagt, ist es nicht möglich, Eier in der Mikrowelle zu kochen. Aber Sie erhalten ein ähnliches Ergebnis, wenn Sie Eier in einem speziellen Behälter dämpfen, in dem sich das Wasser unter den Eiern befindet. Schale einstechen, Deckel schließen und Eier nach Anleitung dämpfen.

Pochieren in der Mikrowelle

4 EL Wasser mit etwas Essig in eine Form geben und 1 Minute erhitzen, bis es kocht. Vorsichtig die Eier in das Wasser aufschlagen, Eigelb zweimal einstechen, Form mit Wachspapier zudecken und bei höchster Stufe 30 Sekunden kochen. Eier 2 Minuten im Wasser lassen, dann abtropfen und servieren.

Es gibt auch zum Pochieren ein speziell für die Mikrowelle angefertigtes Gerät, das Sie im Haushaltsladen kaufen können. Dann den Anleitungen vom Hersteller folgen.

Braten mit der Pochierpfanne

Mit der speziellen Pochierpfanne können Sie sogar Eier braten. Den Teller auf höchster Stufe 2 Minuten erhitzen, je nach Herstelleranleitung. Etwas Butter auf dem Teller schmelzen und gut verteilen, dann das Ei hineinschlagen. Eigelb einstechen, salzen und pfeffern und zugedeckt 30-60 Sekunden auf höchster Stufe braten.

Rühreier aus der Mikrowelle

Pro Ei 1/2 EL Butter in einem Gefäß auf voller Stufe erhitzen. Eier in einer Schüssel mit Salz, Pfeffer und 1 EL Milch pro Ei schlagen. Eier in die heiße Butter geben und gut schlagen. Auf höchster Stufe kochen, dabei pro Ei 45 Sekunden lang, alle 30 Sekunden rühren. Wenn die Eier noch recht cremig sind, 1-2 Minuten ruhen lassen, sie garen jetzt noch weiter und sind dann perfekt.

Omelett aus der Mikrowelle

Omeletts gehen ganz einfach mit einer speziellen zweigeteilten Omelettpfanne.

1 2 EL Butter in der Omelettpfanne auf höchster Stufe 1 Minute erhitzen. 3 Eier mit Salz und Pfeffer verschlagen und auf die Hälften verteilen.

2 Auf halber Stufe 3-4 Minuten kochen. Mit einem Teigschaber die Ränder nach innen rühren. Omeletts nochmals 3 Minuten kochen. Vor dem Servieren 1 Minute ruhen lassen.

Baisers aus der Mikrowelle

Baisers aus der Mikrowelle haben nicht den weichen Kern wie traditionell gemachte Baisers, sie sind fest und knusprig, aber auch sehr fein.

1 1 Eiweiß mit 275 g Puderzucker zu einer festen Kugel schlagen. Bei Bedarf noch etwas Zucker hinzugeben.

2 Die Mischung zu etwa 25 walnussgroßen Kugeln formen und 5-6 Kugeln mit reichlich Abstand voneinander auf spezielles Backpapier für die Mikrowelle setzen. Auf höchster Stufe 1-1 1/2 Minuten kochen, bis die Kugeln etwa viermal so groß sind wie vorher. Abkühlen lassen. Alle Baisers so zubereiten.

SAUCEN AUS DER MIKROWELLE

Besonders Eier- und Buttersaucen lassen sich ganz einfach in der Mikrowelle zubereiten. Sie können auch traditionell zubereitete Saucen in der Mikrowelle aufwärmen. Dann Sauce mit Klarsichtfolie abdecken und bei höchster Stufe 30 Sekunden erhitzen, rühren, nochmals 30 Sekunden erhitzen, rühren, bis sie heiß ist.

Sauce hollandaise

1 2 Eigelb mit 2 EL Weißwein oder Zitronensaft und Salz und Pfeffer in einer Schüssel schlagen. 120 g Butter bei höchster Stufe 1½ Minuten erhitzen, bis sie Blasen wirft. Butter unter ständigem Rühren zur Eigelbmischung geben.

2 Auf höchster Stufe in 15 Sekunden-Intervallen kochen, immer nach 15 Sekunden rühren, bis die Sauce cremig ist. 2 Minuten weiterrühren, hierbei dickt die Sauce noch etwas ein.

Sauce béarnaise

4 EL Estragonessig, 1 gehackte Schalotte, 1 Prise Cayennepfeffer und 1 EL gehackte Petersilie und Estragon in eine mikrowellenfeste Schüssel geben. Auf höchster Stufe 3 Minuten kochen, bis sich die Zutaten reduziert haben. Dann wie Schritt 2 von der Hollandaise.

Vanillesauce aus der Mikrowelle

Vanillesauce geht kinderleicht in der Mikrowelle. Geben Sie Speisestärke dazu, damit sie nicht gerinnt.

Vanillesauce

300 ml Milch mit einigen Tropfen Vanilleessenz auf höchster Stufe 2 Minuten erhitzen, bis sie fast kocht. 2 Eier mit 2 EL Zucker und 1 EL Speisestärke verrühren, dann die heiße Milch dazugeben. Auf höchster Stufe in 30 Sekunden-Intervallen kochen, jedes Mal rühren, bis die Sauce etwas eindickt. 1 Minute ruhen lassen, vor dem Servieren nochmals durchrühren.

Vanillecreme

600 ml Milch auf höchster Stufe 3 Minuten erhitzen. 4 Eier mit 25 g Zucker verschlagen, dann etwas Milch dazurühren. Eier unter Rühren zur Milch geben. Mischung durch ein Sieb in vier mit Obst ausgelegte Förmchen gießen und auf der Auftaustufe etwa 14 Minuten kochen, bis die Creme fest wird. Abkühlen und vor dem Servieren richtig kalt stellen.

Crème Caramel

50 g Zucker mit 2 EL Wasser in eine mikrowellenfeste Schüssel geben und offen auf höchster Stufe 2 Minuten kochen, bis die Mischung sehr hell ist. 6 EL Wasser unterrühren und in 2 Minuten goldbraun kochen. Mit Topflappen die Form drehen, dass das Karamell sich überall verteilt. Abkühlen lassen. Inzwischen die Vanillecreme aus der gleichen Menge Milch und Sahne zubereiten, in die Form gießen und kochen wie die Vanillecreme oben.

Rezepte mit Eiern

Eier sind sowohl köstlich als auch ausgesprochen vielseitig, und es gibt eine Vielzahl von Rezepten, in denen Eier eine große Rolle spielen. Eier sind hervorragend „pur“ – pochiert, gekocht, gebraten oder als Rührei –, aber kombiniert mit anderen Zutaten lassen sich köstliche und ungewöhnliche Speisen kreieren. Leichte, luftige Soufflees, sättigende Aufläufe, knusprige Baisers, üppige Kuchen und saftige Omeletts – um nur einige der köstlichen Rezepte zu nennen, in denen man Eier verwendet.

FRÜHSTÜCK UND BRUNCH

Eier waren in England schon zu Königin Victorias Zeiten ein wichtiger Bestandteil des Frühstücks. Heute geht es gar nicht mehr ohne sie – weder auf dem Frühstückstisch unter der Woche noch beim ausgiebigen Brunch am Wochenende. Und die hier aufgetischten Köstlichkeiten haben nichts mit gekochten Eiern oder pochierten Eiern auf Toast zu tun! Übrigens: Wer morgens Eier isst, sichert sich die Energieversorgung für einige Stunden. In diesem Kapitel finden Sie Frühstücksklassiker und Leckereien für den Brunch, z. B. Pochierte Florentiner Eier, Rühreier mit Räucherlachs, Pfifferling-Speck-Ei-Brötchen, aber auch ausgefallene Rezepte wie Gebackene Eier mit Pancetta und Rucola und Gefülltes Thai-Omelett.

Eier auf Benedict-Art

Es wird immer noch spekuliert, wer dieses Rezept erfunden hat. Wahrscheinlich verdanken wir es dem Ehepaar LeGrand Benedict, die Stammgäste im New Yorker Restaurant Delmonico waren. Sie beschwerten sich, dass es nichts Neues auf der Speisekarte für das Mittagessen gab. Daraufhin wurde dieses Rezept kreiert.

Zutaten für 4 Personen

4 Eier
2 kleine Hefebrötchen oder 4 Scheiben Toast
Butter zum Bestreichen
4 dicke Scheiben gekochter Schinken, auf die Größe der Brötchen zurechtgeschnitten
frischer Schnittlauch zum Garnieren

Für die Sauce:
3 Eigelb
2 EL Zitronensaft
1/4 TL Salz
120 g Butter
2 EL Sahne
schwarzer Pfeffer

Tipp:

Verwenden Sie nur sehr frische Eier zum Pochieren, denn sie behalten ihre Form besser.

1 Für die Sauce Eigelb mit Zitronensaft und Salz im Mixer oder der Küchenmaschine 15 Sekunden mixen.

2 Butter in einem kleinen Topf schmelzen, bis sie Blasen wirft. Butter nicht bräunen! Die Butter bei laufendem Mixer in einem dünnen, gleichmäßigen Strahl zu der Mischung gießen. Sobald die ganze Butter untergerührt ist, den Mixer ausstellen.

3 Sauce in eine Schüssel gießen und diese in einen Topf mit kochendem Wasser stellen. 2-3 Minuten kochen, bis sie eindickt. Falls sie gerinnt, 1 EL kochendes Wasser dazugeben. Sahne und Pfeffer dazugeben. Sauce über dem Wasser warm halten.

4 Salzwasser in einem flachen Topf aufkochen. Eier nacheinander in eine Tasse aufschlagen und vorsichtig ins Wasser geben. Das Eiweiß mit einem Löffel um das Eigelb verteilen. Etwa 4 Minuten kochen lassen, bis das Eiweiß fest ist. Die Eier mit einem Schaumlöffel rausnehmen und auf Küchenpapier trocknen. Ausgefranste Kanten mit einer Schere abschneiden.

5 Während die Eier pochieren, Brötchen halbieren und toasten. Noch warm mit Butter bestreichen.

6 Eine Scheibe Schinken (wer möchte, bräunt ihn in der Pfanne) auf jede Brötchenhälfte oder Toastscheibe legen, darauf ein pochiertes Ei legen. Die warme Sauce darauf verteilen, mit Schnittlauch garnieren und servieren.

Pochierte Eier auf Florentiner Art

Gerichte mit dem Zusatz „Florentiner Art“ enthalten fast immer Spinat. Häufig werden sie auch mit einer cremigen Sauce gekrönt.

Zutaten für 4 Personen

675 g Spinat, gewaschen und abgetropft
2 EL Butter
4 EL Sahne
1 Prise frisch gemahlene Muskatnuss

Für die Haube:
2 EL Butter
25 g Mehl
300 ml heiße Milch
1 Prise gemahlene Muskatblüte
115 g geriebener Gruyère
4 Eier
1 EL frisch geriebener Parmesan
Salz und schwarzer Pfeffer

Tipp:
Dieses Gericht schmeckt auch mit anderem Gemüse. Probieren Sie Mangold, Fenchel oder Chinakohl.

1 Backofen auf 200 °C / Umluft 180 °C / Gas Stufe 3 vorheizen. Spinat mit etwas Wasser in einen Topf geben. 3 Minuten kochen, gut abtropfen und fein hacken. In den Topf geben, Butter, Sahne, Muskat, Salz und Pfeffer dazugeben und erhitzen. In 4 Gratinförmchen füllen. In der Mitte eine Mulde machen.

2 Butter in einem kleinen Topf erhitzen, Mehl dazugeben und 1 Minute unter Rühren kochen. Milch langsam dazugießen und gut unterschlagen.

3 Mischung 2 Minuten unter Rühren kochen lassen. Muskatblüte und 75 g Gruyère unterrühren.

4 Eier einzeln in eine Tasse schlagen und in einen Topf mit siedendem Salzwasser geben. 3-4 Minuten pochieren. Eier mit einem Schaumlöffel herausnehmen und auf Küchenpapier trocknen. Eier auf die Formen verteilen, Käsesauce darüber gießen. Übrigen Käse draufstreuen, dann im Backofen in etwa 10 Minuten golden backen.

Süßer Eierkuchen aus Persien

Diese Omelett-Variation erfreut sich im Orient großer Beliebtheit. Besonders fein schmeckt das Gericht mit selbst gemachter Marmelade.

Zutaten für 1 Eierkuchen

3 Eier
2 TL brauner Zucker
1 TL Mehl
1/2 EL Butter
Brot und Marmelade zum Servieren

Tipp:
Servieren Sie diesen Eierkuchen mit Früchten aus dem Orient, z. B. Feigen- oder Aprikosenmarmelade. Natürlich schmeckt er auch mit Himbeer- oder Erdbeermarmelade.

1 Eier in eine große Schüssel schlagen, Zucker und Mehl dazugeben und die Mischung schaumig schlagen. Butter in einer Pfanne stark erhitzen, die Eier dazugeben und ohne Rühren braten, bis sie langsam fest werden.

2 Mit einem hölzernen Pfannenwender am Rand des Eierkuchens entlangfahren, dann vorsichtig wenden. Auf der zweiten Seite 1-2 Minuten goldbraun braten. Heiß oder warm mit Brot und Marmelade servieren.

Gefüllte Brioches mit Schnittlauchrührei

Rührei schmeckt zu jeder Tageszeit. Als Füllung für Frankreichs Lieblingsbrötchen, das Brioche, ist es perfekt für Frühstück und Brunch. Das Rührei in diesem Rezept ist besonders zart. Und das Ganze schmeckt auch kalt!

Zutaten für 4 Personen

4 Brioches
6 geschlagene Eier
3 EL frische Schnittlauchröllchen
2 EL Butter
3 EL Hüttenkäse
4–5 EL Sahne
Salz und schwarzer Pfeffer

Tipp:
Wenn Sie keine Brioches im Haus haben, können Sie dieses Rezept auch mit Weißbrot machen. Richtig dicke Scheiben toasten und dann das Rührei ganz hoch auf die Brotscheiben türmen. Auch Focaccia oder Ciabatta eignen sich für dieses Rezept.

1 Backofen auf 180 °C / Umluft 160 °C / Gas Stufe 2 vorheizen. Den oberen Teil der Brioches abschneiden und beiseite legen. Das Innere vorsichtig herauslöffeln. Das ausgehöhlte Brioche und den Deckel 5 Minuten im Backofen knusprig backen.

Tipp:
Sie können das Innere der Brioches aufheben und zu Paniermehl zerreiben.

2 Eier schlagen, salzen und pfeffern. 1 EL Schnittlauch dazugeben. Butter in einer Pfanne erhitzen, Eiermasse hinzugeben und unter Rühren (mit einem Holzlöffel) halbfest braten.

3 Hüttenkäse, Sahne, 1 EL Schnittlauch einrühren und alles weitere 1-2 Minuten braten, so dass die Eier noch schön cremig sind.

4 Rührei in die Brioches füllen, 1 EL Schnittlauch draufstreuen und mit dem Deckel servieren.

Pikantes Rührei

Eine ganz besondere Note bekommt das Rührei durch die Anchovis. Dieses Rezept war in England Anfang des 20. Jahrhunderts sehr verbreitet. Serviert wurde es meistens nach den Mahlzeiten anstelle von Käse.

Zutaten für 2 Personen

2 Scheiben Weißbrot
4 EL Butter
Anchovispaste
2 Eier und 2 Eigelb, geschlagen
4–6 EL Sahne oder Milch
Salz und schwarzer Pfeffer
4 Anchovis und Paprika zum Garnieren

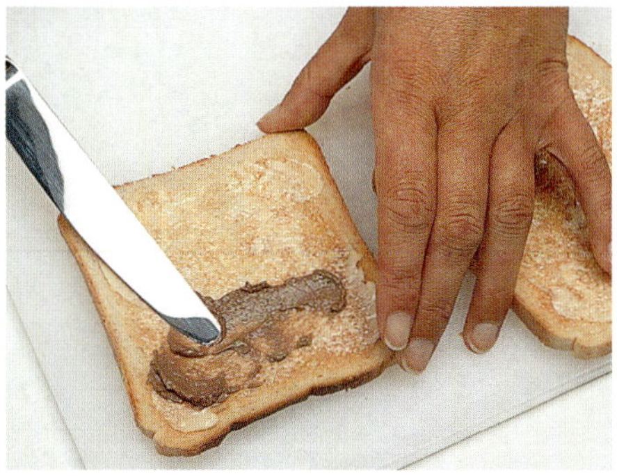

1 Brot toasten, mit Butter und Anchovispaste bestreichen, Brot diagonal durchschneiden. Warm halten.

2 Die übrige Butter in einem Topf schmelzen. Eier, Sahne oder Milch, etwas Salz und Pfeffer unterrühren. Unter Rühren langsam erhitzen, bis die Mischung eindickt.

3 Den Topf von der Platte ziehen und weiterrühren, bis die Eier schön cremig, aber nicht zu fest sind.

4 Rührei auf den Brotscheiben verteilen, mit Anchovis und einer Prise Paprika garnieren. Sofort servieren.

Tipp:

Dieses Rührei ist perfekt für einen Brunch. Servieren Sie es mit einem Glas leichten Weißwein und reichen Sie danach einen Obstsalat.

Pipérade auf Baguette

Diese Mischung aus Paprikaschoten, Tomaten und Eiern stammt aus der Provence. Perfekt für einen Brunch oder als leichter Snack.

Zutaten für 6 Personen

4 EL Olivenöl
2 kleine Zwiebeln, grob gehackt
4 Paprikaschoten, entkernt und klein geschnitten
2 große Knoblauchzehen, fein gehackt
1 Prise Chilipulver
650 g reife Eiertomaten, geschält, entkernt und gehackt
1 EL frischer Oregano, gehackt (oder 1 TL getrockneter)
1 langes Baguette
4–6 EL Olivenöl
2 EL Butter
6 Eier, geschlagen
Salz und schwarzer Pfeffer
Basilikumblätter zum Garnieren

1 Öl in in einer großen schweren Bratpfanne erhitzen. Zwiebeln bei mittlerer Hitze etwa 5 Minuten darin dünsten, ohne dass sie braun werden.

2 Paprikaschoten, Knoblauch und Chilipulver dazugeben. 5 Minuten braten, dann Tomaten, Salz, Pfeffer und Oregano dazugeben. Alles bei mittlerer Hitze 15-20 Minuten kochen, bis die Paprikaschoten weich sind und der Großteil der Flüssigkeit verdampft ist.

3 Ofen auf 200 °C/ Umluft 180 °C / Gas Stufe 3 vorheizen. Baguette längs halbieren und in 6 gleich große Stücke schneiden. Mit Olivenöl beträufeln. Auf ein Backblech legen und 8-10 Minuten knusprig goldbraun backen.

4 Butter in einer Pfanne erhitzen, Eier hineingeben und unter Rühren etwas fest werden lassen. Paprikamischung einrühren. Alles auf dem Baguette verteilen und mit Basilikumblättern garnieren. Heiß servieren.

Tipp:
Für die schnelle Party-Variante schneiden Sie das Baguette in dicke Scheiben und mischen 200 ml Paprika-Tomatensauce (Glas) unter die Eier.

Rührei mit Räucherlachs

Ein unschlagbarer Klassiker für ein echtes Luxus-Frühstück oder als Mitternachts-Snack. Versuchen Sie das Rezept am Weihnachtsmorgen mit einem Glas Prosecco mit frisch gepresstem Orangensaft.

Zutaten für 4 Personen

4 Scheiben Pumpernickel oder Vollkornbrot (ohne Kruste)
4 EL Butter
120 g Räucherlachs in dünnen Scheiben
6 Eier
3–4 EL Sahne
4 EL Crème fraîche
Salz und schwarzer Pfeffer
4 EL Lachskaviar und etwas Dill zum Garnieren

Tipp:
Versuchen Sie die Luxus-Variante mit Trüffel: Reiben Sie etwas Trüffel über das Rührei und servieren das Ganze auf Toast, garniert mit frischem Kerbel.

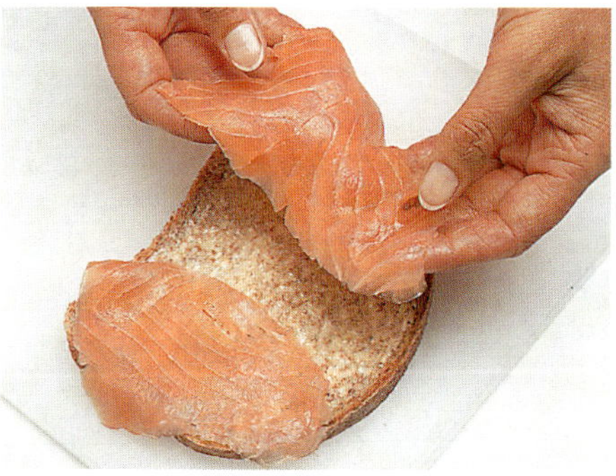

1 Brotscheiben mit 2 EL Butter bestreichen und Lachs darauf anrichten. Brotscheiben halbieren und beiseite stellen.

2 Für das Rührei Eier verschlagen, salzen und pfeffern. 2 EL Butter in einem Topf erhitzen, dann rasch die geschlagenen Eier einrühren.

3 Eier unter Rühren fest werden lassen. Kurz bevor sie fertig sind, Sahne einrühren. Topf von der Platte ziehen und Crème fraîche einrühren.

4 Rühreier auf dem Räucherlachs verteilen. Je 1 EL Kaviar daraufgeben. Mit Dill garnieren und sofort servieren.

Crostini mit Rührei und Rouille

Crostini gehen superschnell und sind daher geradezu perfekt für Frühstück und Brunch. Die Rouille bringt Aromen vom Mittelmeer. Traditionell reicht man Rouille zur Fischsuppe, aber hier zeigt sie sich als perfekter Begleiter von Rührei.

Zutaten für 4 Personen

4 Scheiben Ciabatta
Olivenöl
3 EL Mayonnaise (am besten selbst gemacht!)
1 TL Harissa
4 Eier
4 kleine Scheiben geräucherter Schinken
Brunnenkresse zum Verzieren

Tipp:
Harissa aus Nordafrika ist eine scharfe Paste aus roten Chilis, Kreuzkümmel, Knoblauch, Koriander, Kümmel und Olivenöl. Sie verleiht Dips, Saucen und Eintöpfen einen süßsauren Geschmack und schmeckt auch mit Mayonnaise angerührt zu Fisch- und Fleischgerichten.

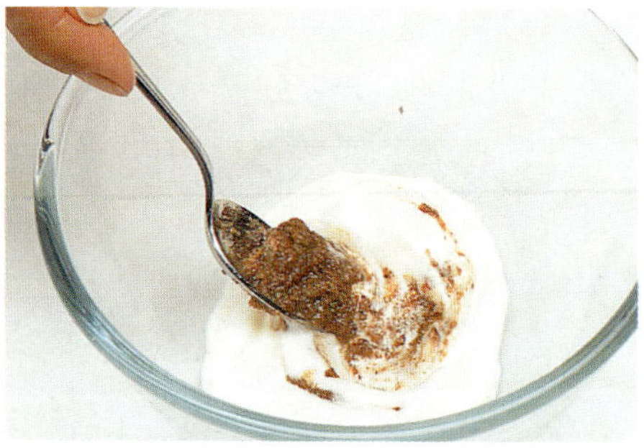

1 Backofen auf 200 °C / Umluft 180 °C / Gas Stufe 3 vorheizen. Ciabatta mit einem Backpinsel mit Olivenöl bestreichen. Das Brot auf einem Backblech etwa 10 Minuten goldbraun und knusprig backen.

2 Inzwischen für die Rouille Mayonnaise und Harissa vermischen. Eier in sehr wenig Öl in einer nicht haftenden Pfanne braten.

3 Brot mit Schinken belegen, darauf die Eier und einen Löffel Rouille geben. Mit Brunnenkresse garniert sofort servieren.

Brötchen mit Speck, Ei und Pfifferlingen

Pfifferlinge mit ihrem fruchtigen Aroma werden kombiniert mit Spiegelei und knusprigem Frühstücksspeck – ein wirklich raffiniertes Frühstücksbrötchen.

Zutaten für 4 Personen

350 g ungeräucherter Frühstücksspeck in dünnen Scheiben
50 g Butter und 4 TL Butter zum Bestreichen
120 g Pfifferlinge, geputzt und halbiert
4 EL Sonnenblumenöl
4 Eier
4 große Milchbrötchen, aufgeschnitten
Salz und schwarzer Pfeffer

Tipp:
Anstelle der Pfifferlinge können Sie auch andere Pilze verwenden. Champignons oder Egerlinge schmecken ebenfalls wunderbar.

1 Frühstücksspeck in einer großen, nicht haftenden Bratpfanne ohne Fett braten, bis er knusprig ist. Auf einem Teller im Backofen warm halten.

2 Butter in der Pfanne schmelzen, Pfifferlinge hineingeben und bei schwacher Hitze braten, bis sie weich sind. Nicht bräunen! Auf einen Teller geben, zudecken und warm halten.

3 2 EL Butter schmelzen, Öl dazugeben und erhitzen. Die Eier aufschlagen und in der Pfanne braten.

4 Die Brötchen toasten, mit Butter bestreichen, mit Speck, Pfifferlingen und Spiegelei belegen. Salzen und pfeffern, mit der anderen Brötchenhälfte zudecken und servieren.

Amerikanische Pfannkuchen mit gegrilltem Speck

Hiervon sollten Sie eine große Portion machen, denn diese dicken Mini-Pfannkuchen werden im Nu weg sein. Den Teig können Sie am Abend vorher zubereiten.

Zutaten für etwa 20 Pfannkuchen

175 g Mehl
Salz
1 EL brauner Zucker
2 große Eier
150 ml Milch
1 TL Natron
2 EL Weinstein
2 TL Öl zum Braten
Butter
Ahornsirup
knusprig gebratener Frühstücksspeck zum Servieren

Tipp:
Die Pfannkuchen lassen sich gut einfrieren. Ideal für die nächste Party.

1 Für den Teig Mehl, Salz und Zucker mischen. In einer anderen Schüssel Eier und Milch verschlagen, dann diese Mischung nach und nach zur Mehlmischung gießen und beides zu einem dicken Teig schlagen. Natron und Weinstein unterrühren. Zudecken und bis zum Backen kühl stellen.

2 Vor dem Backen den Teig nochmals schlagen. Etwas Öl in einer Bratpfanne erhitzen, dann mit einem Löffel kleine Portionen in die Pfanne geben. Bei ziemlich starker Hitze backen, bis auf der Oberfläche Blasen entstehen und die Unterseite goldbraun ist.

3 Die Pfannkuchen vorsichtig wenden und die zweite Seite auch goldbraun backen. Auf eine angewärmte Servierplatte legen. Alle Pfannkuchen backen und warm halten. Butter und Ahornsirup darauf geben und mit dem gegrillten Frühstücksspeck servieren.

Omelett Arnold Bennett

Dieses Rezept wurde für den englischen Schriftsteller Arnold Bennet im Hotel Savoy in London kreiert, wo er oft zu Abend aß. Die Mischung aus Omelett und Soufflee mit geräuchertem Schellfisch wird heute in allen englischsprachigen Ländern heiß geliebt.

Zutaten für 2 Personen

180 g geräuchertes Schellfischfilet
4 EL Butter
180 ml Sahne
4 Eier, getrennt
40 g geriebener Emmentaler
schwarzer Pfeffer
Brunnenkresse zum Garnieren

Tipp:
Am besten kaufen Sie geräucherten Schellfisch, der nicht künstlich gefärbt ist. Er ist besser und sieht auch schöner aus.

1 Schellfischfilet von Haut und Gräten befreien. Den Fisch vorsichtig mit einer Gabel in kleine Stücke zupfen.

2 Butter mit Sahne in einer kleinen Pfanne schmelzen, den Fisch dazugeben und alles verrühren. Pfanne zudecken und beiseite stellen.

3 Eigelb mit 1 EL Sahne und Pfeffer gemischt zum Fisch rühren. In einer Schüssel Käse und 1 EL Sahne verrühren. Eiweiß steif schlagen, unter die Fischmischung heben. 2 EL Butter in einer Pfanne erhitzen, Fisch hineingeben und braten, bis die Unterseite braun ist. Käsemischung draufgießen, Käse schmelzen lassen. Mit Brunnenkresse garniert servieren.

Omelett mit Pilzen

Ein köstlicher Snack für eine Person – schmeckt zum späten Frühstück am Wochenende oder als kleines Mittagessen. Kombinieren Sie verschiedene Pilze, z. B. Austernpilze und Egerlinge.

Zutaten für 1 Person

2 Eier, getrennt
1 EL Butter
glatte Petersilie zum Garnieren

Für die Pilzsauce:
1 EL Butter
80 g gemischte Pilze, in dünne Scheiben geschnitten
1 EL Mehl
100 ml Milch
1 TL frische Petersilie, fein gehackt (nach Belieben)
Salz und schwarzer Pfeffer

1 Für die Pilzfüllung Butter in einer Pfanne schmelzen und die Pilzscheiben dazugeben. Bei schwacher Hitze 5 Minuten braten, bis sie weich sind. Hin und wieder rühren.

2 Mehl einrühren, dann nach und nach die Milch dazugießen, immer rühren. Aufkochen und etwas eindicken lassen. Petersilie dazugeben, salzen und pfeffern. Warm halten.

3 Eigelb mit 1 EL Wasser schlagen, salzen und pfeffern. Eiweiß steif schlagen, dann mit einem Metalllöffel unter das Eigelb heben. Backofengrill vorheizen.

4 Butter in einer großen Pfanne schmelzen und die Eimischung hineingeben. Bei schwacher Hitze 3 Minuten backen. Pfanne unter den Grill stellen und alles nochmals 3 Minuten grillen, bis es oben goldbraun ist.

5 Das Omelett auf eine warme Servierplatte gleiten lassen, die Pilzsauce darüber gießen und das Omelett in der Mitte falten. Mit Petersilie garnieren und servieren.

Tipp:
Geben Sie ein paar Tropfen Worcester- oder Sojasauce zu den Pilzen.

Pancetta-Rucola-Eier

In diesem Rezept werden Eier mit italienischem Speck in ofenfesten Formen gekocht. Statt Speck schmecken auch pikante Würstchen, Rucola können Sie durch Spinat ersetzen.

Zutaten für 4 Personen

4 EL Butter
120 g Pancetta, in Scheiben geschnitten
8 Eier
1 Bund Rucola
Zitronensaft
1 EL Olivenöl
schwarzer Pfeffer

1 Backofen auf 200 °C / Umluft 180 °C / Gas Stufe 3 vorheizen. 2 EL Butter und den Pancetta auf 4 kleine ofenfeste Formen verteilen.

2 Im Ofen 8–10 Minuten backen, bis der Pancetta zischt. Formen aus dem Ofen nehmen.

3 2 Eier in jede Form schlagen, etwas Butter dazugeben, salzen und pfeffern. Im Ofen nochmals 7 Minuten garen, bis die Eier gerade fest sind.

4 Rucola in Zitronensaft und Öl tauchen und Blätter auf die Formen verteilen.

Tipp:
Für richtig hungrige Gäste servieren Sie die Eier mit viel frisch gebackenem Ciabatta oder anderem Weißbrot, das Sie üppig mit Butter bestreichen.

Tomaten-Zucchini-Pastete

Diese pikanten Pasteten aus dem Backofen sind ganz typisch für die Küche Südfrankreichs. Die Kombination von Ei und dem Gemüse ist einfach köstlich. Die Pasteten schmecken warm genauso gut wie kalt und können auch als Vorspeise serviert werden.

Zutaten für 4 Personen

etwas Butter
2 Zucchini
2 feste reife Tomaten, in Scheiben geschnitten
2 Eier und 2 Eigelb
3 EL Sahne
1 EL Tomatenpüree
2 TL Basilikumblätter, gehackt
Salz und schwarzer Pfeffer
Bratkartoffeln zum Servieren

1 Backofen auf 180 °C / Umluft 160 °C / Gas Stufe 2 vorheizen. 4 kleine ofenfeste Formen mit etwas Butter fetten.

2 Von den Zucchini die Enden abschneiden, dann in dünne Scheiben schneiden. In einen Gemüsedämpfer geben, diesen in einen Topf mit Wasser setzen, zudecken und Zucchini 5 Minuten dämpfen. In einem Sieb gut abtropfen, dann Zucchini und Tomaten in die Formen schichten.

3 Eier, Sahne, Tomatenmark, Kräuter, Salz und Pfeffer verrühren. Eimischung gleichmäßig auf die 4 Formen verteilen. Formen in eine Bratreine mit heißem Wasser stellen. 20–30 Minuten backen, bis die Eiermasse gerade fest ist.

4 Kurz abkühlen lassen, dann mit einem Messer den Rand der Pastete entlangfahren. Auf Teller stürzen und mit Bratkartoffeln servieren.

Tipp:
Anstelle der Zucchini schmecken auch Spargel oder Aubergine. Gemüse klein schneiden, Spargel 5 Minuten dämpfen, Aubergine 3–4 Minuten.

Tacos mit pikantem Omelett

Ob heiß, warm oder kalt - diese Tacos schmecken immer und sind ein idealer und nahrhafter Snack für Picknick, Radtour oder Wanderung.

Zutaten für 4 Personen

2 EL Sonnenblumenöl
50 g Sojabohnensprossen
50 g Möhren, klein geschnitten
2 Blätter Chinakohl, gehackt
1 EL Sojasauce
4 Eier
1 kleine Frühlingszwiebel, fein gehackt
1 TL Cajun-Gewürzmischung
4 weiche Tortillafladen, in Ofen oder Mikrowelle aufgewärmt

1 Öl in einer kleinen Bratpfanne erhitzen, dann Sprossen, Möhren und Kohl pfannenrühren, bis sie weich werden. Sojasauce gut unterrühren und Pfanne beiseite stellen.

2 Eier, Frühlingszwiebel, Cajun-Gewürzmischung, Salz und Pfeffer in einer Schüssel gut miteinander verschlagen. Butter in einer Pfanne schmelzen. Eiermischung hineingeben und bei schwacher Hitze unter Rühren braten, bis sie beinahe fest ist.

3 Gemüse und Rührei gleichmäßig auf die Fladen verteilen und diese aufrollen oder zu kleinen Päckchen falten. Falls die Tacos unterwegs gegessen werden, einfach in Küchenpapier und Alufolie packen.

Tipp:
Tortillafladen gibt es in großen Supermärkten. Am besten gleich viele kaufen, sie lassen sich gut einfrieren.

Variante:
Auch Pittabrot kann man mit dieser köstlichen Mischung füllen. Kleine Pittabrote eignen sich gut für Kinder, die es schwierig finden, die Tacos zu essen, ohne die Hälfte der Füllung zu verlieren.

Französisches Bauernomelett

In diesem Rezept wird die Füllung direkt mit der Omelettmischung gebacken. Für die Füllung eignen sich sehr viele Gemüsesorten. Ideal auch zur Resteverwertung.

Zutaten für 2 Personen

4 EL Sonnenblumenöl
50 g Speck ohne Rinde, klein geschnitten
2 dicke Brotscheiben, in Würfel geschnitten
1 kleine Zwiebel, gehackt
1 Selleriestange, dünn geschnitten
120 g gekochte Kartoffeln, gewürfelt
5 Eier, geschlagen
2 Knoblauchzehen, gepresst
einige Spinat- oder Sauerampferblätter ohne Strunk, zerkleinert
einige Stängel Petersilie, gehackt
Salz und schwarzer Pfeffer

1 Öl in einer großen schweren Bratpfanne erhitzen. Speck und Brotwürfel darin goldbraun und knusprig braten. Zwiebel, Sellerie und Kartoffeln dazugeben und bei schwacher Hitze alles kochen lassen, bis die Gemüse weich sind und sich verfärben. Ab und zu umrühren.

2 Eier mit Knoblauch, Salz und Pfeffer schlagen und über das Gemüse gießen. Wenn die Unterseite fest wird, Spinat- oder Sauerampferblätter dazugeben. Omelett so lange backen, bis die Mitte gerade noch weich ist. Omelett falten und auf Teller geben. Mit Petersilie garniert servieren.

Spanische Tortilla

Mehr oder weniger das Nationalgericht Spaniens, besteht dieses traditionelle Omelett im Grunde nur aus Kartofffeln, Zwiebeln und Eiern. Im Rezept hier verwenden wir außerdem Paprikaschote und Bohnen - dies ist eine Variante aus Nordspanien, die sehr nahrhaft ist.

Zutaten für 6 Personen

1 EL Olivenöl und Öl zum Beträufeln
1 Zwiebel, gehackt
1 kleine rote Paprikaschote, entkernt und klein geschnitten
1 Selleriestangen, zerkleinert
200 g gekochte Kartoffeln, geschält und gewürfelt
400 g weiße Bohnen (Dose), abgetropft
8 Eier
Salz und schwarzer Pfeffer
Origano zum Garnieren
grüner Salat und Oliven zum Servieren

1 Das Öl in einer Pfanne (etwa 30 cm Durchmesser) erhitzen. Zwiebel, Paprikaschote und Sellerie dazugeben. Gemüse in 3-5 Minuten gerade weich kochen, aber nicht bräunen.

2 Kartoffeln und Bohnen dazugeben, kurz mitkochen, bis sie heiß sind.

3 Eier in einer kleinen Schüssel mit einer Gabel schlagen, salzen und pfeffern und in die Pfanne gießen.

4 Eiermischung mit einem Holzlöffel rühren, bis sie fest wird, dann etwa 8 Minuten bei schwacher Hitze backen. Das Omelett soll fest sein, aber in der Mitte noch saftig. Kurz abkühlen lassen, dann auf einen Servierteller geben.

5 Omelett in 6 Stücke schneiden. Warm oder abgekühlt mit einem grünen Salat und Oliven servieren. Mit frischem Origano garnieren.

Tipp:
In Spanien wird Tortilla oft als ein Teil der Tapas gereicht. Köstlich schmeckt sie auch kalt mit einer Chilisauce oder Mayonnaise zum Dippen. Auch Artischockenherzen und Kichererbsen können in dieser Tortilla verwendet werden.

Tortilla mit pikanter Wurst und Käse

Auch eine köstliche Variante des spanischen Omeletts. Schmeckt kalt ebenso gut wie warm, dazu passt ein Tomatensalat mit Basilikum.

Zutaten für 4–6 Personen

5 EL Olivenöl
180 g Chorizo-Wurst oder andere pikante Wurst, dünn geschnitten
650 g gekochte Kartoffeln, geschält und in dünne Scheiben geschnitten
300 g Zwiebeln, in dünne Halbringe geschnitten
4 Eier, geschlagen
4 EL frische Petersilie, gehackt
120 g geriebener Emmentaler
Salz und schwarzer Pfeffer

1 1 EL Öl in einer nicht haftenden Bratpfanne (etwa 20 cm Durchmesser) erhitzen. Wurst darin braten, bis sie goldbraun ist. Mit einem Schaumlöffel herausnehmen und auf Küchenpapier abtropfen.

2 2 EL Öl in die Pfanne geben. Darin die Kartoffeln und Zwiebeln 2-3 Minuten unter häufigem Wenden braten. Deckel auf die Pfanne legen und alles bei schwacher Hitze etwa 30 Minuten braten, bis das Gemüse weich ist. Ab und zu umrühren.

3 In einer Schüssel Eier, Petersilie, Käse, Wurst, Salz und Pfeffer gut vermischen. Dann die Zwiebeln und Kartoffeln gut unterrühren. Dabei aufpassen, dass die Kartoffelscheiben nicht zerfallen.

4 Die Pfanne mit Küchenpapier auswischen. 2 EL Öl erhitzen. Die Tortillamischung hineingeben und bei sehr schwacher Hitze etwa 5 Minuten backen, bis die Eier anfangen, fest zu werden. Tortilla mit einem spitzen Messer vom Rand der Pfanne lösen, falls sie klebt.

5 Backofengrill vorheizen. Wenn die Eiermischung in der Pfanne unten richtig fest ist, Pfanne unter den Grill stellen, bis die Tortilla goldbraun und fest ist. (Plastikstiel der Pfanne in Alufolie einwickeln.) In Stücke schneiden und mit Petersilie garniert servieren.

Frittata mit getrockneten Tomaten

Frittata ist die italienische Version des Omeletts. Sie wird auch so lange gegart, bis man sie gerade schneiden kann und schmeckt auch heiß, warm und kalt.

Zutaten für 3–4 Personen

6 getrocknete Tomaten
4 EL Olivenöl
1 kleine Zwiebel, fein gehackt
frischer Thymian
6 Eier
50 g frisch geriebener Parmesan
Salz und schwarzer Pfeffer
Thymianzweige zum Garnieren
Parmesan, gehobelt, zum Servieren

1 Tomaten in einer Schüssel mit heißem Wasser bedecken. Etwa 15 Minuten darin aufweichen. Herausnehmen und mit Küchenpapier trockentupfen. Das Einweichwasser aufheben. Tomaten klein schneiden.

2 Öl in einer großen nicht haftenden Pfanne erhitzen. Zwiebel dazugeben und 5–6 Minuten braten, bis sie weich und goldbraun sind. Tomaten und Thymian dazugeben und bei mittlerer Hitze 3 Minuten mitbraten, ab und zu umrühren. Salzen und pfeffern.

3 Eier in einer Schüssel schlagen. 3 EL Einweichwasser und Parmesan dazugeben. Hitze für die Pfanne hochstellen. Wenn das Öl heiß ist, die Eier hineingeben. Schnell mit den anderen Zutaten vermischen, dann nicht mehr rühren. Hitze reduzieren und Frittata 4–5 Minuten backen, bis sie unten fest und goldbraun ist.

4 Einen großen Teller umgekehrt auf die Pfanne legen und mit Ofenhandschuhen festhalten. Dann die Pfanne mit der Frittata stürzen. Frittata wieder in die Pfanne gleiten lassen und nochmals 3–4 Minuten backen, bis die zweite Seite auch goldbraun ist. Die Frittata in Stücke schneiden, mit Thymian garniert servieren.

Gefülltes Thai-Omelett

In der thailändischen Küche werden oft scharfe Chilis mit süßen Aromen raffiniert kombiniert. So auch in diesem Rezept.

Zutaten für 4 Personen

2 EL Pflanzenöl
2 Knoblauchzehen, fein gehackt
1 kleine Zwiebel, fein gehackt
220 g Schweinehack
2 EL thailändische Fischsauce
1 TL brauner Zucker
2 Tomaten, geschält und gehackt
1 EL frischer Koriander, gehackt
schwarzer Pfeffer
frischer Koriander und kleingeschnittene Chilis zum Garnieren

Für die Omeletts
6 Eier
1 EL thailändische Fischsauce
2 EL Pflanzenöl

1 Öl im Wok erhitzen, Knoblauch und Zwiebeln 3-4 Minuten weich dünsten. Hackfleisch dazugeben und 8 Minuten braten, bis es leicht gebräunt ist.

2 Fischsauce, Zucker, Tomaten und Pfeffer einrühren. Köcheln lassen, bis es eindickt. Koriander dazugeben.

3 Für die Omeletts Eier und Fischsauce miteinander verschlagen.

4 1 EL Öl in einer Pfanne erhitzen. Die Hälfte der Eiermischung dazugeben und durch Anheben und Drehen der Pfanne gleichmäßig darin verteilen.

5 Wenn das Omelett gerade fest wird, die Hälfte der Füllung in die Mitte geben. Die jeweils gegenüberliegenden Seiten in der Mitte zusammenfalten, so dass ein viereckiges Päckchen entsteht.

6 Das Päckchen auf eine vorgewärmte Servierplatte geben, mit der glatten Seite nach oben. Das zweite Omelett genauso zubereiten. Beide Omeletts mit Koriander und Chilistücken garnieren, in der Mitte durchschneiden und auf 4 Tellern servieren.

Tipp:
Wenn Sie die Füllung lieber etwas milder möchten, entfernen Sie die Kerne und Trennwände der Chilischoten – dort sitzt die meiste Schärfe. Nach dem Schneiden von Chilischoten sofort die Hände waschen!

Foo Yung Omelett

Diese außergewöhnlichen Omeletts werden mit einer chinesischen Füllung zubereitet.

Zutaten für 4 Personen

- 1 EL Pflanzenöl
- 2 Frühlingszwiebeln, fein gehackt
- 2 Selleriestangen
- 1 TL frischer Ingwer, fein gehackt oder gepresst
- 1 Knoblauchzehe, gepresst
- 50 g gekochter Schinken, in Streifen geschnitten
- 75 g Krabbenfleisch
- 75 g geschälte gekochte Nordseekrabben
- 1 EL frischer Koriander, gehackt
- 1–2 EL Sojasauce und Sojasauce zum Servieren
- 10 Eier, geschlagen
- 6 EL Butter
- Salz und schwarzer Pfeffer
- Korianderzweige zum Garnieren

1 Öl in einer Pfanne erhitzen. Frühlingszwiebeln, Sellerie, Ingwer und Knoblauch dazugeben und bei mittlerer Hitze unter Rühren 1 Minute braten.

2 Schinken, Krabbenfleisch, Krabben, Koriander und Sojasauce dazugeben. Hitze reduzieren. Die Mischung langsam erwärmen, hin und wieder umrühren. In der Pfanne warm halten.

3 Für die Omeletts Butter erhitzen. Eier salzen und pfeffern, ein Viertel der Mischung in die Pfanne gießen und etwas fest werden lassen. Wenden und 2 Minuten braten. Auf einer Servierplatte warm halten. 3 weitere Omeletts zubereiten. Füllung auf die Omeletts verteilen, aufrollen. Mit Koriander garnieren und mit Sojasauce servieren.

Reisplätzchen mit Pilzen

Diese zarten, milden Reisplätzchen werden köstlich ergänzt durch den erdigen Geschmack der Pilze.

Zutaten für 4 Personen

- 1 Ei
- 1 EL Mehl
- 4 EL frisch geriebener Parmesan
- 450 g gekochter Langkornreis
- 4 EL Butter
- 2 EL Olivenöl
- 1 Schalotte, fein gehackt
- 180 g gemischte Pilze, z. B. Pfifferlinge, Austernpilze, Egerlinge, geputzt und in Scheiben geschnitten
- 1 Thymianzweig und Thymian zum Garnieren
- 2 EL Sherry
- 150 ml saure Sahne oder Crème fraîche
- Salz und schwarzer Pfeffer
- Paprikapulver zum Bestäuben

1 Ei, Mehl und Käse verschlagen und gekochten Reis einrühren. Alles gut vermischen und beiseite stellen.

2 2 EL Butter und 1 EL Öl in einer Pfanne erhitzen und die Schalotte weich dünsten. Pilze und Thymian dazugeben und köcheln lassen, bis die Pilze Flüssigkeit verlieren. Sherry dazugeben. Die Hitze erhöhen, damit Flüssigkeit verdampft. Salzen und pfeffern. Warm halten.

3 2 EL Butter und 1 EL Öl in einer Pfanne erhitzen. Die Reismischung in kleinen Portionen hineingeben. Etwa 1 Minute braten, wenden und 1 Minute auf der anderen Seite braten.

4 Alle fertigen Reisplätzchen auf angewärmten Serviertellern verteilen. Die Pilzmischung daneben anrichten und mit etwas saurer Sahne krönen. Mit einem Thymianzweig garnieren und mit Paprikapulver bestäuben.

Klassisches Käsesoufflee

Dieses leichte Käsesoufflee, das auf der Zunge zergeht, ist eines der feinsten Gerichte für einen Brunch. Mit einem Salat und einem Glas Wein ist dies der perfekte Start in ein geruhsames Wochenende.

Zutaten für 2–3 Personen

3 EL Butter
2–3 EL Paniermehl
200 ml Milch
3 EL Mehl
1 Prise Cayennepfeffer
1/2 TL Senfpulver
50 g Emmentaler,frisch gerieben
5 EL Parmesan, frisch gerieben
4 Eier, getrennt und 1 Eiweiß
Salz und schwarzer Pfeffer

1 Backofen auf 180° / Umluft 160° / Gas Stufe 2 vorheizen. 1 EL Butter schmelzen und damit eine 1,2-Liter-Souffleeform fetten. Die Innenseite der Form mit Paniermehl bestreuen.

2 Milch in einem Topf erhitzen. 2 EL Butter, Mehl, Cayennepfeffer und Senfpulver dazugeben. Bei schwacher Hitze zum Kochen bringen und rühren, bis eine cremige Sauce entsteht.

3 Die Sauce 1-2 Minuten köcheln lassen, Herd ausschalten und Emmentaler und die Hälfte vom Parmesan einrühren. Kurz abkühlen lassen, dann Eigelb unterschlagen. Mit Salz abschmecken. Beiseite stellen.

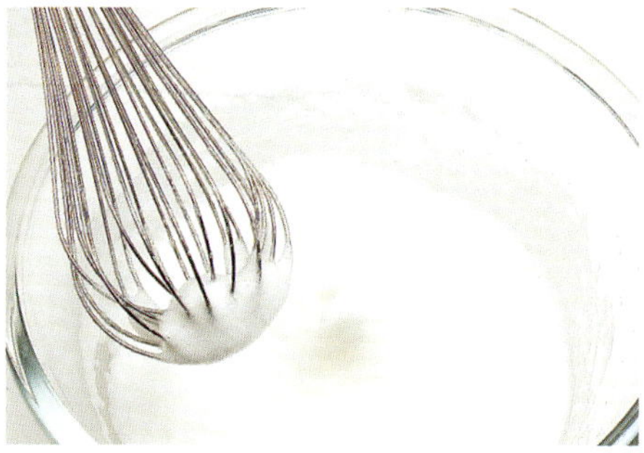

4 Eiweiß in einer großen Schüssel so lange schlagen, bis es glänzt und etwas steif ist. Nicht zu lange schlagen, sonst wird es körnig.

5 Einige Löffel Eischnee unter die Sauce rühren. Gut verschlagen, dann den restlichen Eischnee dazugeben und mit einem Metalllöffel vorsichtig unterheben. Das geht am besten, wenn man den Löffel in der Form einer Acht bewegt.

6 Die Mischung in die vorbereitete Form füllen, die Oberseite glatt streichen und mit dem Finger am inneren Rand der Form entlangfahren, damit das Soufflee gleichmäßig aufgeht.

7 Die Form auf den Backofenrost stellen, den übrigen Parmesan darauf streuen und dann 25 Minuten backen, bis es aufgegangen ist und die Oberseite goldbraun ist. Sofort servieren.

Varianten:
Sie können statt des Parmesans auch Blauschimmelkäse, z. B. Gorgonzola, verwenden. Er verleiht dem Gericht ein köstliches Aroma. Wenn Sie das Soufflee als Hauptgericht servieren möchten, können Sie es ein bisschen gehaltvoller machen: Geben Sie eine Schicht gekochtes Gemüse, z. B. Ratatouille oder gemischte Pilze zuerst in die Form und gießen Sie darauf die Käsemischung. Die Backzeit bleibt gleich.

Tipp:
Ein Soufflee muss sofort serviert werden, nachdem es aus dem Ofen kommt. Sonst könnte die ganze Pracht in sich zusammenfallen, bevor sie bei den Gästen angekommen ist.

Ziegenkäsesoufflee

Versichern Sie sich, dass alle brav am Tisch sitzen, bevor dieses köstliche Soufflee serviert wird, denn es fällt schnell zusammen. Trockener Weißwein passt sehr gut dazu.

Zutaten für 4 Personen

2 EL Butter und Butter zum Einfetten
2 EL Mehl
175 ml Milch
1 Lorbeerblatt
Muskatnuss, frisch gerieben
Parmesan, frisch gerieben, zum Streuen
2 EL Kräuterfrischkäse
150 g fester Ziegenkäse, gewürfelt
6 Eiweiß (Zimmertemperatur)
1/4 TL Weinstein
Salz und schwarzer Pfeffer

1 Butter in einem Topf schmelzen lassen. Mehl einrühren und kochen lassen, bis es goldfarben ist. Ab und zu umrühren. Die Hälfte der Milch dazugießen und glattrühren. Den Rest der Milch und das Lorbeerblatt dazugeben. Mit Salz, Pfeffer und Muskat würzen. Hitze reduzieren und alles zugedeckt 5 Minuten köcheln lassen, hin und wieder umrühren.

2 Backofen auf 180° / Umluft 160° / Gas Stufe 2 vorheizen. Eine 1,5-Liter-Souffleeform einfetten und mit Parmesan ausstreuen. Die Sauce vom Herd nehmen, Lorbeerblatt entfernen und Frischkäse und Ziegenkäse einrühren.

3 Das Eiweiß in einer großen Schüssel mit dem Handrührgerät auf Stufe 1 zu einem festen Schnee schlagen. Weinstein dazugeben, Gerät auf 2 schalten und weiterschlagen, bis der Eischnee richtig fest ist und Spitzen bildet.

4 Einen Löffel mit Eischnee in die Käsesauce rühren, dann die Käsesauce über den Rest des Eischnees gießen. Mit einem großen Metalllöffel die Sauce vorsichtig mit dem Eischnee vermischen.

5 Die Souffleemischung langsam in die vorbereitete Form füllen und etwa 30 Minuten backen, bis sie schön aufgegangen ist und die Oberseite goldbraun ist. Sofort servieren.

Spinat-Ziegenkäse-Roulade

Diese Roulade wird zweimal gebacken und ist eigentlich ein Soufflee. Da im Inneren Luft ist, geht sie nochmals auf und wird außen sehr knusprig.

Zutaten für 4 Personen

300 ml Milch
50 g Mehl
150 g Butter
100 g Ziegenkäse, gehackt
60 g Parmesan, frisch gerieben
4 Eier, getrennt
250 g frische Shitakepilze, in Scheiben geschnitten
250 g junger Spinat, gewaschen
3 EL Crème fraîche
Salz und schwarzer Pfeffer

1 Backofen auf 180° / Umluft 160° / Gas Stufe 2 vorheizen. Eine 20 x 30 cm große Auflaufform mit Backpapier so auslegen, dass das Papier über den Rand hinausragt. Etwas einfetten.

2 Milch, Mehl und 50 g Butter in einem Topf verrühren. Bei schwacher Hitze aufkochen lassen und mit dem Schneebesen cremig schlagen. Hitze reduzieren und alles 2 Minuten köcheln lassen, dann Ziegenkäse und 2 EL Parmesan einrühren. 5 Minuten abkühlen lassen, dann Eigelb unterschlagen. Salzen und pfeffern.

3 Das Eiweiß in einer Schüssel zu Schnee schlagen. Den Schnee mit einem Metalllöffel unter die Käsemischung heben, alles in die Form geben und glattstreichen. Etwa 15 Minuten backen, bis sich die Oberfläche gerade fest anfühlt.

4 Abkühlen lassen. Backpapier mit 2 EL Parmesan bestreuen und die Käseroulade darauf legen. Backpapier vorsichtig unter der Roulade herausziehen, so dass sie direkt auf dem Parmesan liegt. Roulade in diesem Papier vorsichtig aufrollen und vollständig abkühlen lassen.

5 Rest der Butter (bis auf 2 EL) in einem Topf schmelzen. Pilze darin etwa 3 Minuten pfannenrühren. In einem anderen Topf Spinat 1–2 Minuten kochen. Abtropfen lassen, zu den Pilzen geben, Crème fraîche einrühren. Salzen und pfeffern, abkühlen lassen. Den Backofen wieder aufheizen.

6 Roulade auseinander rollen und Füllung darauf geben. Aufrollen, auf ein Backblech legen, mit 2 EL Butter bestreichen und übrigem Parmesan bestreuen. 15 Minuten goldbraun backen. Sofort servieren.

Suppen und Vorspeisen

Sowohl ihre Vielseitigkeit in der Verwendung als auch ihr dekoratives Aussehen machen Eier zur idealen Zutat in köstlichen Suppen und Vorspeisen. Eier können verwendet werden, um Suppen einzudicken, wie z. B. die Eier-Käsesuppe und die Fischsuppe mit Safran. Als Garnierung machen Eier z. B. die Blumenkohlsuppe und die Krabbensuppe mit Omelett optisch besonders attraktiv. Viele kalte Vorspeisen nutzen Eier dazu, Zutaten miteinander zu verbinden und festwerden zu lassen, so z. B. die Krabben-Avocado-Mousse. Diese Rezepte sind ideal für Abendessen und Parties, da man sie schon vorher zubereiten kann. Delikate Vorspeisen wie Wachteleier mit Kräutern oder Gemüsetempura regen die Geschmacksnerven aufs Allerfeinste an. Und die gehaltvolleren Vorspeisen wie zweimal gebackenes Soufflee oder Artischocken auf New Orleans Art beglücken diejenigen mit richtig großem Appetit.

Fischsuppe mit Safran

Diese goldfarbene Suppe ergibt ein wunderbares Essen an warmen Abenden im Frühsommer. Servieren Sie sie mit reichlich frischem Brot (am besten noch warm) und leichtem, trockenen Weißwein. Falls Sie keine Muscheln bekommen, nehmen Sie Scampi in der Schale.

Zutaten für 4 Personen

1 Petersilienwurzel, geviertelt
2 Möhren, geviertelt
1 Zwiebel, geviertelt
2 Selleriestangen, geviertelt
2 Scheiben Räucherspeck, in Streifen geschnitten
Saft von 1 Zitrone
1 Prise Safranfäden
450 g Fischköpfe
450 g Muscheln, geputzt
1 Stange Lauch, kleingeschnitten
2 Schalotten, fein gehackt
2 EL gehackter Dill und Dill zum Garnieren
450 g Schellfisch, ohne Haut und Gräten
3 Eigelb
2 EL Sahne
Salz und schwarzer Pfeffer

1 Petersilie, Möhre, Zwiebel, Sellerie, Speck, Zitronensaft, Safran und Fischköpfe in einen großen Topf mit 900 ml Wasser geben. Aufkochen lassen. Offen bei schwacher Hitze 20 Minuten köcheln lassen, bis die Flüssigkeit auf die Hälfte reduziert ist.

Tipp:
Fischbrühe hält tiefgefroren ein halbes Jahr.

2 Offene Muscheln wegwerfen. Geschlossene Muscheln in die Brühe geben. 4 Minuten kochen, bis sie sich geöffnet haben. Suppe durch ein Sieb gießen, die Flüssigkeit in den Topf geben. Jetzt noch geschlossene Muscheln wegwerfen. Offene Muscheln aus der Schale holen, beiseite stellen.

3 Lauch und Schalotten zur Suppe geben, aufkochen lassen und 5 Minuten kochen. Dill und Fisch dazugeben und 5 Minuten köcheln lassen, bis der Fisch weich ist. Fisch herausnehmen und mit einer Gabel kleinzupfen.

4 In einer Schüssel Eier und Sahne miteinander verschlagen. Etwas heiße Suppe dazurühren, dann die Mischung in den Topf zur heißen (nicht kochenden!) Suppe geben. Mit dem Schneebesen schlagen, bis alles heiß ist und eindickt. Nicht kochen lassen!

5 Den Fisch und die Muscheln in die Suppe geben und mit Salz und Pfeffer abschmecken. Mit kleinen Dillzweigen garnieren und heiß servieren.

Eierblumensuppe

Diese einfache gesunde Suppe wird mit frischem Ingwer und chinesischem Gewürzpulver aromatisiert. Sie geht wirklich schnell und kann ganz kurzfristig gemacht werden.

Zutaten für 4 Personen

1,2 l Hühner- oder Gemüsebrühe
2 TL frischer Ingwer, gepresst
2 TL Sojasauce
1 TL Sesamöl
1 TL chinesisches Fünf-Gewürzpulver
1–2 TL Speisestärke
2 Eier
Salz und schwarzer Pfeffer
1 Frühlingszwiebel, in schräge Ringe geschnitten und 1 TL gehackter frischer Koriander zum Garnieren

1 Brühe mit Ingwer, Sojasauce, Öl und Fünf-Gewürzpulver in einen großen Topf geben. Aufkochen lassen, dann bei schwacher Hitze 10 Minuten köcheln lassen.

2 Speisestärke mit 60–70 ml Wasser anrühren und in die Brühe rühren. Unter ständigem Rühren sanft kochen lassen, bis die Brühe etwas eingedickt ist. Mit Salz und Pfeffer würzen.

3 Eier in einem Messbecher mit 2 EL kaltem Wasser verschlagen, bis sie schäumen.

4 Die Suppe wieder aufkochen. Eiermischung in einem dünnen Strahl hineingießen, dabei heftig mit Essstäbchen rühren. Suppe mit Frühlingszwiebeln und Koriander garnieren und sofort servieren.

Cremige Blumenkohlsuppe

Diese raffiniert gewürzte, dicke Wintersuppe wird kurz vor dem Servieren mit kleingewürfelten hart gekochten Eiern und Crème fraîche angereichert.

Zutaten für 4 Personen

1 Blumenkohl, grob zerkleinert
1 große Zwiebel, grob gehackt
1 ganze große Knoblauchzehe
1 Bouquet garni (z. B. Thymian, Petersilie und Lorbeer, in Musseline gepackt)
1 TL Korianderpulver
1 Prise Senfpulver
900 ml Hühner- oder Gemüsebrühe
1–2 TL Speisestärke
150 ml Milch
3 EL Crème fraîche
2 Eier, hartgekocht und gehackt
1 TL frischer Koriander, gehackt
Salz und schwarzer Pfeffer

Variation:
Statt Blumenkohl können Sie auch Broccoli verwenden.

1 Blumenkohl, Zwiebel, Knoblauch, Bouquet garni, Koriander, Senf, Salz und Pfeffer zu der Brühe in einen Topf geben. 10–15 Minuten köcheln lassen, bis der Blumenkohl weich ist.

2 Bouquet garni und Knoblauch herausnehmen. Blumenkohl und Zwiebel mit etwas Brühe im Mixer pürieren oder durch ein Sieb streichen. Alles wieder zur Brühre in den Topf geben.

3 Speisestärke mit etwas Milch verrühren, dann mit dem Rest der Milch in die Suppe rühren. Wieder erhitzen und köcheln lassen, bis die Suppe eindickt, dabei ständig rühren. Mit Salz und Pfeffer abschmecken. Kurz vor dem Servieren die Herdplatte abstellen und die Crème fraîche einrühren. Eierwürfel und Koriander untermischen und sofort servieren.

Griechische Avgolemono

Der Name dieser sehr populären Suppe bedeudet schlicht Ei und Zitrone, und das sind auch die beiden Hauptzutaten für diese leichte Suppe. Hinzu kommen noch kleine reisförmige Nudeln, die in Griechenland Orzo heißen. Natürlich können Sie auch andere kleine Suppennudeln verwenden.

Zutaten für 4–6 Personen

1,75 l Hühnerbrühe
120 g Orzo-Nudeln
3 Eier
Saft von 1 großen Zitrone
Salz und schwarzer Pfeffer
Zitronenscheiben zum Garnieren

Tipp:
Für selbstgemachte Hühnerbrühe geben Sie Hühnerknochen mit 1 Zwiebel, 1 Möhre, 1 Selleriestange, 1 Knoblauchzehe und 1 Bouquet garni in einen Topf. Mit Wasser bedeckt 2 Stunden köcheln, gelegentlich rühren. Durch ein Sieb gießen, fertig.

1 Brühe in einen großen Topf gießen und aufkochen lassen. Nudeln hineingeben und etwa 5 Minuten kochen.

Tipp:
Achten Sie darauf, dass die Suppe nicht mehr kocht, nachdem Sie die Eier dazugegeben haben. Sie gerinnen sonst.

2 Eier schaumig schlagen, Zitronensaft und 1 EL kaltes Wasser dazugeben.

3 Nacheinander 2–3 Löffel Brühe unter die Eier rühren. Mischung in den Topf gießen, von der Platte ziehen und gut rühren. Salzen und pfeffern, mit Zitronenscheiben garniert servieren.

Krabbensuppe mit Omelett

Omeletts und Pfannekuchen werden in der asiatischen Küche oft zu leichten Suppen gegeben. Hier werden Omelettstreifen zu kleinen Schleifen gedreht, was sehr dekorativ aussieht.

Zutaten für 4 Personen

1 Frühlingszwiebel, in feine Streifen geschnitten
800 ml starke Hühner- oder Gemüsebrühe
1 TL Sojasauce
1 Spritzer Sake oder trockener Weißwein
1 Prise Salz

Für die Krabbenbällchen
200 g große rohe Krabben ohne Schale (aufgetaut, falls TK-Ware)
70 g Kabeljaufilet ohne Haut
1 TL Eiweiß
1 TL Sake (japanischer Reiswein) oder trockener Weißwein und 1 Spritzer extra
4 1/2 TL Speisestärke
einige Tropfen Sojasauce
1 Prise Salz

Für das Omelett
1 Ei, geschlagen
1 Prise Salz
Öl zum Braten

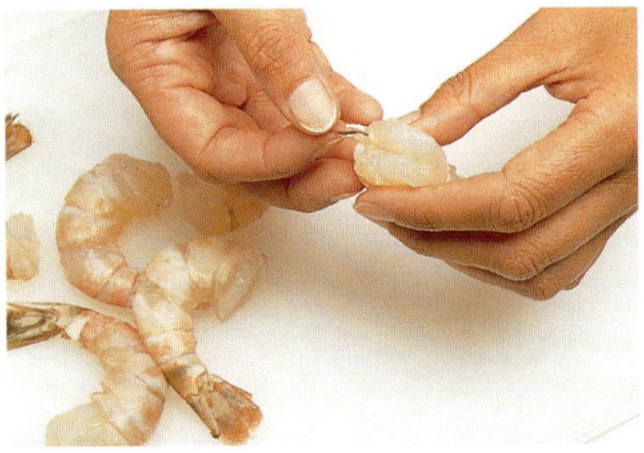

1 Von den Krabben den schwarzen Darm entfernen. Das geht am besten mit einer Pinzette. Krabben, Kabeljau, Eiweiß, Sake, Speisestärke, Sojasauce und eine Prise Salz in den Mixer geben und zu einer dicken, klebrigen Paste mixen. Die Mischung zu 4 gleich großen Bällchen formen und in einem Dämpfkörbchen oder speziellen Topfeinsatz über heftig kochendem Wasser etwa 10 Minuten dämpfen.

2 Frühlingszwiebeln 5 Minuten in Eiswasser legen, bis sie sich aufgerollt haben. Auf Küchenpapier trocknen.

3 Für das Omelett das Ei mit Salz vermischen. Etwas Öl in einer Pfanne erhitzen und das Ei gleichmäßig darin verteilen. Sobald das Omelett fest wird, wenden und auf der zweiten Seite 30 Sekunden braten. Abkühlen lassen.

4 Omelett in Streifen schneiden und zu Schleifen drehen. Brühe erhitzen, Sojasauce, Sake und Salz dazugeben. Krabbenbällchen und Omelett auf Teller geben, Suppe dazugießen und mit Frühlingszwiebeln garniert servieren.

Römische Eierflockensuppe

Auf italienisch heißt sie Stracciatella alla romana - und sie ist ein Klassiker der römischen Küche. Eier und Käse werden in die heiße Brühe gerührt und so entsteht die leicht flockige Konsistenz.

Zutaten für 6 Personen

3 Eier
3 EL Hartweizengrieß
6 EL frisch geriebener Parmesan
1 Prise Muskatnuss, frisch gerieben
1,5 l kalte Fleisch- oder Hühnerbrühe
Salz und schwarzer Pfeffer
12 Scheiben Weißbrot oder Ciabatta

1 Eier in einer Schüssel verschlagen, dann Hartweizengrieß und Parmesan einrühren. Mustkatnuss dazugeben, dann 250 ml Brühe unterrühren. Die Mischung in einen Messbecher gießen.

2 Die übrige Brühe in einen großen Topf geben und bei schwacher Hitze aufköcheln lassen.

3 Kurz vor dem Servieren die Eier-Käse-Mischung in die heiße Brühe rühren. Hitze erhöhen und die Suppe zum Kochen bringen. Mit Salz und Pfeffer abschmecken und 3–4 Minuten kochen lassen.

4 Zum Servieren Brot toasten und 2 Scheiben in jeden Teller legen. Die Suppe hineinfüllen und servieren.

Tipp:
Sobald das Ei in der Suppe ist, fängt es an zu garen und die Suppe bekommt ihre Konsistenz. Achten Sie darauf, dass die Suppe jetzt nicht mehr heftig kocht, dann könnte das Ei gerinnen.

Krabben-Eier-Rollen

Diese raffinierten Eierrollen ähneln chinesischen Frühlingsrollen.
Sie werden mit hauchdünnem Pfannkuchenteig gemacht, der besonders knusprig ist.

Zutaten für 12 Stück

3 Eier
450 ml Wasser
175 g Mehl
1/2 TL Salz
Öl zum Frittieren
Limettenschnitze zum Servieren
3 EL Sojasauce, angerührt mit 1 TL Sesamöl zum Dippen

Für die Füllung
230 g weißes Krabbenfleisch oder kleine Krabben
3 große Frühlingszwiebeln, in feine Streifen geschnitten
2,5 cm Ingwerwurzel, gerieben
2 große Knoblauchzehen, gehackt
120 g Bambussprossen, gehackt oder Sojabohnensprossen
1 TL Sojasauce
2–3 EL Speisestärke, mit 1 EL Wasser angerührt
1 Ei, getrennt
Salz und schwarzer Pfeffer

1 Eier verschlagen und Wasser dazurühren. Mehl und Salz in einer Schüssel vermischen und in die Eiermischung rühren. Zu einem glatten Teig schlagen, Klümpchen entfernen. 20 Minuten ruhen lassen.

2 Mischung kräftig schlagen und 1 EL kaltes Wasser unterrühren.

Tipp:
Wenn Sie die Pfannkuchen in einer kleinen Pfanne (15 cm Durchmesser) backen, werden es etwa 20 Stück.

3 Eine nicht haftende Pfanne (25 cm Durchmesser) fetten und leicht erhitzen. Die Hitze darf nicht so stark sein, dass die Pfannkuchen Blasen werfen oder braun werden. Etwa 3 EL Pfannkuchenteig in die Pfanne gießen und gleichmäßig darin verteilen. Etwa 2 Minuten braten, bis sich der Teig vom Pfannenboden löst. Diese Pfannkuchen werden nur auf einer Seite gebacken.

4 Alle Pfannkuchen zubereiten und mit der gebackenen Seite nach oben und Backpapier dazwischen beiseite stellen.

5 Krabbenfleisch, Frühlingszwiebeln, Ingwer, Knoblauch, Bambus- oder Sojabohnensprossen, Sojasauce, Speisestärke, Eigelb und Gewürze miteinander vermischen.

6 Eiweiß leicht schlagen. Einen Löffel Füllung in die Mitte jedes Pfannkuchen geben, die Ränder mit Eiweiß bepinseln und dann zu Röllchen formen, dabei die Ränder gut einschlagen.

7 Jeweils 4 Röllchen in jeden Korb des mehrstöckigen Bambusdämpfers geben. Zudecken und 30 Minuten dämpfen. Oder Öl in einer tiefen Pfanne erhitzen. Wenn das Öl richtig heiß ist, die Röllchen portionsweise mit der Naht nach unten mit dem Schaumlöffel in das Öl geben und 1–2 Minuten frittieren, bis sie knusprig sind. Mit dem Schaumlöffel herausnehmen und auf Küchenpapier entfetten. Fertige Röllchen im Backofen warm halten.

8 Dip durchrühren, Limettenschnitze anrichten und alles sofort servieren.

Gemüsepuffer mit Tomatensalsa

Diese kleinen Spinat-Eier-Pfannkuchen lassen sich gut vorbereiten und warm halten. Überraschen Sie Ihre Gäste mit dieser ungewöhnlichen Vorspeise.

Zutaten für 10–12 Puffer

230 g Spinat
1 kleine Stange Lauch
frische Petersilie
3 große Eier
50 g Mehl
Öl zum Frittieren
2 EL frisch geriebener Parmesan
Salz, schwarzer Pfeffer und Muskatnuss

Für die Tomatensalsa
2 Tomaten, geschält und gehackt
1/4 frische rote Chilischote, fein gehackt
2 getrocknete Tomaten in Öl, abgetropft und gehackt
1 kleine rote Zwiebel, gehackt
1 Knoblauchzehe, zerdrückt
4 EL Olivenöl
2 EL Sherry
1/2 TL brauner Zucker

1 Spinat, Lauch und Petersilie zusammen sehr fein hacken. Eier unterschlagen und mit Salz, Pfeffer und Muskatnuss würzen. Nach und nach Mehl und 2–3 EL Wasser unterrühren. Spinat-Eierteig 20 Minuten ruhen lassen.

2 Für die Tomatensalsa alle Zutaten in einer Schüssel vermischen, zudecken und 2–3 Stunden ruhen lassen, damit sich die Aromen gut vermischen.

3 Etwas Öl in eine nicht haftende Bratpfanne geben. Kleine Portionen Teig in die Pfanne geben und braten, bis die Unterseite goldbraun ist. Wenden und auf der anderen Seite kurz braten. Auf Küchenpapier entfetten und warm halten. Alle Puffer zubereiten. Mit Parmesan bestreuen und heiß mit der Tomatensalsa servieren.

Artischocken auf New-Orleans-Art

Mit Spinat gefüllte Artischocken, dazu pochierte Eier und eine Sauce Hollandaise - ein wunderbares Rezept aus dem alten Süden Amerikas. Die typische Schärfe bekommt es durch ein bisschen Tabasco - die feurige Sauce aus Lousiana.

Zutaten für 4 Personen

4 große Artischocken
500 g Spinat, gewaschen
4 EL Butter
2 EL Mehl
175 ml Milch
4 Anchovisfilets (Dose), abgetropft und zerdrückt
Tabasco
Salz, schwarzer Pfeffer und Muskatnuss
4 Eier

Für die Hollandaise
2 EL Weißweinessig
4 schwarze Pfefferkörner
1 Lorbeerblatt
2 Eigelb (Zimmertemperatur)
120 g Butter, gewürfelt (Zimmertemperatur)
Salz und schwarzer Pfeffer

1 Mit einem scharfen Messer die Stiele der Artischocken abschneiden, dann dic obere Hälfte der Blattspitzen abschneiden. Blätter in der Mitte herausschneiden. Beiseite stellen.

2 Spinat tropfnass in einen Topf geben und 2-3 Minuten weich kochen. In ein Sieb schütten, abkühlen, Flüssigkeit herausdrücken und fein hacken.

3 Salzwasser in einem großen Topf aufkochen. Artischocken hineingeben und 30 Minuten weich kochen. Mit einem Schaumlöffel auf eine vorgewärmte Servierplatte heben und warm halten. Kochwasser aufheben.

4 Essig mit 2 EL Wasser, Pfeffer und Lorbeerblatt in einem kleinen Topf kochen lassen, bis die Flüssigkeit auf etwa 1 EL reduziert ist.

5 Eigelb mit etwas Butter und Salz in einer hitzefesten Schüssel cremig rühren. Essigmischung dazugießen, Schüssel auf einen Topf mit kochendem Wasser setzen und die Herdplatte abstellen.

6 Übrige Butter nach und nach dazurühren. Immer weiter mit dem Schneebesen schlagen, bis die Sauce glänzt und eindickt. Salzen und pfeffern, zum Warmhalten auf dem Topf stehen lassen.

7 4 EL Butter in einem großen Topf schmelzen, Mehl einrühren und 1 Minute unter Rühren kochen lassen, bis die Mischung Blasen wirft. Topf von der Platte ziehen und nach und nach die Milch mit einem Holzlöffel dazurühren. Topf wieder auf die Herdplatte stellen und so lange weiterrühren, bis die Sauce dicker wird und beinahe kocht.

8 Anchovis in die Sauce rühren und etwa 5 Minuten köcheln. Spinat dazugeben und wieder fast zum Kochen bringen. Mit Salz, Pfeffer, Muskat und Tabasco würzen. Warm halten.

9 Artischocken-Kochwasser aufkochen lassen. Eier einzeln in einer Tasse aufschlagen und dann je zwei ins Wasser gleiten lassen. Etwa 3 Minuten pochieren, bis das Eiweiß fest wird, mit einem Schaumlöffel herausnehmen und auf Küchenpapier abtropfen.

10 Artischocken mit der Spinatmischung füllen. Je ein pochiertes Ei draufsetzen, Hollandaise darüber gießen und sofort servieren.

Wachteleier mit Kräutern

Ideal für ein leichtes Sommeressen im Freien beeindruckt diese feine Vorspeise durch die Kombination der verschiedenen Aromen. Und die hübsch gemusterten Schalen der Wachteleier sind auch ein optischer Genuss.

Zutaten für 6 Personen

1 großes italienisches Focacciabrot oder anderes Fladenbrot
Olivenöl zum Beträufeln und Dippen
1 große Knoblauchzehe, gehackt
1 Handvoll gemischte frische Kräuter, z. B. Koriander, Minze, Petersilie und Origano, gehackt
18–24 Wachteleier
2 EL Mayonnaise (am besten selbst gemacht)
2 EL saure Sahne
1 TL Kapern, gehackt
1/2 Schalotte, fein gehackt
220 g rote Beete, gekocht, geschält und in Scheiben geschnitten
1/2 Bund Frühlingszwiebeln, geputzt und längs halbiert
4 EL Chutney (rote Zwiebel oder Tamarinde)
Meersalz
gemischter Pfeffer, grob gemahlen

1 Backofen auf 180 ° / Umluft 160° / Gas Stufe 2 vorheizen. Brotfladen mit Olivenöl einpinseln, mit Knoblauch, Kräutern, Salz und Pfeffer bestreuen und 10-15 Minuten backen, bis er goldbraun ist. Warm halten.

2 Wachteleier in einen Topf geben, mit kaltem Wasser bedecken. Wasser aufkochen, Eier 5 Minuten kochen. Eier in eine Schüssel mit kaltem Wasser legen und abkühlen lassen.

3 Für den Dip Mayonnaise, saure Sahne, Kapern unf Schalotte vermischen, salzen und pfeffern. Eier schälen oder mit Schale auf einer Servierplatte anrichten.

4 Brot in Stücke schneiden und mit Eiern und Mayonnaise-Dip servieren. Dazu rote Beete, Frühlingszwiebel und Chutney reichen. Grobes Meersalz, groben Pfeffer und Olivenöl in Schüsselchen dazustellen zum Dippen.

Krabben-Avocado-Mousse mit Ei

Diese köstlich leichte Mousse sollten Sie in jedem Fall am selben Tag zubereiten und servieren. Planen Sie etwa 4 Stunden Kühlzeit ein.

Zutaten für 6 Personen

Olivenöl zum Einfetten
11 g Gelatine
1 Zitrone (Saft und abgeriebene Schale)
4 EL Mayonnaise (am besten selbst gemacht)
4 EL frischer Dill, gehackt
1 TL Anchovisessenz
1 TL Worcestersauce
4 hartgekochte Eier, geschält und gehackt
175 g gekochte, geschälte Krabben, grob gehackt
1 große reife, aber noch feste Avocado, geschält, entkernt und gewürfelt
250 ml Sahne, leicht geschlagen
2 Eiweiß
Salz und schwarzer Pfeffer
Dillzweiglein zum Garnieren
Toast zum Servieren

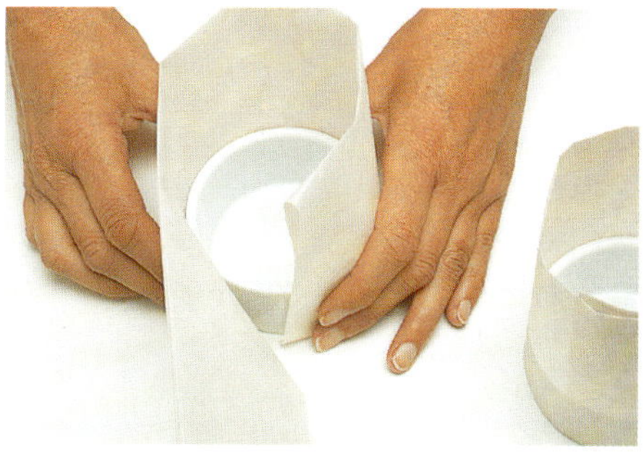

1 6 kleine Souffleeförmchen mit Öl fetten. Dann Backpapier rund um die Förmchen wickeln, so dass oben ein großzügiger Rand übersteht, damit die Mousse genug Platz hat, um sich auszubreiten. Mit Klebstreifen gut befestigen, auch den überstehenden Rand.

2 Gelatine, Zitronensaft und 1 EL heißes Wasser in eine kleine hitzefeste Schüssel geben und auf einen Topf mit sehr heißem Wasser stellen. Rühren, bis die Mischung klar wird. Abkühlen lassen, dann Zitronenschale, Mayonnaise, Dill, Anchovisessenz und Worcestershiresauce einrühren.

3 Hartgekochte Eier, Krabben und Avocado in einer Schüssel vermischen, Gelatinemischung dazugießen, dann geschlagene Sahne unterrühren. Eiweiß zu Eischnee schlagen und unterheben. Mit Salz und Pfeffer abschmecken. In die Souffleeförmchen füllen und etwa 4 Stunden kalt stellen. Mit Dill garnieren und mit Toast servieren.

Tipp:
Versuchen Sie das Rezept mit der gleichen Menge geräucherter Forelle.

Zweimal gebackene Soufflees

Diese Minisoufflees werden vor dem Servieren gestürzt. Sie sind wirklich ausgesprochen einfach zu machen und können schon am Vortag zubereitet werden. Dann muss man sie nur vor dem Servieren in der Sauce erhitzen. Ideal für unkomplizierte Gästebewirtung.

Zutaten für 6 Personen

1 1/2 EL Butter
2 EL Mehl
150 ml Milch
1 Lorbeerblatt
2 Eier, getrennt und
  1 Eiweiß (Zimmertemperatur)
120 g Gruyère, gerieben
1/4 TL Weinsteinpulver
250 ml Sahne
3 EL Mandelblättchen
Salz, schwarzer Pfeffer und Muskatnuss
Petersilie zum Garnieren

1 Ofen auf 180° / Umluft 160° / Gas Stufe 2 vorheizen. 6 ofenfeste Formen (etwa 175 ml Inhalt) ausfetten, Böden mit gefettetem Backpapier auslegen.

2 Butter schmelzen, Mehl einrühren und 1 Minute unter Rühren kochen. Die Hälfte der Milch darunterschlagen, dann mit dem Rest glatt rühren. Lorbeerblatt, Salz und Pfeffer dazugeben. Aufkochen lassen und unter Rühren 1 Minute kochen.

3 Topf von der Herdplatte ziehen und Lorbeerblatt entfernen. Eigelb nacheinander in die heiße Sauce rühren, dann Käse unterrühren, bis er ganz geschmolzen ist. Beiseite stellen.

4 Das Eiweiß in einer großen Schüssel schlagen, bis sie fest werden. Weinsteinpulver dazugeben und dann kräftig zu richtig festem Eischnee schlagen.

5 Etwas Eischnee zur Käsesauce rühren. Käsesauce über den restlichen Eischnee gießen und mit einem Metalllöffel vorsichtig unterheben.

Variante:

Anstelle von Gruyère können Sie auch anderen Käse mit intensivem Eigengeschmack nehmen, z. B. Gorgonzola, Emmentaler, Cheddar.

6 Die Masse in die Förmchen füllen, etwa 3/4 voll. Förmchen in eine flache Backform stellen und dann soviel kochendes Wasser angießen, dass die Förmchen halbhoch im Wasser stehen. Etwa 18 Minuten backen, bis sie goldbraun sind. Die Soufflees gerade so lange in den Förmchen abkühlen lassen bis sie etwas kleiner werden.

7 Backofentemperatur auf 220° erhöhen. Mit einem Messer am Innenrand der Souffleeförmchen entlangfahren. In eine ofenfeste Form stürzen und Backpapier abziehen.

8 Die Sahne salzen, pfeffern, über die Soufflees gießen. Mandelblättchen darauf verteilen und nochmals 10-15 Minuten backen. Mit Petersilie garniert sofort servieren.

Tipp:

Wenn Sie die Soufflees am Vortag zubereiten, lassen Sie sie nach dem ersten Backen abkühlen und stellen sie dann zugedeckt kalt. Vor dem zweiten Backen rechtzeitig aus dem Kühlschrank nehmen, sie sollen Zimmertemperatur haben.

Gebackene Eier mit Sahne-Lauch

Diese relativ einfache, aber elegante Vorspeise ist perfekte und unkomplizierte Gästebewirtung. Sie können anstelle von Lauch auch Spinat oder Ratatouille verwenden.

Zutaten für 4 Personen

1 EL Butter und Butter zum Einfetten
220 g junger Lauch, fein geschnitten
80 ml Sahne
Muskatnuss
4 Eier
einige Salbeiblätter
Sonnenblumenöl
Salz und schwarzer Pfeffer

1 Backofen auf 180°/ Umluft 160° / Gas Stufe 2 vorheizen. 4 ofenfeste Förmchen mit Butter einfetten.

2 Butter in einer Pfanne erhitzen und Lauch 3-5 Minuten bei mittlerer Hitze unter Rühren braten, bis er weich ist, aber nicht gebräunt.

3 3 EL Sahne dazugeben und nochmals 5 Minuten kochen, bis der Lauch ganz weich ist und die Sahne etwas eingedickt ist. Mit Salz, Pfeffer und Muskatnuss würzen.

4 Die Förmchen in eine Bratreine stellen und den Lauch verteilen. Ein Ei in jede Form schlagen, übrige Sahne darüber gießen, salzen und pfeffern.

5 Kochendes Wasser in die Bratreine gießen, bis zur halben Höhe der Förmchen. Im Ofen 10 Minuten backen.

6 Während die Eier backen, Salbeiblätter in etwas Öl knusprig braten und auf die Förmchen verteilen.

Gemüsetempura

Tempura stammt aus Japan und wird meist mit Krabben gemacht. Aber auch Fisch und – wie hier im Rezept – Gemüse schmecken hervorragend in diesem dünnen Knusperteig. Das Geheimnis des Teiges ist, dass das Wasser wirklich kalt sein muss und das Öl die richtige Temperatur hat.

Zutaten für 4 Personen

2 Zucchini
1/2 Aubergine
1 große Möhre
1/2 kleine Zwiebel
1 Ei
120 ml eiskaltes Wasser
120 g Mehl
Pflanzenöl zum Frittieren
Salz und schwarzer Pfeffer
Meersalzflocken, Zitronenscheiben und Sojasauce zum Servieren

1 Mit dem Kartoffelschäler Zucchini und Aubergine längs teilweise schälen, so dass sie gestreift sind.

2 Mit einem scharfen Messer Zucchini, Auberginen und Möhren in etwa 8–10 cm lange und etwa 5 mm breite Stäbchen schneiden.

3 Gemüsestäbchen in ein Sieb geben und mit Salz bestreuen. Mit einem kleinen Teller zudecken, diesen fest auf das Gemüse drücken. Etwa 30 Minuten stehen lassen, dann Gemüse gut mit kaltem Wasser waschen und mit Küchenpapier trocknen lassen.

4 Zwiebel in dünne Halbringe schneiden, dickes Stück in der Mitte entfernen. Alle Gemüse vermischen, salzen und pfeffern.

5 Den Teig erst direkt vor dem Frittieren zubereiten. Ei und Eiswasser zusammenrühren, Mehl hinzugeben. Nur kurz verrühren, der Teig soll nicht glatt sein. Gemüse in den Teig geben und gut damit bedecken.

Tipp:
Auch Pilze und Paprikaschoten eignen sich gut für Tempura.

6 Einen Wok etwa halbvoll mit Öl füllen und dieses auf etwa 180° erhitzen. Immer einen Schöpflöffel voll Gemüse-Teig-Mischung vorsichtig in das heiße Öl geben und etwa 3 Minuten frittieren, bis es goldbraun ist. Auf Küchenpapier entfetten.

7 Jede Portion mit Salz, Zitronenschnitzen und japanischer Sojasauce zum Dippen servieren.

Gedämpfte Eier mit Krabben auf Thai-Art

Dieses sanft gekochte Eiergericht bekommt seine spezielle Note durch Chili, Ingwer und Knoblauch. Sie brauchen unbedingt einen Dämpftopf mit gut schließendem Deckel. Sonst verlängert sich die Garzeit der Eier.

Zutaten für 4 Personen

Etwas Öl
175 g geschälte Krabben
1 TL Ingwer, frisch gerieben
1 TL thailändische Fischsauce
1 große Knoblauchzehe, in dünne Scheiben geschnitten
2 EL Sojasauce
2 große Frühlingszwiebeln, fein geschnitten
4 Eier
50 ml Gemüsebrühe
1 TL Sesamöl
1 TL frische rote Chili, sehr fein gehackt und Chilis zum Garnieren
Salz und schwarzer Pfeffer
Chinakohlsalat und dünn geschnittene Gurkenscheiben zum Servieren (nach Belieben)

1 4 ofenfeste Förmchen mit Öl fetten. Krabben in eine Schüssel geben, Ingwer, Fischsauce, Knoblauch, Sojasauce und die Hälfte der Frühlingszwiebeln dazugeben.

2 Eier mit Brühe, Sesamöl und Chili schlagen, ohne dass sie schäumen. Krabbenmischung dazugeben und alles auf die Souffleeförmchen verteilen.

3 Förmchen in den Dämpfeinsatz stellen und über köchelndem Wasser 15 Minuten dämpfen, bis es gerade fest wird. Abkühlen lassen und servieren.

Pochierte Eier in Rotwein

Dieses Rezept ist eine Variante des französischen Klassikers „Oeufs en meurette", aber viel leichter. Traditionell werden die Eier direkt im Rotwein pochiert.

Zutaten für 6 Personen

3 EL Butter
150 g geräucherter Speck, grob gehackt
1 große Zwiebel, gehackt
2 Schalotten, gehackt
1 große Knoblauchzehe, gehackt
750 ml Rotwein
1 Nelke
1 TL Zucker
1 Lorbeerblatt
1 Zweiglein frischer Thymian und Thymian zum Garnieren
25 g Mehl
6 Scheiben Baguette
1 EL weiche Butter
6 Eier
Salz und schwarzer Pfeffer

1 Butter schmelzen und Speck 5 Minuten sanft anbraten. Zwiebel, Schalotten und Knoblauch dazugeben und 5 Minuten unter Rühren braten.

2 Wein, Nelke, Zucker und Kräuter dazugeben und 15 Minuten auf etwa 2/3 einköcheln.

3 Sauce abkühlen lassen. Speck, Lorbeerblatt, Nelke und Thymian entfernen, dann die Sauce durch ein Sieb drücken oder pürieren.

4 Die übrige Butter in einem Topf schmelzen und Mehl einrühren. Bei schwacher Hitze nach und nach mit dem Schneebesen die Weinsauce einrühren und 2-3 Minuten kochen lassen, bis sie eindickt. 2-3 EL Wasser dazugeben und gut verschlagen. Speck wieder in die Sauce geben.

5 Baguette auf beiden Seiten mit weicher Butter bestreichen und unter dem Grill knusprig backen.

6 Jeweils 2 Eier zusammen in eine Tasse schlagen, dann in einen Topf mit siedendem Wasser geben. 3 Minuten pochieren, herausnehmen, auf Küchenpapier abtropfen. Sauce auf die Brotscheiben geben, darauf die Eier legen und mit Thymian garnieren.

HAUPTGERICHTE

Beim Gedanken an sättigende Hauptgerichte sind Eier nicht gerade die allererste Zutat, die einem einfällt. Aber es gibt tatsächlich eine ganze Reihe köstlicher Hauptgerichte, in denen Eier die absolute Hauptrolle spielen. Auch hier zeigt sich wieder, wie vielseitig Eier verwendet werden können. Ob gebackener Kabeljau mit Sauce Hollandaise oder Spaghetti Carbonara – hier ist das Ei Bestandteil der reichhaltigen, cremigen Saucen. Im Tomaten-Brot-Auflauf verbinden die Eier die Zutaten miteinander. Und in Köstlichkeiten wie Linsen-Curry mit Ei und Couscous mit Ei und Tomatensauce werden ganze gekochte Eier verwendet.

Spaghetti Carbonara

Dieser Klassiker aus Italien mit der cremigen Eier-Pancetta-Sahne-Sauce hat sich auf der ganzen Welt durchgesetzt. Schnell gemacht ist er ein prima Last-minute-Essen.

Zutaten für 4 Personen

2 EL Olivenöl
1 kleine Zwiebel, fein gehackt
1 große Knoblauchzehe, zerdrückt
8 Scheiben Pancetta oder Räucherspeck, in 1 cm große Streifen geschnitten
350 g Spaghetti
4 Eier
100 ml Crème fraîche
4 EL Parmesan, frisch gerieben und Parmesan zum Servieren
Salz und schwarzer Pfeffer

1 Öl in einem Topf erhitzen, Zwiebel und Knoblauch etwa 5 Minuten bei schwacher Hitze weich dünsten.

2 Pancetta oder Speck dazugeben, 10 Minuten braten, ab und zu rühren.

3 Inzwischen die Spaghetti in einem großen Topf mit reichlich Salzwasser nach Packungsangabe „al dente" kochen.

4 Eier, Crème fraîche und Parmesan in eine Schüssel geben. Reichlich Pfeffer dazumahlen und alles gut miteinander verrühren.

5 Nudeln abgießen und zum Pancetta in die Pfanne geben. Gut miteinander vermischen.

6 Die Herdplatte abschalten, Eimischung in die Pfanne geben und alles verrühren, so dass die Eier sich gut mit den Nudeln verbinden.

7 Mit Salz und Pfeffer abschmecken, auf 4 vorgewärmte Teller verteilen und schwarzen Pfeffer darübermahlen. Sofort mit einer Schale mit frisch geriebenem Parmesan servieren.

Tipp:

Anstelle der Crème fraîche können Sie auch fette Sahne oder saure Sahne verwenden.

Kabeljau mit Sauce Hollandaise

Gekochter Fisch braucht im Grunde als Begleiter nur eine klassische Sauce wie Sauce Hollandaise. In diesem Rezept haben wir die Sauce leicht variiert.

Zutaten für 4 Personen

4 Kabeljausteaks
etwas Olivenöl
etwas Zitronensaft
1 EL frisches Paniermehl
1 TL grob gemahlene Haselnüsse
Salz und schwarzer Pfeffer
Dill zum Garnieren
Pommes frites und gemischter Salat zum Servieren

Für die Sauce Hollandaise
2 EL Zitronensaft
2 Eigelb
120 g Butter, geschmolzen und etwas abgekühlt

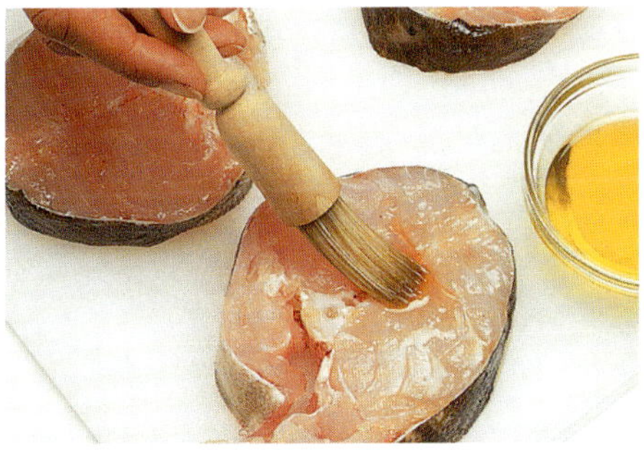

1 Backofen auf 200° / Umluft 180° / Gas Stufe 3 vorheizen. Fisch mit Öl und Zitronensaft beträufeln, salzen und pfeffern. Paniermehl, Nüsse, Salz und Pfeffer vermischen und auf den Fisch drücken. Fisch 15–20 Minuten backen.

2 Für die Hollandaise Zitronensaft mit 2 EL Wasser in einem kleinen Topf einige Minuten köcheln lassen, bis die Flüssigkeit etwa auf die Hälfte reduziert ist. Etwas abkühlen lassen.

3 Eigelb mit dem Schneebesen unterschlagen, Butter dazugießen und rühren, bis die Sauce glänzt und eingedickt ist. Mit Salz und Pfeffer abschmecken. Über einem Topf mit heißem Wasser warm halten.

4 Fisch mit der Sauce begießen und mit Dill garnieren. Mit Pommes frites und gemischtem Salat servieren.

Varianten:

Für eine Anchovissauce geben Sie 2–3 zerkleinerte Anchovis dazu und rühren so lange, bis sie sich aufgelöst haben. Dann erst würzen. Vorsicht mit Salz, die Anchovis sind sehr salzig.
Für eine Kräuterhollandaise 2 EL fein gehackten Dill untermischen und 5–10 Minuten ruhen lassen, damit sich der Geschmack entwickelt.
Für eine Tomatenvariante 2 EL sehr fein gehackte Eiertomaten einrühren und reichlich pfeffern.

Räucherfischauflauf

Dieses fantastische Gericht ist eine Mischung zwischen Soufflee und Auflauf. Ein ideales winterliches Sonntagsessen für die ganze Familie.

Zutaten für 4–5 Personen

150 g geräucherter Kabeljau oder Schellfisch, 20 Minuten in kaltem Wasser eingeweicht
350 g gekochte Kartoffeln, geschält und warm gehalten
4 EL Butter
3 EL Schnittlauchröllchen und Schnittlauch zum Garnieren
3 Eier, getrennt
1 EL Zitronensaft
Salz und schwarzer Pfeffer

1 Backofen auf 180° / Umluft 160° / Gas Stufe 3 vorheizen. Fisch abtropfen, in einen Topf legen, mit kaltem Wasser bedecken und dieses zum Sieden bringen. Fisch 5-7 Minuten pochieren. Etwas abkühlen lassen, abtrocknen und Haut und Gräten entfernen.

2 Kartoffeln, Butter, Schnittlauch, Eigelb, Salz und Pfeffer mit dem Kartoffelstampfer vermischen. Fisch und Zitronensaft dazugeben. Eiweiß zu Eischnee schlagen und unterheben. In eine gefettete ofenfeste Form geben und 35 Minuten goldbraun backen.

Gemüserisotto mit Ei

Durch das Ei wird dieser italienische Klassiker ganz besonders cremig. Servieren Sie das Risotto mit frischem Weißbrot oder einem leckeren Fenchel-Radicchio-Salat.

Zutaten für 4 Personen

50 g Butter
1 Zwiebel, gehackt
2 Knoblauchzehen, zerdrückt
220 g Arborio- oder anderer Risottoreis
650–750 ml gute Hühner- oder Gemüsebrühe, erhitzt
3 Eier
75 g frisch geriebener Parmesan
1 EL Zitronensaft
120 g Spinat oder Mangold, fein gehackt
Salz und schwarzer Pfeffer

1 Butter in einem Topf schmelzen. Zwiebel und Knoblauch dazugeben und bei schwacher Hitze weich dünsten. Reis dazugeben und so lange rühren, bis er mit Butter bedeckt ist. Etwa 300 ml Brühe dazugießen.

2 Mischung bei schwacher Hitze aufkochen, dann köcheln lassen, bis die Flüssigkeit aufgesogen ist. 300 ml Brühe dazugießen und wieder köcheln lassen, bis der Reis alles aufgesogen hat. Ab und zu rühren.

3 Eier, Käse, Zitronensaft, Gemüse, Salz und Pfeffer zusammenrühren, dann zum Reis geben. Gut verrühren, dann bei schwacher Hitze etwa 5 Minuten köcheln lassen. Eventuell noch etwas Brühe hinzugeben, wenn es nicht mehr schön cremig ist.

Variante:
Auch Sauerampfer schmeckt ganz hervorragend. Den Zitronensaft können Sie dann weglassen.

Kräuter-Crêpes

Hier werden einfache Kräuterpfannkuchen mit der herrlichen Füllung aus Spinat, Käse und Pinienkernen mit einer feinen Tomatensauce gereicht, zu einem köstlichen Hauptgericht für 4 Genießer.

Zutaten für 4 Personen

3 EL frisch gehackte Kräuter
1 EL Sonnenblumenöl und Öl zum Braten
120 ml Milch
3 Eier
2 1/2 EL Mehl
1 Prise Salz

Für die Sauce
2 EL Olivenöl
1 kleine Zwiebel, gehackt
2 Knoblauchzehen, zerdrückt
400 g Tomaten aus der Dose, gehackt
1 Prise brauner Zucker

Für die Füllung
450 g Spinat, gekocht und abgetropft
175 Ricotta
3 EL Pinienkerne, geröstet
5 getrocknete Tomaten in Öl, abgetropft und gehackt
2 EL Basilikum, fein gehackt
Salz, Muskatnuss und schwarzer Pfeffer
4 Eiweiß
Öl zum Einfetten

1 Für die Crêpes Kräuter und Öl im Mixer glatt mixen. Milch, Eier, Mehl und Salz dazugeben und zu einem glatten Teig rühren. 30 Minuten beiseite stellen.

2 In einer kleinen nicht-haftenden Pfanne wenig Öl erhitzen. Einen Schöpflöffel mit Teig hineingeben und durch Drehen der Pfanne gleichmäßig verteilen. 2 Minuten backen, umdrehen und nochmals 1–2 Minuten backen. Auf diese Weise 8 Crêpes zubereiten.

3 Für die Sauce Öl in einem Topf erhitzen, Zwiebel und Knoblauch darin 5 Minuten dünsten. Tomaten und Zucker dazugeben, 10 Minuten köcheln, bis es eindickt. Pürieren, durch ein Sieb drücken, beiseite stellen.

4 Füllung: Spinat mit Ricotta, Pinienkernen, getrockneten Tomaten und Basilikum vermischen. Mit Salz, Pfeffer und Muskat würzen.

5 Backofen auf 180° / Umluft 190° / Gas Stufe 2 vorheizen. 4 Eiweiß steif schlagen und sehr vorsichtig nach und nach unter den Spinat heben.

6 Crêpes auf ein eingeöltes Backblech setzen, Füllung in die Mitte geben und zu Vierecken falten. Etwa 12 Minuten backen. Tomatensauce erhitzen und mit den Crêpes servieren.

Räucherlachsroulade mit Kräutern

Diese delikate Roulade können Sie schon lange vor dem Essen zubereiten, da sie gut gekühlt werden muss. Aber bitte nicht im Kühlschrank aufbewahren, dort geht der feine Geschmack verloren.

2 Ein 28 x 33 cm großes Backblech mit Backpapier belegen und den Backofen auf 180° / Umluft 160° / Gas Stufe 3 vorheizen. Eiweiß steif schlagen, unter die Eigelbmischung heben. Alles in die Form füllen und 12-15 Minuten backen. 15 Minuten zugedeckt ruhen lassen. Auf Backpapier legen und mit Parmesan bestreuen. Abkühlen lassen.

3 Crème fraîche, Räucherlachs, Dill, Salz und Pfeffer gut miteinander vermischen.

Zutaten für 6–8 Personen

2 EL Butter
2 1/2 EL Mehl
175 ml warme Milch
3 große Eier, getrennt
50 g frisch geriebener Parmesan
2 EL frisch gehackter Dill
2 EL frisch gehackte Petersilie
150 ml Crème fraîche
120 g Räucherlachs, grob zerkleinert
Salz und schwarzer Pfeffer
Feldsalat zum Garnieren

1 Butter in einem schweren Topf schmelzen, Mehl einrühren und bei schwacher Hitze zu einer dicken Paste kochen. Nach und nach die Milch einrühren, mit dem Schneebesen kräftig schlagen und 1-2 Minuten zu einer dicken Sauce kochen. Eigelb, 2/3 Parmesan, Kräuter, Salz und Pfeffer einrühren.

4 Mischung auf die Teigplatte geben und aufrollen. Abkühlen lassen. Mit Parmesan bestreuen und mit Feldsalat garniert servieren.

Hackfleischauflauf mit Eihaube

Es gibt auf der ganzen Welt Varianten von diesem Rezept. In Südafrika kennt man es unter dem Namen Bobotee, im fernen Osten heisst es Keema per Enda.

Zutaten für 4 Personen

2 EL Pflanzenöl
2 Zwiebeln, fein gehackt
2 große Knoblauchzehen, zerdrückt
1 cm Ingwer, gerieben
1 EL Chilipulver
2 TL Korianderpulver
1 TL Kreuzkümmelpulver
1 EL Kurkumapulver
150 g Rinderhackfleisch
2 große Tomaten, gehackt
4 Eier
2 EL Speisestärke
2–3 EL Koriander, frisch gehackt
Salz und schwarzer Pfeffer
Reis, Nudeln oder Weißbrot und gemischter Salat zum Servieren

1 Öl in einem Topf erhitzen und Zwiebel und Knoblauch weich dünsten. Ingwer und Gewürze hinzugeben und 2 Minuten braten. Hackfleisch dazugeben und braun braten.

2 150 ml Wasser und Tomaten dazugeben, etwa 12 Minuten köcheln, bis Flüssigkeit verdampft ist. In eine ofenfeste Form füllen, Ofen auf 180° / Umluft 160° / Gas Stufe 2 vorheizen.

3 Eier trennen und in verschiedene Schüsseln geben. Eigelb mit Speisestärke, Salz und Pfeffer verschlagen. Eiweiß steif schlagen, dann Eigelb und die Hälfte des Korianders unterheben. Eimischung über das Hackfleisch geben, dann 20 Minuten backen, bis es aufgegangen und goldbraun ist. Koriander darüber streuen und heiß mit Reis oder Nudeln und Salat servieren.

Tomaten-Brot-Auflauf

Ein leckeres, sättigendes Familienessen. Praktisch, wenn Ihre Zeit knapp ist, denn es lässt sich gut vorher zubereiten.

Zutaten für 4 Personen

4 EL weiche Butter
1 EL rotes Pesto
1 Knoblauch-Kräuter-Focaccia
2 große reife Tomaten, in Scheiben geschnitten
150 g Mozzarella, in Scheiben geschnitten
300 ml Milch
3 große Eier
1 TL frisch gehackter Origano und Origano zum Garnieren
50 g Pecorino oder Fontina, gerieben
Salz und schwarzer Pfeffer

1 Backofen auf 180° / Umluft 160° / Gas Stufe 2 vorheizen. Butter und Pesto verrühren. Brot in Scheiben schneiden und jede Scheibe auf einer Seite mit der Pestobutter bestreichen.

2 Brotscheiben, Mozzarella und Tomatenscheiben leicht überlappend (dachziegelförmig) in eine ovale ofenfeste Form schichten.

3 Milch, Eier und Origano vermischen. Salzen und pfeffern und in die Auflaufform gießen. 5 Minuten ruhen lassen.

4 Geriebenen Käse darüber streuen und den Auflauf etwa 40 Minuten backen, bis er goldbraun ist. Mit etwas Origano bestreuen und sofort servieren.

Couscous mit Ei und Tomatensauce

Vegetarische Gerichte aus dem fernen Osten sind meist sehr schnell zubereitet. Vor allen Dingen, wenn Sie den praktischen gebrauchsfertigen Couscous kaufen, den es heute in jedem großen Supermarkt gibt.

Zutaten für 4 Personen

675 g Eiertomaten, grob gehackt
4 Knoblauchzehen, gehackt
120 ml Olivenöl
1/2 rote Chili, entkernt und gehackt
2 TL brauner Zucker
4 Eier
1 große Zwiebel, gehackt
2 Selleriestangen, in dünne Scheiben geschnitten
50 g Rosinen
200 g gebrauchsfertiger Couscous
350 ml heiße Hühner- oder Gemüsebrühe
Salz und schwarzer Pfeffer

1 Backofen auf 200° / Umluft 180° / Gas Stufe 3 vorheizen. Tomaten und Knoblauch auf ein Backbleck legen, mit 2 EL Öl beträufeln, Chili, Zucker, Salz und Pfeffer darüber geben und in 20 Minuten weich rösten.

2 Eier 4 Minuten kochen, in eine Schüssel mit kaltem Wasser geben und dann unter laufendem kaltem Wasser abkühlen. Vorsichtig schälen.

3 1-2 EL Olivenöl in einem großen Topf erhitzen, Zwiebel und Sellerie darin weich dünsten. Rosinen, Couscous und heiße Brühe dazugeben und beiseite stellen, bis die Flüssigkeit aufgesogen ist. Gut durchrühren, eventuell noch mehr Brühe hinzugeben. Mit Salz und Pfeffer abschmecken. Couscous auf eine vorgewärmte Servierplatte geben, Eier darin warm halten und zugedeckt im Ofen warm halten.

Tipp:
Sie müssen in diesem Gericht keine Hühnereier verwenden. Fasanen- oder Perlhuhneier sind auch hervorragend, allerdings etwas schwieriger zu schälen.

4 Tomaten durch ein Sieb drücken. 1 EL kochendes Wasser und 1 EL Olivenöl zum Tomatenpürée geben und zu einer dicken Sauce verrühren. Couscous auf 4 Teller verteilen, Ei in die Mitte geben und etwas Tomatensauce darüber geben. Sofort servieren, übrige Tomatensauce dazureichen.

Linsencurry mit Ei

Eier sind die perfekte Ergänzung für vegetarische Curries. Besonders köstlich schmecken sie mit Linsen kombiniert.

Zutaten für 4 Personen

75 g grüne Linsen
750 ml Brühe
6 Eier
2 EL Öl
3 Nelken
1/4 TL schwarze Pfefferkörner
1 Zwiebel, fein gehackt
2 grüne Chilis, fein gehackt
2 Knoblauchzehen, zerdrückt
2,5 cm frischer Ingwer, gehackt
2 EL Currypaste
400 g geschälte Tomaten (Dose), gehackt
1/2 TL Zucker

1 Linsen sorgfältig unter kaltem Wasser waschen. Linsen mit der Brühe in einen großen schweren Topf geben. Zugedeckt aufkochen lassen und etwa 15 Minuten köcheln lassen, bis die Linsen weich sind. Abgießen und beiseite stellen.

2 Eier in 10 Minuten hart kochen. Unter kaltem Wasser gut abschrecken und noch etwas abkühlen lassen. Wenn Sie kalt genug sind, schälen und längs halbieren.

3 Öl in einer großen Bratpfanne erhitzen. Nelken und Pfefferkörner 2 Minuten braten. Zwiebel, Chili, Knoblauch und Ingwer dazugeben und die Mischung 5–6 Minuten braten, dabei ständig rühren.

4 Currypaste einrühren und 2 Minuten unter Rühren anbraten.

5 Tomaten und Zucker dazugeben und 175 ml Wasser hinzugießen. Alles etwa 5 Minuten köcheln, bis die Sauce eindickt, dabei ab und zu rühren. Eier, Linsen und Garam Masala dazugeben. Zugedeckt nochmals 10 Minuten köcheln lassen, dann servieren.

Tipp:
Statt der grünen können Sie auch rote Linsen nehmen. Rote Linsen zerfallen beim Kochen stärker, was das Curry weicher und glatter macht.

Salate und Beilagen

Eier sind wirklich eine perfekte Zutat für Salate! Sie schmecken warm genauso gut wie kalt und ergänzen die frischen Zutaten im Salat auf hervorragende Weise, wie z. B. im Salat Niçoise und Caesar Salat. Ein Salat mit Eiern wird auch ganz einfach zu einem leichten Mittag- oder Abendessen, z. B. der Blattsalat mit Ei und Croûtons und das Eier-Fenchel-Tabouleh mit Nüssen. Es gibt auch viele feine Beilagen mit Eiern. Versuchen Sie mal Mittelmeergemüse in herrlich knuspriger Eihülle, Ratatouille-Moussaka mit der leichten Eihaube oder Gemüse-Polonaise mit der Garnitur aus hartgekochten Eiern.

Caesar Salat

Dieser Salat wurde 1924 von Ceasar Cordoni erfunden und hat inzwischen Fans auf der ganzen Welt. Sie sollten knackigen Romanasalat nehmen und Eier und Croûtons erst ganz zum Schluss dazugeben.

Zutaten für 6 Personen

175 ml Olivenöl
120 g Weißbrot, in Würfel geschnitten
1 große Knoblauchzehe, mit einem Messer leicht zerdrückt
1 Romanasalat
2 Eier, 2–3 Minuten gekocht
120 ml Zitronensaft
50 g frisch geriebener Parmesan
6 Anchovisfilets, abgetropft und fein gehackt
Salz und schwarzer Pfeffer

1 50 ml Öl in einer Bratpfanne erhitzen. Brotwürfel und Knoblauch hineingeben und unter Rühren goldbraun braten. Brotwürfel auf Küchenpapier entfetten, Knoblauch entfernen.

2 Große Salatblätter zerkleinern, den ganzen Salat in eine Schüssel geben.

3 125 ml Olivenöl zum Salat geben, salzen und pfeffern und gut rühren, damit der Salat vom Öl umhüllt ist.

4 Weichgekochte Eier auf den Salat geben. Mit Zitronensaft und den anderen Zutaten vermischen.

5 Parmesan und Anchovis gut unter den Salat mischen.

6 Croûtons über den Salat streuen und sofort servieren.

Tipp:
Für ein scharfes Dressing Olivenöl mit 2 EL Weißweinessig, 1 TL Senf, 1 TL Zucker, Salz und Pfeffer anrühren.

Salat Niçoise

Dieser Klassiker aus Frankreich ist ein einfaches und doch unschlagbares Sommeressen. Mit frischem Landbrot und gekühltem Weißwein serviert, macht er echte Urlaubslaune!

Zutaten für 4 Personen

120 g grüne Bohnen, geputzt und halbiert
1 Thunfischsteak, etwa 175 g
Olivenöl zum Bepinseln
120 g gemischter Blattsalat
1/2 kleine Gurke, in dünne Scheiben geschnitten
4 reife Tomaten, geviertelt
50 g eingelegte Anchovis, abgetropft
4 hartgekochte Eier
1/2 Bund kleine Radieschen, geviertelt
50 g kleine schwarze Oliven
Salz und schwarzer Pfeffer

Für das Dressing
6 EL Olivenöl
2 Knoblauchzehen, gepresst
1 EL Weißweinessig

1 Für das Dressing Öl, Knoblauch und Essig gut verschlagen. Mit Salz und Pfeffer abschmecken, beiseite stellen.

2 Bohnen in einem Topf mit kochendem Wasser in 2 Minuten gerade weich kochen, dann abgießen.

3 Salatblätter, Gurke, Tomaten und Bohnen in einer großen Schüssel vermischen. Anchovis längs halbieren, Eier schälen und vierteln.

4 Grill vorheizen. Fisch mit Olivenöl einpinseln, salzen und pfeffern. 3–4 Minuten auf jeder Seite grillen, bis es durch ist. Abkühlen lassen, dann mit einer Gabel klein zupfen.

5 Thunfisch, Anchovis, Eiviertel, Radieschen und Oliven über den Salat geben. Dressing dazugeben und alles kurz vermischen. Sofort servieren.

Variante:
Salat Niçoise schmeckt auch mit Kartoffeln. Wenn Sie diese Variante versuchen, nehmen Sie unbedingt kleine, neue Kartoffeln.

Kartoffelsalat mit Ei und Zitronendressing

Dieser traditionelle Salat bekommt hier eine neue Note, weil er mit hartgekochten Eiern und Zitronendressing angemacht wird. Ideal für die Grillparty!

Zutaten für 4 Personen

900 g neue Kartoffeln
1 kleine Zwiebel, fein gehackt
2 hartgekochte Eier
300 ml Mayonnaise (am besten selbst gemacht)
1 Knoblauchzehe, gepresst
1 Zitrone, Saft und Schale
4 EL Petersilie, frisch gehackt
und Petersilie zum Garnieren
Salz und schwarzer Pfeffer

1 Kartoffeln gründlich abbürsten, in Salzwasser etwa 15 Minuten köcheln lassen, bis sie weich sind. Abgießen und abkühlen. In Würfel schneiden, salzen und pfeffern und mit der Zwiebel mischen.

2 Eier schälen, Eigelb beiseite stellen, Eiweiß grob hacken. Eiweiß mit Mayonnaise verrühren. Knoblauch, Zitronenschale und -saft verrühren, dann zur Mayonnaise geben, alle Zutaten gut verrühren.

3 Mayonnaise-Mischung zu den Kartoffeln rühren, so dass sie gut damit bedeckt sind. Petersilie dazugeben. Eigelb durch ein Sieb drücken und aufstreuen. Salat mit Petersilie garnieren und gekühlt servieren.

Tipp:
Wenn Sie auf die Linie achten, verwenden Sie fettreduzierte Mayonnaise oder auch griechischen Joghurt. Dann nur die Hälfte vom Zitronensaft nehmen.

Variante:
Statt Kartoffeln können Sie auch gekochte rote Beete nehmen. Der Salat wird dann knallig pink, das Aroma ist aber wirklich hervorragend. Oder Sie mischen Kartoffeln und rote Beete.

Frühlingssalat mit Wachteleiern

In diesem Salat finden sich die besten Frühlingsgemüse - am besten aus dem eigenen Garten - vereint mit kleinen Wachteleiern.

Zutaten für 4 Personen

180 g dicke Bohnen
180 g frische Erbsen
180 g grüner Spargel
180 g sehr kleine junge Kartoffeln, gebürstet
8 Wachteleier, weichgekocht und geschält
3 EL Zitronenmayonnaise
3 EL saure Sahne oder Crème fraîche
1/2 Bund Minze, gehackt
und einige Blätter zum Garnieren
Salz und schwarzer Pfeffer

1 Dicke Bohnen, Erbsen, Spargel und Kartoffeln in verschiedenen Töpfen in Salzwasser gerade weich kochen.

2 Bohnen, Erbsen, Spargel, Kartoffeln und Eier zusammenrühren.

3 Mayonnaise, saure Sahne und Minze in einem Litermaß vermischen. Mit Salz und Pfeffer abschmecken. Dressing über den Salat gießen und vorsichtig durchrühren. Minzeblätter erst zum Schluss darüber geben. Sofort servieren.

Nudelsalat mit Schinken, Ei und Spargel

Wenn es draußen zu warm ist für ein heißes Gericht, Sie aber trotzdem Lust auf Pasta haben, dann sollten Sie diesen Salat machen. Das Dressing wird mit Senf und feingehacktem Spargel angerührt.

Zutaten für 4 Personen

450 g grüner Spargel
450 g Tagliatelle
230 g gekochter Schinken, in 5 mm dicken Scheiben, in Streifen geschnitten
2 hartgekochte Eier, in Scheiben geschnitten
50 g Parmesanspäne
Salz und schwarzer Pfeffer

Für das Dressing
1 kleine gekochte Kartoffel (etwa 50 g)
5 EL Olivenöl
1 EL Zitronensaft
2 EL Dijon-Senf
120 ml Gemüsebrühe

Tipp:
Anstelle des Schinkens schmeckt auch Hühnchen oder dünne Scheiben italienischer Käse, z. B. Fontina.

1 Spargel putzen, falls nötig, unteres Ende abschneiden. Stangen halbieren. Untere Hälfte 12 Minuten in Salzwasser kochen, nach 6 Minuten die Spitzen dazugeben. Abgießen, unter kaltem Wasser etwas abkühlen.

2 150 g dicke Spargelstücke fein hacken. Mit den Zutaten fürs Dressing in einem Mixer zu einer glatten Sauce pürieren.

3 Nudeln in einem großen Topf in Salzwasser nach Packungsangabe „al dente" kochen. Abgießen, abschrecken und abtropfen lassen.

4 Nudeln mit der Spargel-Senf-Sauce vermischen und auf 4 Teller verteilen. Schinken, Eierscheiben und Spargel darauf anrichten. Parmesanspäne darüber geben. Sofort servieren.

Blattsalat mit Ei und Croûtons

Pochierte Eier, Chili, heiße Croûtons und kalte, knackige Salatblätter sind die kontrastierenden Zutaten für diese ungewöhnliche Kreation. Auch ein perfektes Sommeressen.

Zutaten für 2 Personen

1/2 kleines Mehrkornbrot
3 EL Chiliöl
2 Eier
120 g gemischte Salatblätter
3 EL Olivenöl
2 Knoblauchzehen, gepresst
1 EL Aceto Balsamico
10 g Parmesan, gehobelt
schwarzer Pfeffer

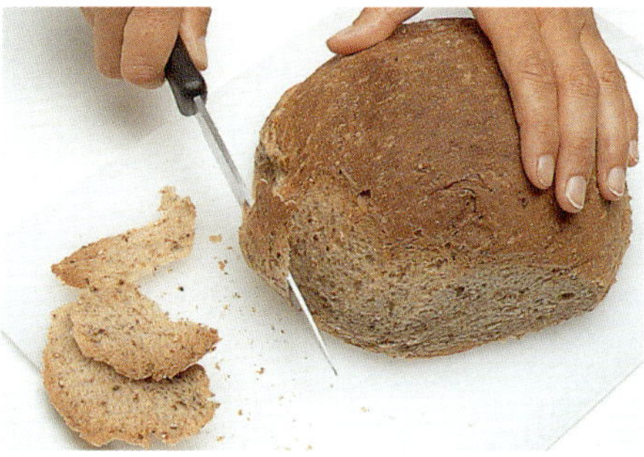

1 Die Brotkruste vorsichtig vom Brot abschneiden. Brot in etwa 2,5 cm große Würfel schneiden.

2 Chiliöl in einer großen Pfanne erhitzen. Brotwürfel etwa 5 Minuten darin braten, bis sie rundherum knusprig braun sind. Gelegentlich rühren.

3 Wasser in einem Topf aufkochen. Eier nacheinander in eine Tasse schlagen und ins kochende Wasser gleiten lassen. Etwa 4 Minuten pochieren, bis sie etwas gekocht sind.

4 Salatblätter auf 2 Teller verteilen. Croûtons aus der Pfanne nehmen und auf dem Salat verteilen.

5 Pfanne mit Küchenpapier säubern. Olivenöl erhitzen, Knoblauch und Essig dazugeben und bei starker Hitze 1 Minute kochen lassen. Dressing über den Salat gießen.

6 Pochierte Eier auf den Salat legen. Die Parmesanhobel darauf verteilen und schwarzen Pfeffer darüber mahlen.

Tipp:
Wer es weniger pikant möchte, nimmt für die Croûtons Olivenöl oder Nussöl, z. B. Walnussöl. Sie können auch den Pfeffer weglassen.

Blattsalat mit Speck und Omelettstreifen

In diesem Salat verwenden wir Enteneier, die dem Omelett einen ganz besonders feinen Geschmack verleihen.

Zutaten für 4 Personen

400 g gemischte grüne Salatblätter
6 Scheiben Frühstücksspeck, klein geschnitten
2 Enteneier
2 Frühlingszwiebeln, gehackt
einige Zweige Koriander, gehackt
2 EL Butter
4 EL Olivenöl
2 EL Aceto Balsamico
Salz und schwarzer Pfeffer

Tipp:
Nehmen Sie eine richtig bunte Mischung von Salatblättern. Auch ein paar intensiv schmeckende wie z. B. Rucola oder Brunnenkresse sollten dabei sein.

1 Eine Bratpfanne anwärmen und den Speck darin braten, bis das Fett ausläuft. Hitze erhöhen und Speck unter Rühren knusprig braun braten. Speck auf einen Teller geben und im Backofen warm halten.

2 Eier mit Frühlingszwiebeln und Koriander verschlagen. Mit Salz und Pfeffer abschmecken.

3 Butter in der Pfanne erhitzen und Eiermischung hineingeben. 2–3 Minuten zu einem Omelett backen. Aufrollen, in Streifen schneiden und mit dem Speck zum Salat geben.

4 Zutaten in eine Schüssel geben. Öl, Essig, Salz und Pfeffer in der Pfanne kurz erhitzen und über den Salat gießen. Gut verrühren und servieren.

Omelett mit Humus und Salat

Diese Omeletts schmecken am besten kalt als leichtes Mittagessen.

Zutaten für 6 Personen

4 Eier
1 EL Speisestärke
1 EL Brühe oder Wasser
120 g gemischtes Salatgemüse, z. B. grüner Salat, Möhren, Sellerie, Frühlingszwiebel und Paprikaschote
4 EL Salatsauce mit Chili
4–5 EL Humus (Fertigprodukt)
4 Scheiben knusprig gebratener Frühstücksspeck, kleingeschnitten
Salz und schwarzer Pfeffer

Tipp:
Diese feinen, dünnen Omeletts können Sie ruhig lange vorher zubereiten und im Kühlschrank bis zum Essen aufbewahren.

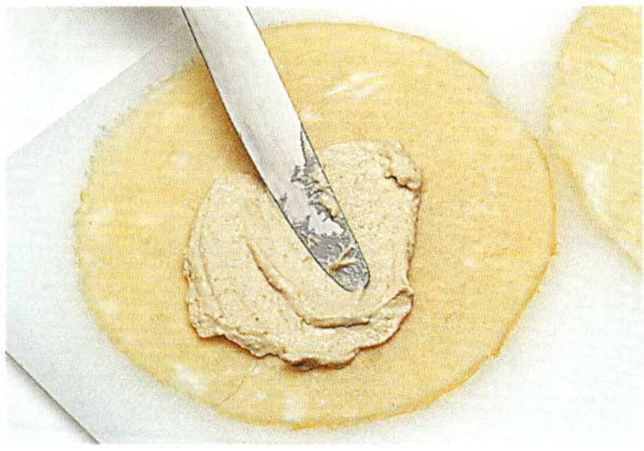

1 Eier in eine Schüssel aufschlagen. Speisestärke und Brühe oder Wasser dazugeben und gut verschlagen. Eine leicht geölte Bratpfanne erhitzen, 1/4 Eiermischung hineingießen und darin verteilen. Omelett golden backen, es soll nicht braun werden oder Blasen werfen. 3 weitere Omeletts genauso zubereiten. Fertige Omeletts mit etwas Backpapier dazwischen aufeinander legen und abkühlen lassen.

2 Kurz vor dem Essen die Salatgemüse mit 3 EL Dressing vermischen. Humus dünn auf die Omeletts streichen, Gemüse darüber geben, dann den Speck darauf verteilen. Omeletts in der Mitte falten, übriges Dressing darüber gießen und sofort servieren.

Eier-Fenchel-Tabouleh mit Nüssen

Tabbouleh ist eine Spezialität aus dem Nahen Osten. Hauptzutat ist Bulgur, der mit Petersilie, Minze, Zitrone und Knoblauch gewürzt wird. Ein idealer Salat für die Grillparty.

Zutaten für 4 Personen

250 g Bulgur
4 kleine Eier
1 Fenchelknolle
1 Bund Frühlingszwiebeln, gehackt
5 getrocknete Tomaten in Öl, klein geschnitten
3 EL frisch gehackte Petersilie
2 EL frisch gehackte Minze
75 g schwarze Oliven
4 EL Olivenöl
2 EL Knoblauchöl
2 EL Zitronensaft
50 g gehackte Haselnüsse, geröstet
4 ofenwarme Pittabrote
Salz und schwarzer Pfeffer

1 Bulgur in einer Schüssel mit kochendem Wasser begießen und etwa 15 Minuten darin einweichen.

2 Bulgur in ein Metallsieb schütten, Sieb in einen Topf mit kochendem Wasser hängen. Zugedeckt etwa 10 Minuten dämpfen. Bulgur mit einer Gabel auflockern und auf einer Metallplatte zum Abkühlen beiseite stellen.

3 Eier in 8 Minuten hart kochen. Unter fließend kaltem Wasser abschrecken, schälen und vierteln.

4 Fenchel halbieren und in dünne Scheiben schneiden. In Salzwasser etwa 6 Minuten kochen, abgießen und mit kaltem Wasser abkühlen.

5 Eier, Fenchel, Frühlingszwiebeln, getrocknete Tomaten, Kräuter, Oliven und Bulgur vermischen. Mit Olivenöl, Knoblauchöl und Zitronensaft begießen, salzen und pfeffern.

Tipp:
Bulgur ist vorgekochter, getrockneter Weizen mit leicht nussigem Geschmack. Sie bekommen ihn im Supermarkt oder Reformhaus.

Gado Gado mit Erdnusssauce

Dieser Salat aus Indonesien enthält gedämpftes Gemüse und hartgekochte Eier und wird mit einem Dressing aus Erdnussbutter und Sojasauce angemacht.

Zutaten für 6 Personen

230 g neue Kartoffeln, halbiert
2 Möhren, in Stäbchen geschnitten
120 g grüne Bohnen
1/2 kleiner Blumenkohl, in Röschen zerteilt
1/4 fester Weißkohl, fein geschnitten
200 g Bohnen- oder Linsensprossen
4 hartgekochte Eier, geviertelt
1 Bund Brunnenkresse (nach Belieben)

Für das Dressing
6 EL Erdnussbutter
300 ml kaltes Wasser
1 Knoblauchzehe, gepresst
2 EL Sojasauce
1 EL trockener Sherry
2 TL brauner Zucker
1 TL Zitronensaft
1 TL Anchovisessenz

1 Halbierte Kartoffeln in ein Metallsieb oder einen Dämpftopf geben und in einen Topf mit leicht kochendem Wasser hängen. Kartoffeln zugedeckt etwa 10 Minuten dämpfen.

2 Die anderen Gemüse in das Sieb geben und etwa 10 Minuten dämpfen, bis sie weich sind. Abkühlen, dann auf einer Platte mit den Eihälften und der Brunnenkresse anrichten.

3 Zutaten für die Sauce in einer großen Schüssel kräftig zu einer glatten Sauce verrühren. Etwas Dressing über den Salat geben, den Rest in einer kleinen Schüssel dazureichen.

Varianten:
Es gibt eine große Auswahl an Nussbutter im Supermarkt oder Ökoladen. Anstelle von Erdnussbutter schmeckt auch Haselnuss-, Mandel- oder Cashewbutter. Selbstgemachte Erdnussbutter ist natürlich besonders fein: 200 g Erdnüsse mit 100 ml Öl in der Küchenmaschine mixen.

Ratatouille-Moussaka

Basierend auf dem Klassiker aus Griechenland hat auch diese Variation ein typisch mediterranes Aroma. Durch das Rösten werden die Gemüse besonders intensiv, und sie bilden - auch farblich - einen wunderbaren Kontrast zur milden und leichten Käse-Eier-Haube. Ideal als herzhafte Beilage zu Fleisch oder auch als vegetarisches Hauptgericht.

Zutaten für 4–6 Personen

2 rote und 2 gelbe Paprikaschoten, entkernt und in große Stücke geschnitten
2 Auberginen, in große Stücke geschnitten
3 Zucchini, in dicke Scheiben geschnitten
3 EL Olivenöl
3 Knoblauchzehen, gepresst
400 g geschälte Tomaten (Dose)
2 EL Tomatenmark
3 EL frisch gehackter Basilikum und Basilikumblätter zum Garnieren
1 EL Aceto Balsamico
1/4 TL brauner Zucker
Salz und schwarzer Pfeffer

Für die Haube
2 EL Butter
2 1/2 EL Mehl
300 ml Milch
1/4 TL Muskatnuss
250 g Ricotta
3 Eier, geschlagen
3 EL frisch geriebener Parmesan

1 Backofen auf 225° / Umluft 200° / Gas Stufe 4 vorheizen. Paprikaschoten, Auberginen und Zucchini auf einem großen Backblech verteilen. Mit Salz und reichlich frisch gemahlenem Pfeffer bestreuen.

2 Öl und Knoblauch vermischen und über die Gemüse gießen. Das Backblech hin und her schütteln, sodass alle Gemüsestücke mit der Knoblauch-Öl-Mischung bedeckt sind.

3 Gemüse im Ofen 15-20 Minuten rösten, dabei einmal durchmischen. Blech aus dem Ofen nehmen und beiseite stellen. Ofentemperatur auf 200° / Umluft 180° / Gas Stufe 3 reduzieren.

4 Dosentomaten, Tomatenmark, Basilikum, Aceto Balsamico und Zucker in einen großen, schweren Topf geben und aufkochen lassen. Dann bei schwacher Hitze 10-15 Minuten offen köcheln, bis es eingedickt ist. Ab und zu rühren. Mit Salz und Pfeffer abschmecken.

5 Geröstete Gemüse zur Gemüsesauce geben und vorsichtig unterrühren, bis alle Gemüsestücke gut mit der Sauce bedeckt sind. Die Mischung in eine ofenfeste Form geben.

6 Für die Haube Butter in einem großen Topf bei schwacher Hitze schmelzen. Mehl einrühren und 1 Minute kochen. Milch unter ständigem Rühren dazugießen, dann mit dem Schneebesen kräftig schlagen. Muskat dazugeben und weiterschlagen, bis die Sauce eindickt. 2 Minuten kochen, von der Herdplatte nehmen und etwas abkühlen lassen.

7 Ricotta und die Eier einrühren. Mischung mit Salz und reichlich frisch gemahlenem Pfeffer abschmecken.

8 Die Gemüse in der Auflaufform mit einem großen Löffel glatt streichen. Die Käsemischung darüber gießen. Darauf kommt der Parmesan. Moussaka 30-35 Minuten backen, bis die Haube goldbraun ist. Mit Basilikumblättern garnieren und sofort servieren.

Variante:

Sie können das Gericht auch auf mehrere kleine Gratinförmchen verteilen. Dann nur etwa 25 Minuten backen. Die Moussaka kann man portionsweise einfrieren. Dann nur kurz antauen lassen und 30–35 Minuten backen. Ideal für hungrigen Überraschungsbesuch!

Gebackenes Mittelmeergemüse

In einer knusprig goldenen Hülle gebacken schmecken diese Gemüse einfach hervorragend. Mit einem Salat ergibt dies ein leichtes Mittagessen, mit gegrillten Würstchen wird es etwas üppiger.

Zutaten für 6 Personen

1 kleine Aubergine, geputzt, halbiert und in dicke Scheiben geschnitten
1 Ei
120 g Mehl
300 ml Milch
2 EL frischer Thymian
1 rote Zwiebel
2 große Zucchini
1 rote Paprikaschote
1 gelbe Paprikaschote
4–5 EL Sonnenblumenöl
2 EL frisch geriebener Parmesan
Salz und schwarzer Pfeffer
frische Kräuter (nach Belieben) zum Servieren

1 Auberginen in ein Sieb geben, reichlich Salz darüber streuen und 10 Minuten ruhen lassen. Gut abtropfen und mit Küchenpapier trocken tupfen.

2 Inzwischen Ei in einer Schüssel schlagen, nach und nach Mehl und etwas Milch dazugeben und zu einer glatten Paste rühren. Übrige Milch dazugießen, Thymian, Salz und Pfeffer dazugeben und alles glattrühren. Teig kühl stellen. Backofen auf 220° / Umluft 200° / Gas Stufe 4 vorheizen.

3 Zwiebel vierteln, Zucchini in Scheiben schneiden und Paprikaschoten vierteln. Öl in ein Backblech gießen und erhitzen. Gemüse hineingeben, Öl und Gemüsestücke gut miteinander vermischen. Dann alles 20 Minuten backen.

4 Teig gut schlagen, über das Gemüse gießen und 30 Minuten goldbraun backen. Dann die Temperatur auf 180°/ Umluft 160° / Gas Stufe 2 reduzieren. Nochmals 15 Minuten backen, bis die Ränder knusprig sind. Mit Parmesan und Kräutern bestreuen und servieren.

Tipp:
Damit der Teig schön aufgeht, ist es wichtig, dass das Fett, in das er gegossen wird, wirklich heiß ist. Wenn der Teig beim Hineingießen zischt, ist die Temperatur perfekt.

Gebackene Paprikaschoten mit Ei und Linsen

Gefüllte Paprikaschoten einmal ganz anders! Eine köstliche Beilage zu gegrilltem Fisch oder Fleisch, aber auch eine feine, leichte Hauptmahlzeit für Vegetarier.

Zutaten für 4 Personen

75 g Puy Linsen
1/2 TL Kurkumapulver
1/2 TL Korianderpulver
1/2 TL Paprikapulver
450 ml Hühner- oder Gemüsebrühe
2 große Paprikaschoten, längs halbiert und entkernt
etwas Öl
1 EL Minze, frisch gehackt
4 Eier
Salz und schwarzer Pfeffer
Korianderzweige zum Garnieren

1 Linsen mit den Gewürzen und der Brühe in einen Topf geben. Aufkochen lassen und 30–40 Minuten sanft köcheln lassen, gelegentlich rühren.

2 Paprikaschoten mit Öl bepinseln und auf ein Backblech legen. Minze zu den Linsen rühren, dann Paprikaschoten mit den Linsen füllen. Backofen auf 180 ° / Umluft 160° / Gas Stufe 4 vorheizen.

3 Eier nacheinander aufschlagen und dann je 1 Ei in die Mitte einer Paprikaschote geben. Mit den Linsen vermischen, salzen und pfeffern. 10 Minuten backen, bis das Eiweiß gerade fest wird. Mit Koriander garniert servieren.

Tipp:

Statt Paprikaschoten kann man Tomaten füllen: Deckel abschneiden, mit einem Löffel das Innere herauskratzen. Füllen und backen wie die Paprikaschoten.

Variante:

Gehackte Zwiebeln und sautierte Tomaten geben Extra-Pfiff.

Möhren-Petersilien-Gratin

Sowohl Möhren als auch Petersilienwurzel enthalten viel Fruchtzucker, deshalb hat dieses Gratin eine leichte Süße. Es passt hervorragend zu Schweinefleisch und Pute.

Zutaten für 4 Personen

2 EL Butter und Butter zum Einfetten
1 große Zwiebel, halbiert und in Scheiben geschnitten
1 Knoblauchzehe, gepresst
350 g Möhren, fein geraspelt
350 g Petersilienwurzel, fein geraspelt
2 Eier, geschlagen
150 ml Sahne
frisch geriebene Muskatnuss
25 g Paniermehl
Salz und schwarzer Pfeffer

1 Backofen auf 180° / Umluft 160° / Gas Stufe 2 vorheizen. Butter in einer großen Bratpfanne oder einem großen Topf schmelzen. Zwiebel und Knoblauch weich dünsten. Geraspelte Möhren und Petersilienwurzel dazugeben, gut vermischen, etwa 5 Minuten dünsten, salzen und pfeffern.

2 Eine flache ofenfeste Form mit Butter fetten. Gemüse hineingeben, Oberfläche mit einem Löffel glatt streichen.

3 In einem Messbecher Eier, Sahne, Muskat, Salz und Pfeffer gut miteinander verschlagen. Eiermischung gleichmäßig über das Gemüse gießen, das Paniermehl darüber streuen. Form in den Backofen stellen und etwa 30 Minuten backen, bis das Gratin oben goldbraun und fest ist.

Tipp:
Kaufen Sie für dieses Rezept Ökogemüse. Es ist nicht nur gesünder, es spart Ihnen auch Zeit, da es nur geputzt und nicht geschält werden muss.

Variante:
Versuchen Sie andere Kombinationen, z. B. Knollensellerie und Petersilienwurzel.

Gemüse-Polonaise

Einfach gekochte oder gedämpfte Gemüse werden ganz schnell zu einer Spezialität mit dieser feinen Haube aus Eiern. Die perfekte Beilage für anspruchsvolle Gäste.

Zutaten für 6 Personen

500 g gemischtes Gemüse, z. B. Blumenkohl, Broccoli, Romanesco
4 EL Butter
Schale von 1 Zitrone
1 große Knoblauchzehe, gepresst
3 EL Paniermehl, kurz geröstet
2 hartgekochte Eier
Salz und schwarzer Pfeffer

1 Gemüse putzen und in Röschen teilen. Diese im Dämpftopf über kochendem Wasser 12 Minuten dämpfen oder in Salzwasser 5–7 Minuten kochen. Abtropfen lassen und Butter darüber geben. Auf eine angewärmte Servierplatte geben.

2 Während das Gemüse kocht, Zitronenschale, Knoblauch und Paniermehl vermischen. Eier fein hacken und alles gut verrühren. Diese Mischung auf dem gegarten Gemüse verteilen und sofort servieren.

Tipp:
Statt dem Paniermehl können Sie auch geröstete Nüsse verwenden.

Spargel mit Ei-Zitronen-Sauce

In Griechenland, der Türkei und im Nahen Osten finden Sie viele Gerichte mit Ei und Zitrone. Diese Sauce schmeckt pikant erfrischend und bringt das Aroma des Spargels bestens zur Geltung.

Zutaten für 4 Personen

700 g grüner Spargel, Enden abgeschnitten, zusammengebunden
1 EL Speisestärke
2 TL Zucker
2 Eigelbe
Saft von $1^1/_2$ Zitronen
Salz

1 Spargel in Salzwasser 7–10 Minuten kochen.

2 Gut abtropfen lassen, auf einer Servierplatte anrichten. 200 ml Kochwasser aufheben.

3 Speisestärke mit dem abgekühlten Kochwasser anrühren und in einen kleinen Topf geben. Unter ständigem Rühren aufkochen und bei schwacher Hitze köcheln, bis die Sauce etwas eindickt. Zucker einrühren, dann etwas abkühlen lassen.

4 Eigelb kräftig mit dem Zitronensaft schlagen, dann langsam zu der abgekühlten Sauce rühren. Bei schwacher Hitze unter ständigem Rühren köcheln, bis die Sauce eindickt. Die Hitze darf nicht zu stark sein, sonst gerinnt die Sauce. Sobald die Sauce eingedickt ist, Topf von der Platte ziehen und noch 1 Minute rühren. Abschmecken, eventuell mit Salz und Pfeffer würzen. Abkühlen lassen.

5 Die Sauce nochmals rühren, dann ein bisschen Sauce über den Spargel gießen. Spargel zugedeckt 2 Stunden kühl stellen, dann mit der restlichen Sauce servieren.

Tipp:
Dieses Gericht eignet sich auch als feiner Auftakt für ein Sommermenü.

Bunter gebratener Reis

Gebratener Reis der ganz besonderen Art! Auch als Hauptgericht mittags oder abends sehr fein.

Zutaten für 4 Personen

50 g gekochte geschälte Krabben
3 Eier
1 TL Salz
2 Frühlingszwiebeln, fein gehackt
4 EL Pflanzenöl
100 g Schweinefilet, fein geschnitten
1 EL Sojasauce
1 EL chinesischer Reiswein
450 g gekochter Reis
100g Erbsen

Tipp:
Das Gewicht von Reis wird durch das Kochen mehr als verdoppelt. Wenn Sie 450 g gekochten Reis brauchen, müssen Sie etwa 200 g kochen.

1 Krabben mit Küchenpapier trockentupfen. Eier mit 1 Prise Salz und etwas Frühlingszwiebel schlagen.

2 2 EL Öl im Wok erhitzen, das Schweinefleisch darin pfannenrühren, bis es leicht braun ist. Krabben 1 Minute mitkochen, Sojasauce und Reiswein dazugeben. Warm halten.

3 2 EL Öl im Wok erhitzen, Eier darin zu Rührei braten. Reis dazugeben und mit Stäbchen rühren, so dass die Reiskörner nicht zusammenkleben.

4 Salz und Frühlingszwiebeln, Krabben, Schweinefleisch und Erbsen dazugeben. Alles gut miteinander vermischen. Heiß oder kalt servieren.

Aus dem Backofen

Eier spielen eine große Rolle in vielen Gerichten aus dem Backofen. Nicht nur als wichtige Zutat in vielen Teigen, sondern auch als Bestandteil von pikanten, herrlich saftigen Füllungen. Quiche Lorraine und der Lauch-Zwiebel-Kuchen enthalten üppige Füllungen, in denen Eier alle anderen Zutaten miteinander verbinden. Die Pilztörtchen mit Wachteleiern und die Eier-Lachs-Täschchen enthalten ganze gekochte Eier als Bestandteil der Füllung. Eine weitere Möglichkeit ist, rohe Eier zu den Gerichten zu geben und sie dann zusammen mit dem Teig zu garen. Die Pizza Fiorentina und der Thunfischkuchen sind zwei Beispiele dafür. Beim Brik aus Tunesien wird ein Ei im Inneren des Teiges während des Frittierens gegart.

Quiche Lorraine

Dieser Klassiker aus dem Osten Frankreichs enthält einige traditionelle Elemente, die in neueren Rezepten oft nicht mehr beachtet werden, nämlich den wirklich dünnen Teig, die cremige Füllung mit viel Ei und den geräucherten Speck, der sein ganz besonderes Aroma entfaltet.

Zutaten für 4–6 Personen

175 g Mehl
und Mehl für die Arbeitsfläche
1 Prise Salz
120 g Butter (Zimmertemperatur), gewürfelt
3 Eier und 3 Eigelb
6 Scheiben geräucherter Frühstücksspeck
300 ml Sahne
2 EL Butter
Salz und schwarzer Pfeffer

1 Mehl, Salz, Butter und 1 Eigelb im Mixer glatt mixen. Auf eine mit Mehl bestäubte Arbeitsfläche geben und zu einer Kugel kneten. 20 Minuten ruhen lassen.

2 Eine Quicheform (20 cm Durchmesser) mit etwas Mehl bestreuen und auf ein Backblech stellen. Teig ausrollen und den Boden und die Ränder der Form damit auslegen. Wenn der Teig etwas brüchig ist, kein Problem, einfach mit den Fingern „reparieren". Backofen auf 200° / Umluft 180° / Gas Stufe 3 vorheizen.

3 Frühstücksspeck in dünne Streifen schneiden und im Backofen grillen, bis das Fett ausläuft. Speck in der Quicheform verteilen. Sahne, Eier und Eigelb verschlagen, salzen und pfeffern und in die Form gießen.

4 15 Minuten backen, Temperatur auf 180° / Umluft 160° / Gas Stufe 2 reduzieren und 15–20 Minuten backen, bis die Füllung goldbraun ist und die Ränder knusprig sind. Herausnehmen und mit Butterflöckchen belegen. 5 Minuten stehen lassen, dann servieren.

Tipp:
Die Quiche lässt sich gut vorher vorbereiten. 10 Minuten kürzer backen, beiseite stellen und vor dem Servieren nochmals 10 Minuten backen.

Thunfisch-Ei-Galette

Diese wunderbare Blätterteigpastete enthält weiche Eier und eine leichte pikante Fischfüllung. Ein köstliches Sommeressen, aber auch perfekt für ein Buffet.

Zutaten für 4 Personen

2 Platten Fertigblätterteig
Mehl zum Ausrollen
1 geschlagenes Ei zum Glasieren
4 EL Olivenöl
180 g Thunfischsteak
2 Zwiebeln, in Ringe geschnitten
1 rote Paprikaschote, entkernt und klein geschnitten
2 Knoblauchzehen, gepresst
3 EL Kapern, abgetropft
1 TL Zitronenschale
2 EL Zitronensaft
5 Eier
Salz und Pfeffer
2 EL Petersilie, frisch gehackt, zum Garnieren

1 Backofen auf 180° / Umluft 160° / Gas Stufe 2 vorheizen. Eine Platte Teig auf einem mit Mehl bestäubten Backblech auslegen und auf 18 x 28 cm Größe schneiden. Mit Ei bepinseln.

2 Die zweite Platte genauso zuschneiden. Dann aus der Mitte ein Rechteck schneiden, so dass 2, 5 cm Rahmen bleibt. Diesen Rahmen auf die erste Teigplatte legen. Den Rahmen sorgfältig mit Ei bepinseln und den Boden mehrmals mit einer Gabel einstechen.

3 Den Pastetenteig 15 Minuten backen, bis er goldbraun und aufgegangen ist.

4 2 EL Öl in einer Pfanne erhitzen, das Thunfischsteak 2–3 Minuten auf jeder Seite braten, bis es außen golden und in der Mitte blassrosa ist. Auf einem Teller in kleine Stücke zupfen.

5 2 EL Öl in die Pfanne geben und Zwiebeln, Paprikaschoten und Knoblauch 6–8 Minuten weich braten, gelegentlich rühren. Pfanne vom Herd nehmen und Thunfisch, Kapern, Zitronenschale und -saft einrühren.

6 Mischung salzen und pfeffern, dann in die Teigform geben. Oberfläche mit einem Löffel glatt streichen. Eier auf die Füllung geben. Galette im Ofen nochmals 10 Minuten backen, bis die Eier gerade durchgegart sind. Mit Petersilie garnieren und servieren.

Tipp:
Das übrige Teigrechteck können Sie in Klarsichtfolie verpackt einfrieren, wenn der Teig nicht schon gefroren war.

Käse-Zwiebel-Flan

Hefeteig wird in vielen Rezepten für Tartes und Flans verwendet. Wichtig in diesem Rezept ist vor allem ein intensiv schmeckender Käse, z. B. Münster oder Livarot.

Zutaten für 4 Personen

1 EL Butter
1 Zwiebel, halbiert und in Scheiben geschnitten
2 Eier
250 ml Sahne
175 g halbfester Käse ohne Rinde, z. B. Münster, in Scheiben geschnitten
Salz und schwarzer Pfeffer
Salatblätter zum Servieren

Für den Hefeteig
2 EL Trockenhefe
120 ml Milch
1 TL Zucker
1 Eigelb
130 g Mehl und Mehl zum Kneten
1/2 TL Salz
4 EL weiche Butter

1 Für den Teig Hefe in eine Schüssel geben. Milch auf etwa 37° Celsius erwärmen und mit dem Zucker unter die Hefe rühren. Ununterbrochen rühren, bis sich die Hefe vollständig aufgelöst hat. Mischung etwa 3 Minuten ruhen lassen, dann das Eigelb unterschlagen.

2 Mehl und Salz in den Mixer mit eingesetzter Metallschneide geben und mixen. Mit laufendem Mixer langsam die Hefemischung dazugeben. Von den Seitenwänden kratzen und 2–3 Minuten weitermixen. Butter dazugeben und nochmals 30 Sekunden mixen.

3 Teig in eine leicht gefettete Schüssel geben. Schüssel mit einem Geschirrtuch zudecken und 1 Stunde an einen warmen Ort stellen, bis der Teig sich etwa verdoppelt hat.

4 Teig auf eine leicht bemehlte Arbeitsfläche geben. Den Teig mit den Fäusten flacher schlagen. Noch etwas Mehl auf die Arbeitsfläche geben, dann den Teig zu einem Kreis von 30 cm Durchmesser ausrollen.

5 Eine Quicheform (23 cm Durchmesser) mit dem Teig auslegen. Teig fest in die Form drücken, der Rand der Form sollte oben etwa 3 mm frei von Teig sein. Form mit einem Geschirrtuch zudecken und an einen warmen Ort stellen. Teig nochmals 30 Minuten gehen lassen.

6 Inzwischen Butter in einem Topf schmelzen, Zwiebel hineingeben. Bei mittlerer Hitze etwa 15 Minuten dünsten, bis die Zwiebeln weich sind. Gelegentlich umrühren. Deckel abnehmen, Zwiebel weiterbraten, bis sie sehr weich und braun ist.

7 Backofen auf 180° / Umluft 160° / Gas Stufe 2 vorheizen. Eier, Sahne, Salz, Pfeffer und Zwiebel mischen.

8 Käse auf dem Teig in der Form verteilen. Eimischung darüber gießen und 30–35 Minuten backen, bis der Flan oben goldbraun ist und die Mitte gerade fest ist. Kurz abkühlen lassen, dann mit Salatblättern servieren.

Pilztörtchen mit Wachteleiern

Gougère-Teigtaschen sind im Burgund sehr populär. Dort werden die Täschchen mit Gruyère überbacken und mit einem Glas Wein serviert. In unserem Rezept wird der Teig mit Wildpilzen und kleinen, kurz gekochten Wachteleiern gefüllt.

Zutaten für 4–6 Personen

6 EL Butter, in kleinen Stücken
1/2 TL Salz
175 ml Wasser
100 g Mehl
4 Eier
120 g Gruyère, gerieben
2 EL Butter
1 Zwiebel, gehackt
2 Selleriestangen, klein geschnitten
350 g gemischte Wildpilze, halbiert oder geviertelt.
25 g Speisestärke
150 ml Rotwein mit Wasser gemischt
150 ml Brühe
Worcestersauce

1 Backofen auf 220° / Umluft 200° / Gas Stufe 4 vorheizen. Butter in einem Topf schmelzen, mit Salz und Wasser aufkochen. Topf von der Platte ziehen, Mehl hineingeben und alles mit einem Holzlöffel zu einer Kugel rühren.

2 Topf wieder auf die Platte stellen und 1-2 Minuten kräftig schlagen. Etwas abkühlen lassen. 2 Eier dazugeben und schlagen, bis der Teig glatt ist und glänzt. Das dritte Ei unterschlagen. Dann vom vierten Ei soviel unterschlagen, bis der Teig glatt und glänzend ist und etwas tropft. Die Hälfte vom Gruyère untermischen.

3 Ein rundes Stück Backpapier (etwa 22 cm Durchmesser) auf ein Blech legen. Mit einem Löffel die Mischung in Häufchen dicht nebeneinander setzen, auf eine Fläche von etwa 20 cm Durchmesser verteilt. Etwa 35 Minuten backen, bis die Teigbällchen aufgegangen und goldbraun sind. Etwas abkühlen lassen.

4 Inzwischen Butter in einem Topf erhitzen, Zwiebel und Sellerie darin weich dünsten. Pilze dazugeben und mitköcheln, bis ihr Saft austritt. Speisestärke und Rotwein anrühren. Brühe zu den Pilzen geben, dann die Speisestärkemischung langsam dazugießen. Kochen, bis es eindickt. Worcestershiresauce und Petersilie dazugeben und kurz mitköcheln.

5 Wachteleier in einen Topf mit kaltem Wasser geben, 1 Minute kochen. Abschrecken und schälen.

6 Teigtäschchen quer durchschneiden. Pilze hineingeben, Eier obenauf legen. Obere Hälfte auflegen, übrigen Käse darüber streuen, in den Ofen stellen, bis der Käse geschmolzen ist.

Pizza Fiorentina

Bei dieser köstlichen Pizza mit Spinat bringt das Ei das gewisse Extra. Achten Sie darauf, dass das Eigelb noch weich ist, so schmeckt es am besten.

Zutaten für 2–3 Personen

3 EL Olivenöl
1 kleine rote Zwiebel, in dünne Ringe geschnitten
180 g junger Spinat
1 Pizzaboden (Fertigprodukt), 25-20 cm Durchmesser
1 kleines Glas Pizzasauce
Muskatnuss
150 g Mozzarella
1 Ei
3 EL Gruyère, gerieben

1 1 EL Öl erhitzen und die Zwiebel weich dünsten. Spinat dazugeben und mitdünsten. Flüssigkeit abgießen.

2 Backofen auf 220° / Umluft 200° / Gas Stufe 4 vorheizen. Pizzaboden mit 1TL Olivenöl bepinseln. Pizzasauce gleichmäßig verteilen, dann Spinatmischung darauf geben. Mit Muskatnuss bestreuen.

3 Mozzarella in dünne Scheiben schneiden und auf den Spinat legen. Mit restlichem Öl beträufeln. 10 Minuten backen, herausnehmen.

4 Eine Mulde in die Mitte der Pizza drücken und das Ei vorsichtig hineinschlagen.

5 Geriebenen Gruyère darüberstreuen und nochmals 5-10 Minuten backen, bis die Pizza goldbraun und knusprig ist. Sofort servieren.

Variante:
Machen Sie zur Abwechslung eine Calzone, eine gefaltete Pizza. Sie geben das Ei mit dem Spinat zum Teig, falten diesen in der Mitte, drücken die Kanten zusammen und backen das Ganze 20 Minuten.

Griechische Kräuter-Quiche

Am besten benutzen Sie kleine Tortelettformen für diese Küchlein. Damit bekommt der Teig die ideale Form, um reichlich köstliche Joghurtfüllung aufzunehmen.

Zutaten für 8 Miniquiches

175 g Mürbeteig (Fertigprodukt)
3–4 EL Paste aus getrockneten Tomaten (Fertigprodukt)
1 großes Ei
100 g griechischer Joghurt
6 EL Milch
1 Knoblauchzehe, gepresst
2 EL gemischte frische Kräuter (Thymian, Majoran, Basilikum, Petersilie), gehackt
Salz und schwarzer Pfeffer

1 Backofen auf 180° / Umluft 160° / Gas Stufe 2 vorheizen. Teig dünn ausrollen und mit einem Ausstecher 8 Kreise von etwa 7,5 cm Durchmesser ausstechen. Tartellettförmchen mit den Teigkreisen auslegen, dann mit Backpapier abgedeckt 15 Minuten backen. Papier entfernen und 5 Minuten backen, bis der Teig getrocknet ist.

2 Tomatenpaste auf die Teigböden streichen. Eier, Joghurt, Milch, Knoblauch, Kräuter, Salz und Pfeffer zusammenschlagen. Mischung vorsichtig in die Teigformen geben und 25-30 Minuten backen, bis die Füllung fest ist und der Teig goldbraun. Quiches kurz abkühlen lassen, aus der Form nehmen und servieren.

Tomatentarte mit schwarzen Oliven

Diese köstliche Tarte vereint mediterrane Aromen und passt einfach perfekt für ein Picknick. Aber natürlich schmeckt sie das ganze Jahr, mit einem grünen oder gemischten Salat serviert.

Zutaten für 8 Personen

375 g Mürbeteig (Fertigprodukt), Zimmertemperatur
getrocknete Hülsenfrüchte zum Blindbacken
6 feste Eiertomaten
75 g reifer Brie
etwa 16 schwarze Oliven, entkernt
3 Eier, geschlagen
300 ml Milch
2 EL frisch gehackte Kräuter, z. B. Petersilie, Majoran, Basilikum
Salz und schwarzer Pfeffer

Variante:

Statt dem Brie schmeckt auch Gorgonzola oder Camembert. Etwas pikant wird die Tarte mit Anchovisfilets, die Sie vor dem Backen auf dem Teig verteilen.

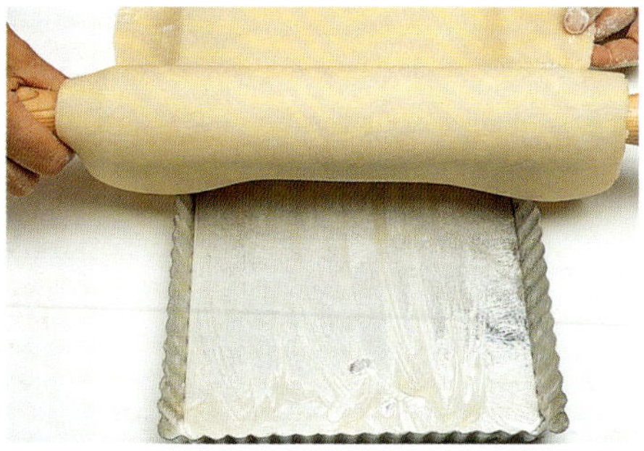

1 Backofen auf 180° / Umluft 160° / Gas Stufe 2 vorheizen. Teig dünn auf einer bemehlten Arbeitsfläche ausrollen. Eine 28 x 11 cm große Backform mit dem Teig auslegen.

2 Teig mit Backpapier und getrockneten Hülsenfrüchten belegen und 15 Minuten blindbacken. Papier und Hülsenfrüchte entfernen und nochmals 5 Minuten backen.

3 Inzwischen Eier, Milch, Salz, Pfeffer und Kräuter zusammenrühren. Tomaten und Oliven in Scheiben schneiden, Brie in Würfel schneiden. Tomaten, Käse und Oliven auf dem Teig in der Form verteilen, dann die Eiermischung darüber gießen.Die Tarte etwa 40 Minuten backen, bis die Oberfläche fest ist und der Teig sich goldbraun verfärbt. Tarte heiß oder kalt in der Form schneiden und servieren.

Lauch-Zwiebel-Törtchen

Diese feinen Törtchen können Sie als Vorspeise servieren oder auf einem Buffet. Wenn Sie sie kleiner machen, sind sie perfektes Fingerfood für die nächste Party.

Zutaten für 6 Personen

2 EL Butter
und Butter zum Einfetten
1 Zwiebel, in dünne Ringe geschnitten
1/2 TL getrockneter Thymian
450 g Lauch, dünn geschnitten
50 g Gruyère, gerieben
3 Eier
300 ml Sahne
Muskatnuss
Salz und schwarzer Pfeffer
Salatblätter zum Servieren

Für den Teig
175 g Mehl
75 g kalte Butter
1 Eigelb
2–3 EL kaltes Wasser
1/2 TL Salz

1 Für den Teig Mehl und Butter in Würfeln in eine Schüssel geben. Mit den Fingerspitzen Butter rasch mit dem Mehl zu feinen Bröseln verarbeiten.

2 Eine Mulde in die Mischung drücken. Eigelb, Wasser und Salz zusammenrühren und in die Mulde geben. Alles zu einem Teig verrühren. Teig zu einer Kugel rollen und diese in Klarsichtfolie gepackt kalt stellen.

3 6 Tortelett-Förmchen (10 cm Durchmesser) mit Butter fetten. Teig auf einer bemehlten Arbeitsfläche 3 mm dünn ausrollen. Dann mit einem Ausstecher oder einem Glas Kreise von 10 cm Durchmesser ausstechen. Teigkreise vorsichtig in die Förmchen geben und fest andrücken. Dann nochmals 30 Minuten kalt stellen.

4 Backofen auf 180° / Umluft 160° / Gas Stufe 2 vorheizen. Teigböden mit Backpapier und Hülsenfrüchten belegen und 6-8 Minuten blindbacken, bis die Ränder goldbraun sind. Backpapier und Hülsenfrüchte entfernen, Teig nochmals 2 Minuten backen. Förmchen herausnehmen und Teig abkühlen lassen.

5 Butter in einer großen Pfanne schmelzen, Zwiebel und Thymian hineingeben und 3-5 Minuten unter Rühren dünsten, bis die Zwiebel gerade weich ist. Lauch dazugeben und 10-12 Minuten weich dünsten. Die Lauch-Zwiebel-Mischung auf den Teigböden verteilen. Käse gleichmäßg darüber streuen.

6 In einem Messbecher Eier, Sahne, Muskat, Salz und Pfeffer gut verrühren. Förmchen auf ein Backblech stellen, Eimischung hineingießen. 15-20 Minuten backen, bis sie goldbraun sind. Tortelettes auf einem Kuchengitter etwas abkühlen lassen, dann aus der Form nehmen und warm mit einigen Salatblättern servieren.

Lachs-Ei-Taschen

Diese feinen Taschen haben es in sich: eine köstliche Mischung von Aromen verbirgt sich unter der knusprigen Teighülle. Ein Auftakt für ein besonderes Menü. Mit Curry-Mayonnaise oder einer Hollandaise servieren.

Zutaten für 6 Personen

75 g Langkornreis
300 ml Fischbrühe
350 g Lachs (Schwanzstück)
Saft von 1/2 Zitrone
1 EL frisch gehackter Dill
1 EL frisch gehackte Petersilie
2 TL mildes Currypulver
6 kleine Eier, weich gekocht und abgekühlt
425 g Blätterteig (Fertigprodukt)
1 kleines Ei, geschlagen
Salz und schwarzer Pfeffer

1 Reis in der Fischbrühe kochen. Abgießen und abkühlen. Backofen auf 220° / Umluft 200° / Gas Stufe 3 vorheizen.

2 Lachs in einen Topf legen und mit kaltem Wasser bedecken. Erhitzen und 8–10 Minuten sanft köcheln, bis er leicht zerfällt. Mit einem Fischheber herausnehmen, Gräten und Haut entfernen. Fisch zerkleinert zum Reis geben, Zitronensaft, Kräuter, Currypulver, Salz und Pfeffer dazugeben und alles gut vermischen.

3 Eier schälen. Teig ausrollen und in 6 Quadrate von etwa 15 cm Seitenlänge schneiden. Kanten mit Eigelb bepinseln. Ein Löffel Reis-Fisch-Mischung in die Mitte der Teigrechtecke geben, ein Ei in die Mitte drücken und nochmals ein bisschen Reis-Fisch-Mischung daraufgeben. Teigecken zur Mitte falten, Kanten gut aufeinander drücken.

4 Die Päckchen mit Eigelb bepinseln, auf ein Backblech legen und etwa 20 Minuten backen. Ofentemperatur auf 180° / Umluft 160° / Gas Stufe 2 reduzieren und nochmals 10 Minuten backen, bis sie goldbraun sind. Vor dem Servieren kurz abkühlen lassen.

Spinatpastete

Dieses Rezept aus Griechenland wird traditionell für Ostern gebacken. Früher machten die Frauen 33 Lagen Filloteig – je eine für ein Lebensjahr von Jesus Christus. Die Pastete ist ideal für ein Picknick, da man sie gut vorbereiten und in der Backform transportieren kann.

Zutaten für 10–12 Personen

Öl zum Einfetten
700 g frischer oder gefrorener Spinat, gekocht und gehackt
120 g geschmolzene Butter
1 Bund Frühlingszwiebeln, fein gehackt
2 EL frischer Majoran oder Origano, gehackt (oder 2 TL getrocknet)
350 g Ricotta
3 EL frisch geriebener Parmesan
4 EL geschlagene Sahne
1 TL Muskatnuss, frisch gerieben
450 g Filloteig
2 Eiweiß, steif geschlagen
8 hartgekochte Eier, geschält
Salz und schwarzer Pfeffer

1 Ein tiefes Backblech von 20 x 25 cm Größe einfetten. Backofen auf 180° / Umluft 160° / Gas Stufe 2 vorheizen.

2 Spinat gut abtropfen und Flüssigkeit ausdrücken. In den Topf geben und leicht köcheln, bis wirklich alle Flüssigkeit verdampft ist.

Tipp:
Für das Picknick lassen Sie die Pastete kurz in der Form abkühlen und stürzen sie dann auf ein großes Brett. Backform anschließend spülen und trocknen. Pastete wieder in die Form geben und darin in Stücke schneiden.

3 2 EL Butter in einem großen Topf erhitzen und Zwiebeln darin weich dünsten. Spinat und Kräuter dazugeben, mit Salz und frisch gemahlenem Pfeffer abschmecken. Alle Zutaten gut miteinander vermischen.

4 Ricotta, Parmesan, Sahne, Muskat, Salz und Pfeffer schlagen, bis eine glatte, cremige Masse entstanden ist.

5 Etwas mehr als die Hälfte der Filoteigblätter für den Boden verwenden: Jedes Teigblatt mit geschmolzener Butter bepinseln und in die Form legen. Ränder überhängen lassen. Sie können große Teigblätter auch halbieren, dann lässt sich der Teig etwas leichter auslegen. Übrige Teigblätter mit einem feuchten Küchentuch zudecken.

Variante:
Wenn Sie die Pastete etwas pikanter möchten, ersetzen Sie Ricotta durch die gleiche Menge Feta. Diesen zerbröseln und mit Sahne, Muskat, Salz und Pfeffer mischen.

6 Ricotta unter den Eischnee heben. Spinat ebenfalls unterheben. Die Hälfte dieser Mischung in die Form geben, hart gekochte Eier darauf verteilen. Übrige Füllung darauf geben, überstehende Teigränder darauf legen.

7 Übrige Teigblätter mit Butter bepinseln und nacheinander in die Form legen. Oberstes Teigblatt mit Butter bestreichen, dann 1 Stunde backen, bis der Teig goldbraun ist.

8 Pastete kurz abkühlen lassen, dann auf eine saubere Oberfläche stürzen. Warm servieren oder vollständig abkühlen lassen.

Börek

Das sind Teigtaschen oder auch Calzone auf türkische Art. Servieren Sie Börek lauwarm mit einer Minze-Joghurt-Sauce.

Zutaten für 4 Personen

50 g Couscous
3 EL Olivenöl
1 Zwiebel, gehackt
120 g Champignons
1 Knoblauchzehe, gepresst
120 g gekochtes Hühnchen, kleingeschnitten
2 EL Walnüsse, gehackt
2 EL Rosinen
4 EL Petersilie, frisch gehackt
1 TL frischer Thymian, gehackt
2 Eier, hartgekocht und geschält
Salz und schwarzer Pfeffer

Für den Teig
400 g Mehl und Mehl zum Ausrollen
1 Päckchen Backpulver
1 TL Salz
1 Ei und Ei zum Bestreichen
150 ml Naturjoghurt
150 ml Olivenöl
abgeriebene Schale von 1/2 Zitrone

Für die Joghurtsauce
200 ml Naturjoghurt
3 EL Minze, frisch gehackt
1/2 TL brauner Zucker
1/4 TL Cayennepfeffer
1/4 TL Selleriesalz
etwas Milch oder Wasser zum Verdünnen

1 Backofen auf 180° / Umluft 160° / Gas Stufe 4 vorheizen. Couscous mit kochendem Wasser bedecken und 10 Minuten einweichen, bis alle Flüssigkeit aufgesogen ist.

2 Öl in einer Bratpfanne erhitzen und Zwiebel darin weich dünsten. Pilze und Knoblauch dazugeben und dünsten, bis Flüssigkeit austritt. Hitze erhöhen und die Flüssigkeit komplett verkochen.

3 Pilze und Zwiebeln in eine Schüssel geben, Huhn, Walnüsse, Rosinen, Petersilie, Thymian und Couscous gut unterrühren. Eier grob hacken und ebenfalls dazumischen. Mit Salz und Pfeffer abschmecken.

4 Für den Teig Mehl mit Backpulver und Salz in eine Schüssel geben. Eine Mulde in die Mitte drücken, Ei, Joghurt, Olivenöl und Zitronenschale hineingeben, alles gut vermischen.

5 Teig auf einer bemehlten Arbeitsfläche zu einem Kreis von 30 cm Durchmesser ausrollen. Füllung in die Mitte geben, Teigränder zusammenlegen. Umgedreht auf ein Backblech legen und flach drücken. Mit Ei bepinseln und 25 Minuten backen.

6 Inzwischen für die Sauce alle Zutaten zusammenrühren. Wenn die Sauce zu dick ist, Milch oder Wasser dazugeben. Börek mit Sauce servieren.

Tipp:
Natürlich lässt sich Börek auf vielerlei Arten füllen. Auch verschiedene Käsesorten mit Kräutern schmecken fein. Oder Kartoffeln mit Gemüse, scharf gewürzt.

Tunesische Brik

Ob Sie diese leckeren Täschchen zu Dreiecken, Vierecken oder was auch immer formen, bleibt ganz Ihnen überlassen. Das entscheidende ist, das Ei schnell genug „einzupacken“, bevor es ausläuft.

Zutaten für 6 Personen

3 EL geschmolzene Butter
1 kleine rote Zwiebel, fein gehackt
150 g Hühnerfleisch, ganz fein gehackt
1 große Knoblauchzehe, gepresst
Saft von 1/2 Zitrone
2 EL Petersilie, frisch gehackt
12 Blätter Filloteig, je etwa 15 x 25 cm
6 kleine Eier, z. B. Fasanen- oder Perlhuhneier
Öl zum Frittieren
Salz und schwarzer Pfeffer

1 Die Hälfte der Butter in einem Topf erhitzen und Zwiebel darin 2-3 Minuten weich dünsten. Hühnerfleisch, Knoblauch, Zitronensaft, Petersilie, Salz und Pfeffer dazugeben und unter Rühren 2-3 Minuten braten, bis das Hühnerfleisch gerade gar ist.

2 Ein Filloteigblatt auf die Arbeitsfläche legen und mit Butter bepinseln, noch ein Teigblatt darauf legen und mit Butter bepinseln. 1/6 Füllung etwa 2,5 cm entfernt von einer kurzen Seite des Teigblattes auf den Teig geben und etwas flach drücken. In die Mitte eine kleine Mulde drücken.

3 Vorsichtig 1 Ei in diese Mulde schlagen und dann rasch den Teig zusammenlegen, damit das Eiweiß nicht ausläuft. Brik einmal in der Mitte falten, so dass die Füllung bedeckt ist. Ränder zusammendrücken. Dann noch zweimal je zwei gegenüberliegende Ecken zusammenlegen, so dass ein Dreieck entsteht.

4 Mit den übrigen Teigblättern 5 weitere Brik machen. Öl in einer tiefen Pfanne so stark erhitzen, dass ein Brotwürfel in 1 1/2 Minuten braun ist. Die Briks portionsweise im Öl goldbraun frittieren. Mit einem Schaumlöffel herausnehmen und auf Kückenpapier entfetten. Heiß oder kalt servieren.

Tipp:
Sie können Brik auch im Backofen bei 220° / Umluft 200° / Gas Stufe 3 zubereiten. Dann mit Butter bepinseln und 8–10 Minuten backen.

FINGERFOOD UND DRINKS

Das Geheimrezept für die richtig gelungene Party ist schön präsentiertes, leckeres Essen und die passenden Getränke. Hier finden Sie eine große Auswahl an warmem und kaltem Fingerfood. Viele Rezepte lassen sich Stunden vorher vorbereiten, z. B. die Wachteleier-Tapenade-Canapés und die Mimoseneier. Beide sind ein dekorativer Blickfang auf dem Partybuffet. Warme Leckereien wie Gorgonzolakroketten und Käsebällchen können Sie auch schon am Nachmittag vorbereiten und kurz bevor die Gäste eintreffen schnell fertig machen. Auf alle Fälle werden Ihre Gäste beeindruckt sein und schnell in Partylaune kommen. Hierzu tragen auch die außergewöhnlichen Drinks bei, die alle Eier enthalten, z. B. der heiße Brandy-Ei-Cocktail oder ganz traditionelle Limonade, nicht zu vergessen die berühmte Prärieauster für den Tag danach, hier eine Variante ohne Alkohol.

Wachteleier-Tapenade-Canapés

Tapenade ist sehr verbreitet in der Mittelmeerküche. Das Pürée aus Kapern, Oliven und Anchovis schmeckt sehr intensiv und ergänzt hier perfekt den Geschmack der Eier. Die Wachteleier sehen natürlich auch besonders schön aus.

Zutaten für 8 Canapés

4 Wachteleier
1 kleines Baguette
3 EL Tapenade (Fertigprodukt)
etwas Endiviensalat
3 kleine Tomaten, halbiert und in Scheiben geschnitten
4 Anchovisfilets (Glas), längs halbiert
2 schwarze Oliven, entsteint und geviertelt
frische Petersilie zum Garnieren

Tipp:

Bepinseln Sie die Brotscheiben mit etwas Olivenöl und grillen Sie sie auf beiden Seiten knusprig goldbraun.

1 Wachteleier in einen Topf mit Wasser geben, aufkochen und Eier 3 Minuten kochen. Abkühlen und schälen.

2 Baguette in 8 Scheiben schneiden und mit Tapenade bestreichen.

3 Etwas Salat und je eine Tomatenscheibe auf jeder Brotscheibe anrichten.

4 Wachteleier halbieren und je eine Hälfte auf die Tomaten legen

5 Auf jedes Ei eine geviertelte Olive und ein halbiertes Anchovisfilet legen. Canapés mit Petersilie garnieren und servieren.

Variante:

Probieren Sie doch auch mit Thunfischtapenade gefüllte Eier: Eier hart kochen und längs halbieren. 100 g Thunfisch (Dose) mit 30 g Kapern, 10 Anchovisfilets und 80 g schwarzen entkernten Oliven im Mixer zu einer glatten Paste verarbeiten. Etwa 4 EL Olivenöl dazugeben und mit den anderen Zutaten gut vermischen. Thunfischtapenade mit hartgekochtem Eigelb vermischen und diese Mischung mit einem Löffel in die Eiweißhälften geben.

Käsebällchen

Brandteig wird meistens für süßes Gebäck verwendet wie beispielsweise für Profiteroles. Aber er ist auch köstlich für Pikantes wie diese herrlichen Käsebällchen mit Gruyère und Parmesan. Am besten Sie bereiten die Bällchen am Nachmittag vor und frittieren sie dann kurz vor dem Servieren.

Zutaten für 30 Bällchen

100 g Mehl
1/2 TL Paprikapulver
1/2 TL Salz
6 EL kalte Butter, in Würfel geschnitten
3 Eier, geschlagen
75 g Gruyère, gerieben
Pflanzenöl zum Frittieren
50 g Parmesan, frisch gerieben
schwarzer Pfeffer

1 Mehl, Paprika und Salz durch ein Sieb auf ein Butterbrotpapier geben. Reichlich schwarzen Pfeffer dazumahlen.

2 Butter und 200 ml Wasser in einen Topf geben und etwas erhitzen. Sobald die Butter geschmolzen ist und das Ganze anfängt zu kochen, das Mehl mit den Gewürzen auf einmal hineinschütten und mit einem Holzlöffel feste schlagen, bis die Mischung fester wird und sich von den Topfseiten löst.

3 Topf von der Herdplatte nehmen und 5 Minuten abkühlen lassen. Das ist wichtig, damit die Bällchen richtig aufgehen. Nach und nach die geschlagenen Eier unterrühren, bis die Mischung steif ist. Gruère untermischen.

4 Öl in einer tiefen Pfanne erhitzen. Wenn ein Stück Brot darin in 1 Minute braun wird, ist das Öl heiß genug. Einen Teelöffel Teig mit Hilfe eines zweiten Teelöffels ins heiße Öl gleiten lassen. 3-4 Minuten goldbraun frittieren. Auf Küchenpapier entfetten und warm halten. Alle Bällchen portionsweise so zubereiten. Zum Servieren auf eine angewärmte Platte legen und mit Parmesan bestreuen.

Variante:

Machen Sie etwas größere Bällchen, indem Sie Esslöffel verwenden statt Teelöffel. Frittieren Sie diese 1–2 Minuten länger. Dann in der Mitte durchschneiden und alles, was noch weich ist, herausnehmen. Taramas oder Roquefort hineinfüllen.

Bunte Eierplatte

Hart gekochte, gefüllte Eier sind einfach perfekte Partyhappen. Mit unterschiedlichen Füllungen und Garnierungen kann die bunte Eierplatte das Herzstück Ihres Buffets sein.

Zutaten für jeweils 6 Eier

Kaviar-Eier

4 Frühlingszwiebeln, sehr fein gehackt
2 EL saure Sahne
1 TL Zitronensaft
und Zitronenschale zum Garnieren
2 EL Kaviar und Kaviar zum Garnieren
Salz und schwarzer Pfeffer

1 Zutaten mit den Eigelben verrühren, in die Eihälften füllen und mit Zitronenschale und Kaviar garnieren.

Pikante Nuss-Eier

40 g gekochter Schinken, gehackt
4 Walnusshälften, sehr fein gehackt
1 EL Dijonsenf
1 EL Mayonnaise
1 TL Weißweinessig
Cayennepfeffer
Salz und schwarzer Pfeffer
Paprika und Essiggurken (in Scheiben geschnitten) zum Garnieren

1 Alle Zutaten mit dem Eigelb vermischen, in die Eihälften füllen und mit Paprika und Gurke garnieren.

Krabben-Gurken-Eier

75 g gekochte geschälte Krabben, gehackt (bis auf 12 für die Verzierung)
25 g Gurke, geschält und gewürfelt
1 TL Tomatensauce
1 EL Zitronenmayonnaise
Salz und schwarzer Pfeffer
Fenchelgrün oder Dill zum Garnieren

1 Alle Zutaten mit dem Eigelb vermischen, in die Eihälften füllen und mit Krabben und Grün garnieren.

Knoblauch-Pfeffer-Eier

1 große Knoblauchzehe, gepresst
3 EL Crème fraîche
Salz und schwarzer Pfeffer
$1/2$ T L grüne Pfefferkörner, zerdrückt, zum Garnieren

1 Knoblauch, Sahne, Eigelb und Gewürze mischen, in einen Spritzbeutel geben und in die Eihälften füllen. Mit einigen Pfefferkörnern garnieren.

Eier-Canapés

Diese dekorativen Partyhappen sind ganz schnell zubereitet. Sie können Sie weitgehend vorher zubereiten und die letzten Handgriffe kurz vor dem Eintreffen der Gäste machen.

Zutaten für jeweils 12 Canapés

Trüffel-Canapés

230 g Mürbeteig (Fertigprodukt)
2 Eier, geschlagen
1 EL Butter
1 TL Trüffelöl oder einige Scheiben frischer Trüffel
Salz und schwarzer Pfeffer
Schnittlauch zum Garnieren

1 Backofen auf 180° / Umluft 160° / Gas Stufe 2 vorheizen. Teig sehr dünn ausrollen, dann 12 kleine Tortelett- oder Muffinförmchen damit auslegen.

2 Den Teigboden mit Backpapier belegen und 10 Minuten backen. Papier entfernen und nochmals 5 Minuten backen, bis der Teig goldbraun und knusprig ist.

3 Geschlagene Eier salzen und pfeffern. Butter in einem Topf schmelzen, Eier hineingießen und bei schwacher Hitze rühren, bis sie fast fest sind. Trüffelöl oder Trüffel dazugeben. Mischung in die Teigformen füllen und mit Schnittlauch garnieren.

Krabben-Tomaten-Canapés

230 g Mürbeteig (Fertigprodukt)
2 Tomaten, gehäutet, entkernt und gehackt
12 große gegarte Garnelen mit Schwanz, geschält
4 EL Hollandaise
Salz und schwarzer Pfeffer
Kerbelblättchen zum Garnieren

1 Backofen auf 180° / Umluft 160° / Gas Stufe 2 vorheizen. Teig auf einer mit Mehl bestäubten Fläche sehr dünn ausrollen und 12 kleine Tortelett- oder Muffinförmchen damit auslegen.

2 Teigböden mit Backpapier belegen und 10 Minuten backen. Papier entfernen und 5 Minuten backen.

3 Tomaten in die Teigförmchen geben, salzen und pfeffern. Garnelen darauf legen und etwas Hollandaise darüber geben. Im Ofen kurz erhitzen, dann mit Kerbelblättchen garnieren und servieren.

Avocado-Canapés

3–4 Scheiben Vollkornbrot
1 kleine reife Avocado
1 EL Zitronensaft
3 EL Mayonnaise
1/2 Bund Brunnenkresse, gehackt und einige Zweiglein zum Garnieren
6 Wachteleier, hart gekocht

1 Aus dem Brot mit einem Ausstecher 12 Kreise schneiden.

2 Avocado halbieren und vom Stein schneiden. Eine Hälfte schälen, in Scheiben schneiden und mit Zitrone beträufeln. Avocado auf das Brot legen.

3 Übrige Avocado in einer Schüssel zerdrücken. Mayonnaise und Brunnenkresse unterrühren. Mischung auf die Canapés geben, ein halbes Wachtelei darauf legen und mit Brunnenkresse garnieren.

Lachs-Koriander-Canapés

3–4 Scheiben Vollkornbrot
2 Eier, hart gekocht, in dünne Scheiben geschnitten
120 g geräucherter Lachs
Korianderblätter zum Garnieren.

Für die Limetten-Koriander-Sauce
3–4 EL Mayonnaise
1 TL Koriander, frisch gehackt
1 TL Limettensaft
Salz und schwarzer Pfeffer

1 Das Brot mit einem scharfen Messer in 12 gleich große Dreiecke schneiden.

2 Für die Sauce Mayonnaise, Koriander und Limettensaft in einer kleinen Schüssel verrühren. Mit Salz und Pfeffer abschmecken.

3 Eine Scheibe Ei auf jedes Brot geben, dann etwas Lachs und einen Löffel Sauce dazugeben. Mit Koriander garnieren, bis zum Essen kaltstellen.

Japanische Omelettrolle

Japanisches Essen wird immer mit besonders viel Liebe zum Detail zubereitet. Diese Omelettrolle wird in mundgerechte Stücke geschnitten, so dass man sofort die Füllung sieht. Das Omelett muss schön weich sein, nicht zu fest. Die Füllung schmeckt süß-sauer und das Ganze wird perfekt abgerundet mit Sojasauce und japanischem Rettich.

Zutaten für 2 Omelettrollen

8 Eier
4 EL Zucker
4 TL Sojasauce
6 EL Sake oder trockener Weißwein
Pflanzenöl zum Braten
Sojasauce zum Servieren

Für die Garnierung
8 cm japanischer Rettich (Daikon), fein gerieben
Shisoblätter (Schwarznessel) nach Belieben

1 Eier in eine Schüssel aufbrechen und mit Essstäbchen kräftig zusammenrühren.

2 In einer kleinen Schüssel Zucker, Sojasauce und Sake verrühren. Diese Mischung unter die Eier rühren. Das Ganze auf 2 Schüsseln verteilen, so dass man 2 gleichgroße Portionen hat.

3 Etwas Öl in einer Pfanne erhitzen, dann mit Küchenpapier auswischen, so dass nur sehr wenig Öl übrig bleibt.

4 1/4 Omelettmischung in die Pfanne gießen und auf dem Boden verteilen. Wenn die Ränder fest werden, die Mitte aber noch feucht ist, Omelett zum Pfannenrand hin aufrollen.

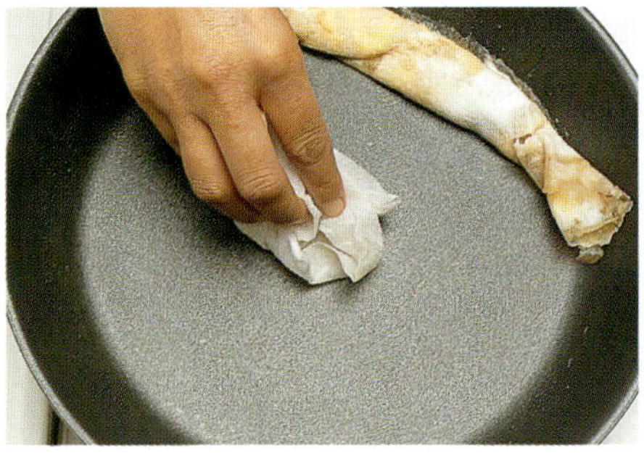

5 Mit Küchenpapier etwas Öl in der Pfanne verteilen. 1/3 Teig aus der Schüssel in die Pfanne gießen, die fertige Rolle dabei anheben, so dass sich der rohe Teig überall verteilt.

6 Wenn die Ränder des zweiten Omeletts fest werden, die fertige Rolle und das zweite Omelett zusammen aufrollen.

7 Die Pfanne wieder mit dem öligen Küchenpapier fetten und 1/2 des übrigen Teiges hineingeben. Fertige Rolle wieder anheben, so dass sich der Teig gut verteilt.

8 Wenn die Ränder fest werden, die Rolle mit Hilfe der Essstäbchen in das Omelett einrollen. Dann die übrige Eiermischung aus der ersten Schüssel in die Pfanne geben und backen.
Mit der fertigen Rolle zusammenrollen und noch einige Sekunden backen.

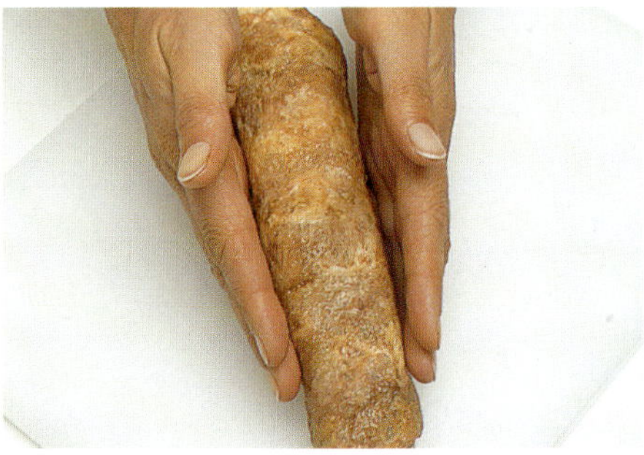

9 Die Omelettrolle auf eine Bambusmatte geben und diese ganz fest aufrollen. Dann zu einer viereckigen Rolle drücken. Wer keine Bambusmatte hat, drückt die Rolle mit den Händen in eine viereckige Form. Abkühlen lassen.

10 Die zweite Omelettrolle genauso backen. Die abgekühlen Rollen in etwa 2,5 cm dicke Scheiben schneiden, mit japanischem Rettich und Shisoblättern garnieren und mit Sojasauce servieren.

Mimoseneier

Der zunächst seltsame Name dieser Köstlichkeit kommt von der Farbe der Eiergarnierung, die ein wenig an die Blume des gleichen Namens erinnert. Diese hübsche Verzierung können Sie für viele sommerliche Gerichte machen.

Zutaten für 24 Mimoseneier

12 Eier, hartgekocht und geschält
2 reife Avocados, halbiert und vom Stein geschnitten
1 Knoblauchzehe, zerdrückt
etwas Tabasco
1 EL Olivenöl
Salz und schwarzer Pfeffer
Basilikumblätter zum Garnieren

Tipp:
Sie können die Mimosendeko schon im Voraus zubereiten. Am besten gekühlt und getrennt in luftdichten Behältern aufbewahren.

1 10 Eier halbieren. Das Eigelb vorsichtig mit einem Teelöffel herausnehmen und mit Avocados, Knoblauch, Tabasco, Öl, Salz und Pfeffer anrühren. Diese Mischung auf die Eierhälften verteilen.

2 Übriges Eiweiß durch ein Sieb drücken und auf den gefüllten Eiern verteilen. Dann 2 Eigelb durch ein Sieb drücken und auf den Eiern verteilen. Eier auf einer Servierplatte anrichten und etwas Pfeffer darüber mahlen. Mit Basilikumblättern garnieren.

Perlhuhneier in Käsekruste

Hier werden kleine, ganze Eier in einer köstlichen vegetarischen Hülle frittiert. Sie halten sich übrigens einige Tage und sind daher ideal für das Partybuffet oder auch ein Picknick.

Zutaten für 6 Eier

120 g Paniermehl
1/2 Stange Lauch, sehr fein gehackt
120 g milder Käse, gerieben
1 TL Knoblauch-Kräutersalz
2 EL Petersilie, frisch gehackt
1 TL milder Senf
2 Eier, getrennt
2–3 EL Milch
6 kleine Spinatblätter (ohne Strunk)
6 kleine Perlhuhneier oder 8–10 Wachteleier, hartgekocht und geschält
3–4 EL Mehl und Mehl zum Bestäuben
2 EL Sesamsamen
Öl zum Frittieren
Salz und schwarzer Pfeffer
Mayonnaise zum Servieren

1 Paniermehl, Lauch, Käse, Gewürze, Petersilie und Senf gut vermischen. Eigelb und Milch verschlagen und gut unterrühren. 1 Eiweiß steif schlagen und vorsichtig unter die Mischung heben. Nur soviel Eiweiß verwenden, dass die Mischung tropfend vom Löffel fällt. 1 Stunde kaltstellen.

2 Mischung in 6 Portionen teilen. Eine Portion in der Handinnenfläche verteilen, 1 Spinatblatt darauf legen und darauf 1 Ei legen. Mischung vorsichtig um das Ei formen, bis es komplett davon eingehüllt ist. Mit etwas Mehl bestäuben.

3 Übriges Eiweiß mit 1 TL Wasser schlagen und in einen Teller geben. Mehl mit Salz, Pfeffer und den Sesamsamen mischen und in einen anderen Teller geben. Die Eier in der Hülle erst im Eiweiß, dann im Sesammehl wälzen. Zugedeckt 20 Minuten kalt stellen.

4 Öl in einem Topf erhitzen, bis ein Stück Brot darin in 1 Minute goldbraun wird. Eier portionsweise im Fett frittieren, ab und zu wenden, bis sie rundherum goldbraun sind. Mit einem Schaumlöffel herausnehmen, auf Küchenpapier entfetten und abkühlen lassen. Ganz oder halbiert mit Mayonnaise zum Dippen servieren.

Bananen-Ahorn-Flip

Dieser köstliche Frühstücksdrink ist so gesund und reichhaltig, dass Sie gar nichts anderes mehr zu sich nehmen müssen. Da das Ei roh verwendet wird, muss es auf alle Fälle frisch sein, am besten von einem freilaufenden Huhn.

Zutaten für 1 Drink

1 kleine Banane, geschält und halbiert
50 g griechischer Joghurt
1 frisches Ei
2 EL Ahornsirup
1 TL Zitronensaft
2 Eiswürfel
1 dünne Orangenscheibe zum Garnieren (nach Belieben)

Tipp:
- Am besten stellen Sie das Glas kurz ins Gefrierfach.
- Wenn Ihr Mixer etwas schwach ist, sollten Sie die Eiswürfel vorher hacken.

1 Banane, Joghurt, Ei, Ahornsirup, Zitronensaft und Eiswürfel in den Mixer oder die Küchenmaschine geben.

2 Etwa 2 Minuten mixen, bis die Mischung ganz hell wird und anfängt zu schäumen.

3 In ein hohes, gekühltes Glas gießen. Nach Belieben mit der Orangenscheibe garnieren.

Variante:
Anstelle der Banane schmeckt auch eine sehr reife Mango.

Prärie-Auster

Basierend auf dem berühmten Drink für den Morgen danach, der meistens mit einer ganzen Menge Alkohol gemacht wird, zeigen wir Ihnen hier eine Variante ohne Alkohol. Wer möchte, kann natürlich etwas Cognac dazugeben. Da das Ei in diesem Drink roh verwendet wird, muss es unbedingt ganz frisch sein (siehe Hinweis unten).

Zutaten für 1 Drink

1 TL Worcestersauce
1 TL Weißweinessig
1 TL Ketchup oder Tomatensauce
1 ganzes Eigelb
Cayennepfeffer

Hinweis:
Kleinkinder und Babies sowie schwangere Frauen und Menschen mit einem geschwächten Immunsystem sollten keine rohen Eier oder Speisen und Getränke, die rohe Eier enthalten, zu sich nehmen. Es besteht immer die Gefahr von Salmonellen, die zu heftiger Lebensmittelvergiftung führen können. Diese Bakterien werden beim Erhitzen auf 60° zerstört.

1 Worcestersauce, Weißweinessig und Ketchup oder Tomatensauce in ein großes schmales Glas geben und mit einem langstieligen Löffel verrühren.

2 Das Eigelb vorsichtig in das Glas gleiten lassen, so dass es nicht kaputt geht. Nicht rühren. Etwas Cayennepfeffer darüber streuen und dann den Drink am besten in einem Zug austrinken.

Tipp:
Natürlich können Sie das Eigelb auch unter die anderen Zutaten rühren, wenn es Ihnen lieber ist.

Limonade

Zutaten für 2 Gläser

Einige lange Streifen Zitronenschale
5 EL Zitronensaft
50–70 g Zucker nach Geschmack
2 Eiweiß
300 ml kochendes Wasser
5 EL Sherry
Eiswürfel zum Servieren
Minze oder Zitronenmelisse zum Garnieren.

Tipp:
Versuchen Sie statt dem Sherry auch mal Madeira oder Wermut.

1 Zitronenschale, Zitronensaft, Zucker und Eiweiß in einer Schüssel mit dem Schneebesen schaumig schlagen.

2 Wasser dazugeben und nochmals 2 Minuten schlagen, bis der Zucker sich vollständig aufgelöst hat.

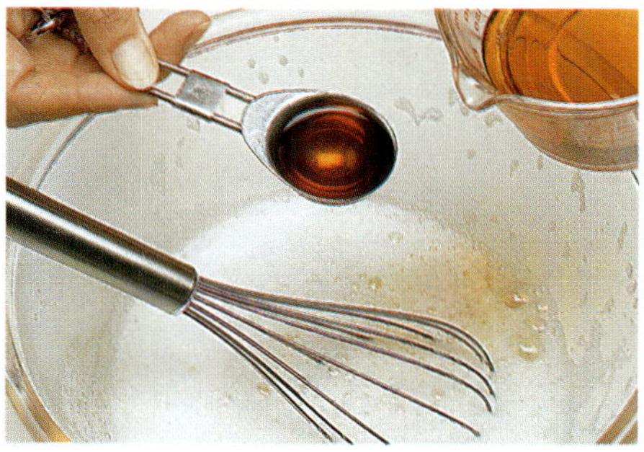

3 Sherry löffelweise dazugießen und jedesmal gut unterschlagen.

4 Mehrere Eiswürfel in 2 Gläser geben. Limonade hineingießen und die Gläser mit etwas Minze oder Zitronenmelisse garnieren.

Brandy-Ei-Cocktail

Für hartgesottene Nachteulen wirkt diese Mischung aus Eiern, Milch und Cognac wahre Wunder.

Zutaten für 4 Gläser

4 Eier, getrennt
2 EL brauner Zucker
120 ml Cognac
300 ml heiße Milch (nicht kochen!)
Muskatnuss

1 Eigelb und Zucker verrühren. Eiweiß steif schlagen.

2 Eischnee vorsichtig unter die Eigelbmasse heben und in vier hitzefeste Gläser füllen.

3 2 EL Cognac in jedes Glas zur Eiermischung gießen.

4 Gläser mit heißer Milch auffüllen. Muskatnuss darüber reiben und Drinks sofort servieren.

Tipp:
Dieser Drink schmeckt auch kalt. Verwenden Sie gekühlte Sahne statt der Milch. Mit Kakao oder fein geriebener Schokolade bestreuen.

Kalte Desserts

Zahlreiche klassische Nachspeisen bekommen durch Eier ihre cremige oder leichte Konsistenz. Die knusprige und zugleich weiche Struktur der Baiser-Beerentorte kommt vom Eischnee, der die Basis dieses Desserts ist. Auch das zarte und cremige kalte Zitronensoufflee mit Mandeln basiert auf Eischnee. Die Verbindung von geschlagenem Eiweiß und Eigelb ergibt üppige Köstlichkeiten wie die Mousse aus Bitterschokolade und die Schokoladen-Kastanien-Roulade. Viele kalte Nachspeisen enthalten Vanillesauce mit Ei als wichtigste Zutat. Die Bananen-Aprikosen-Creme mit Karamell enthält reichlich frische Vanillesauce, bei der Pflaumentarte mit Vanillecreme wird Obst mit Vanillesauce begossen und auf knusprigem Teig gebacken. Sie finden in diesem Kapitel auch Klassiker wie Crème Brulée und Crème Caramel.

Crème Brulée

Der Ursprung dieses Klassikers ist umstritten. Viele behaupten, dass Crème Brulée im 18. Jahrhundert in England erfunden wurde. Dort heißt sie heute noch *Baked Custard with burnt sugar.* Wie dem auch sei, dieses Dessert ist heute sehr beliebt und weit verbreitet.

Zutaten für 6 Personen

1 Vanilleschote
1 l Sahne
6 Eigelb
90 g Zucker
2 EL Mandel- oder Orangenlikör (nach Belieben)
75 g brauner Zucker

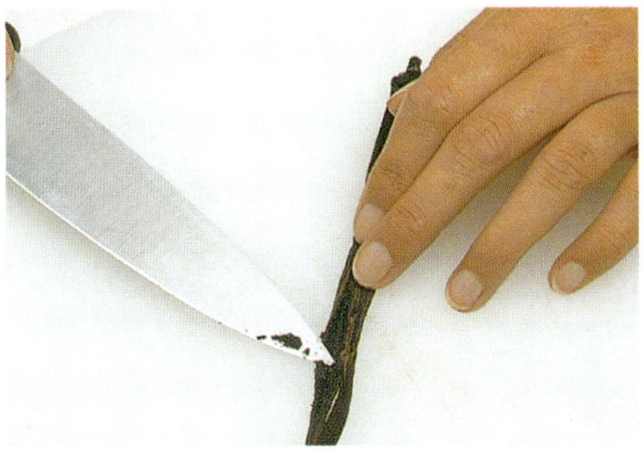

1 Backofen auf 150° / Umluft 140° / Gas Stufe 1 vorheizen. 6 ofenfeste Förmchen (Metall- oder Souffleeförmchen, 125 ml Inhalt) in eine flache ofenfeste Form stellen.

2 Vanilleschote aufschneiden, das Mark herauskratzen und in einen Topf geben. Sahne dazugeben und aufkochen lassen, gelegentlich rühren. Zugedeckt 15–20 Minuten beiseite stellen.

3 In einer Schüssel Eigelb, Zucker und Likör gut verrühren. Vanillesahne dazugeben, die Mischung durch ein Sieb in einen Messbecher gießen. Creme auf die Förmchen verteilen.

4 Soviel kochendes Wasser in die große Form gießen, dass es etwa bis zur halben Höhe der Förmchen reicht. Form mit Folie zudecken und 30 Minuten backen, bis die Creme fest wird. Für die Garprobe ein Messer in eine Creme stecken und wieder herausziehen. Bleibt nichts hängen, ist sie fertig. Förmchen aus der großen Form nehmen und abkühlen, wieder in die Form geben und kalt stellen.

5 Backofengrill vorheizen. Zucker gleichmäßig auf der Creme verteilen und dann 30–60 Sekunden unter den Grill stellen, bis der Zucker schmilzt und karamellisiert. Zucker darf nicht verbrennen. Crème Brulée im Kühlschrank kalt stellen.

Tipp:
Crème Brulée können Sie gut am Vortag zubereiten und über Nacht kaltstellen.

Pflaumentarte mit Vanillecreme

Machen Sie dieses Dessert am besten mit wirklich reifen, süßen Pflaumen. Ein perfektes Dessert, das übrigens auch warm schmeckt. Reichen Sie geschlagene Sahne oder Eis dazu.

2 Eine quadratische Tarteform (18 cm) oder eine runde Springform (20 cm Durchmesser) mit Mehl bestäuben. Teig ausrollen und die Form damit auslegen. Dann 10-20 Minuten kalt stellen.

3 Backofen auf 200° / Umluft 180° / Gas Stufe 3 vorheizen. Teig mit Backpapier und getrockneten Hülsenfrüchen zum Blindbacken belegen. 15 Minuten backen. Papier und Hülsenfrüchte entfernen, Ofen auf 180° runterschalten und 5-10 Minuten backen, bis der Teig trocken ist.

Zutaten für 4–6 Personen

175 g Mehl
1 Prise Salz
3 EL Zucker
120 g Butter
2 Eier und 2 Eigelb
350 g reife Pflaumen
300 ml Milch
einige Tropfen Vanilleessenz
getrocknete Hülsenfrüchte zum Blindbacken
Sahne oder Eis zum Servieren
geröstete Mandelblättchen
und Puderzucker zum Verzieren

1 Mehl, Salz, 1 EL Zucker, Butter und 1 Ei in der Küchenmaschine oder im Mixer gut miteinander vermischen. Diesen Teig auf eine saubere, mit etwas Mehl bestäubte Arbeitsfläche geben und zu einer Kugel kneten. Zugedeckt 10 Minuten beiseite stellen.

Variante:

Diese Tarte schmeckt auch hervorragend mit Aprikosen, Pfirsichen oder Nektarinen. Ersetzen Sie 1 EL Mehl durch gemahlene Mandeln.

4 Pflaumen halbieren und entsteinen. Dicht nebeneinander auf den Teig legen. 1 Ei und 2 Eigelb mit Zucker, Milch und Vanilleessenz vermischen und über die Pflaumen gießen.

5 Tarte wieder in den Ofen geben und 25-30 Minuten backen. Wenn die Vanillecreme gerade fest wird, die Tarte aus dem Ofen nehmen und abkühlen lassen. Mit gerösteten Mandelblättchen und etwas Puderzucker bestreuen. Jedes Stück mit Sahne oder einer Kugel Eis servieren.

Crème Caramel

Dieses Dessert gibt es in vielen europäischen Ländern, und überall hat es einen anderen Namen. In England heißt es Baked Caramel Custard, in Spanien Flan. Diese Creme schmeckt am besten mit reichlich Schlagsahne und Erdbeeren serviert.

Zutaten für 6–8 Personen

250 g Zucker
1 Vanilleschote oder 2 TL Vanilleessenz
120 ml Sahne
5 große Eier und 2 Eigelb
Schlagsahne und frische Erdbeeren zum Servieren

1 175 g Zucker in einen kleinen Topf geben. Nur soviel Wasser dazugeben, dass der Zucker gerade feucht ist. Bei starker Hitze aufkochen, dabei die Pfanne drehen und wenden, bis sich der Zucker aufgelöst hat. 5 Minuten ohne Rühren kochen, bis der Karamellsirup dunkelbraun ist.

2 Karamellsirup rasch in eine Souffleeform (1 l Inhalt) gießen. Die Form mit Topflappen festhalten und so drehen, dass sich das Karamell gleichmäßig auf dem Boden und an den Seiten der Form verteilt. Dann beiseite stellen und abkühlen lassen.

3 Backofen auf 160° / Umluft 150° / Gas Stufe 1 vorheizen. Vanilleschote mit einem kleinen Messer aufschneiden, das Mark herauskratzen und in einen Topf geben. Sahne dazugeben und bei mittlerer Hitze aufkochen lassen, gelegentlich rühren. Topf von der Platte nehmen und 20 Minuten zugedeckt beiseite stellen.

4 Eier und 2 Eigelb mit dem übrigen Zucker in einer Schüssel 2-3 Minuten rühren, bis die Mischung cremig ist.

5 Heiße Vanillesahne unterrühren. Diese Mischung in die Souffleeform mit dem Karamell geben und mit Folie zudecken.

Variante:

Für eine besondere Gelegenheit können Sie die Creme auf individuelle kleine Förmchen verteilen. 6–8 Förmchen mit der Karamellsauce auskleiden und die Creme auf alle Förmchen verteilen. Dann, wie hier beschrieben im Ofen garen, allerdings nur 25–30 Minuten. Erdbeeren halbieren und kurz in Zucker und Amaretto marinieren.

6 Form in eine Bratreine stellen und soviel Wasser dazugießen, dass es bis zur halben Höhe der Form reicht.

7 Creme 40-45 Minuten backen, bis sie gerade fest ist. Für die Garprobe ein Messer etwa 5 cm tief in die Creme stecken und herausziehen. Bleibt nichts hängen, ist die Creme fertig.

8 Form aus der Bratreine nehmen und mindestens 30 Minuten abkühlen lassen. Dann über Nacht im Kühlschrank kalt stellen.

9 Mit einem Messer zwischen Creme und Form entlangfahren, um die Creme von der Form zu lösen.

10 Form mit einem Teller zudecken. Teller und Form fest zusammenhalten und dann die Form stürzen, so dass die Creme auf dem Teller landet.

11 Form bewegen, so dass die Karamellsauce an den Seiten der Creme runterläuft. Form abheben, Creme auf Teller verteilen und mit Sahne und Erdbeeren servieren.

Zitronensoufflee mit Mandeln

Ein optisches Meisterwerk, das trotzdem leicht zu machen ist.
Dieses erfrischende kalte Soufflee ist ein wirklich fantastischer Abschluss eines feinen Menüs.

Zutaten für 6 Personen

Öl zum Einfetten
3 große Zitronen (Saft und abgeriebene Schale)
5 große Eier, getrennt
120 g Zucker
1 1/2 EL gemahlene Gelatine
450 ml Sahne

Für die Mandelhaube
75 g Mandelblättchen
75 g Puderzucker

1 Butterbrotpapier zu einem breiten Streifen zuschneiden, so dass es um eine Souffleeform mit 900 ml Inhalt passt und oben 7-8 cm über den Rand hinausragt. Papier an der Form festkleben und mit Klebeband am oberen Ende der Form festkleben.

2 Die überstehende Innenseite des Papierkragens mit etwas Öl bepinseln.

3 Zitronenschale und Eigelb in eine Schüssel geben. 75 g Zucker dazugeben und alles zu einer cremigen Masse verschlagen.

4 Zitronensaft in eine hitzefeste Schüssel geben. Gelatine darauf streuen. 5 Minuten beiseite stellen, dann die Schüssel in einen Topf mit kochendem Wasser hängen. Mischung unter Rühren erhitzen, bis die Gelatine sich aufgelöst hat. Kurz abkühlen, zur Eigelbmischung rühren.

5 In einer anderen Schüssel Sahne steif schlagen. Eigelbmischung unterrühren und beiseite stellen.

6 Eiweiß zu Schnee schlagen. Übrigen Zucker langsam dazurühren, bis der Eischnee glänzt. Eischnee rasch unter Eigelbmischung heben. In die vorbereitete Form gießen und 4-5 Stunden kühl stellen.

7 Für die Mandelhaube ein Backblech mit etwas Öl beträufeln. Grill vorheizen. Mandeln auf dem Blech verteilen und Puderzucker darüber sieben. Grillen, bis die Mandeln golden sind und der Zucker anfängt zu karamellisieren.

8 Abkühlen lassen, dann die Mandeln mit einem breiten Messer vom Blech nehmen und in Stücke brechen.

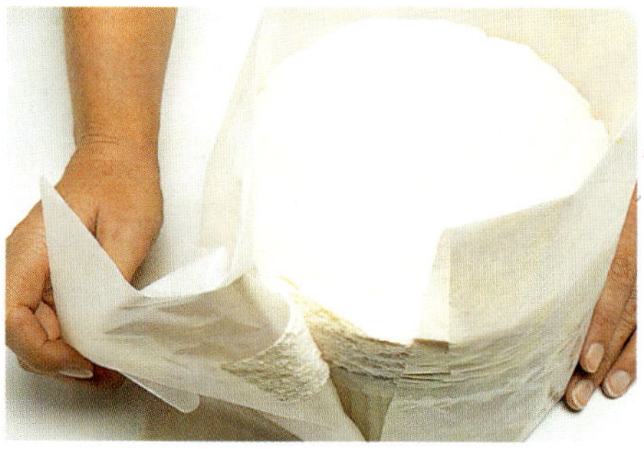

9 Wenn das Soufflee fest geworden ist, vorsichtig den Papierkragen entfernen. Eventuell ein Messer zwischen Soufflee und Kragen halten, damit es seine Form behält. Mandeln auf dem Soufflee verteilen und dann servieren.

Variante:
Dieses Soufflee schmeckt auch wunderbar, wenn es halbgefroren ist. Das Soufflee ohne die Mandeln etwa 1 Stunde in die Gefriertruhe stellen. Erst kurz vor dem Servieren herausholen und mit den Mandeln verzieren. Sie können anstelle der Zitronen auch Limetten verwenden.

Tipp:
Wer eine Mikrowelle hat, kann die Gelatine schneller auflösen: mit dem Zitronensaft hineinstellen und bei höchster Stufe in nur 30 Sekunden auflösen.

Passionsfruchtcreme

Diese Creme ist sehr leicht und zart und erhält durch die Passionsfrucht ein wunderbar fruchtiges Aroma.

Zutaten für 5–6 Personen

Butter zum Einfetten
600 ml Sahne
einige Tropfen Vanilleessenz
6 Passionsfrüchte
2–3 EL Zucker
5 Eier
1 EL Zitronensaft
geschlagene Sahne und Minze oder Zitronenmelisse zum Servieren

1 Backofen auf 180° / Umluft 160° / Gas Stufe 2 vorheizen. 6 Souffleeförmchen fetten, Böden mit Backpapier auslegen und in eine Bratreine stellen.

2 Sahne und Vanille aufkochen. 4 Passionsfrüchte durch ein Sieb drücken und mit Zucker, Eiern und Zitronensaft vermischen. Heiße Vanillesahne unterschlagen. In die Formen füllen und Bratreine halbhoch mit Wasser füllen.

3 30 Minuten backen, bis die Creme fest ist, dann etwas abkühlen lassen. Mit einem Messer zwischen Creme und Form entlangfahren.

4 Nochmals mit einem Messer am Rand der Form entlangfahren. Creme auf Teller stürzen. Backpapier entfernen und kalt stellen. Vor dem Servieren etwas Passionsfruchtfleisch und Minze auf die Creme geben.

Variante:
Sie können diese Creme auch warm direkt aus den Förmchen servieren. Förmchen auf einen Dessertteller stellen und pro Person 1/2 Passionsfrucht dazulegen.

Zitronensoufflee mit Mandeln

Ein optisches Meisterwerk, das trotzdem leicht zu machen ist.
Dieses erfrischende kalte Soufflee ist ein wirklich fantastischer Abschluss eines feinen Menüs.

Zutaten für 6 Personen

Öl zum Einfetten
3 große Zitronen (Saft und abgeriebene Schale)
5 große Eier, getrennt
120 g Zucker
1 1/2 EL gemahlene Gelatine
450 ml Sahne

Für die Mandelhaube
75 g Mandelblättchen
75 g Puderzucker

1 Butterbrotpapier zu einem breiten Streifen zuschneiden, so dass es um eine Souffleeform mit 900 ml Inhalt passt und oben 7-8 cm über den Rand hinausragt. Papier an der Form festkleben und mit Klebeband am oberen Ende der Form festkleben.

2 Die überstehende Innenseite des Papierkragens mit etwas Öl bepinseln.

3 Zitronenschale und Eigelb in eine Schüssel geben. 75 g Zucker dazugeben und alles zu einer cremigen Masse verschlagen.

Variante:
Dieses Soufflee schmeckt auch wunderbar, wenn es halbgefroren ist. Das Soufflee ohne die Mandeln etwa 1 Stunde in die Gefriertruhe stellen. Erst kurz vor dem Servieren herausholen und mit den Mandeln verzieren. Sie können anstelle der Zitronen auch Limetten verwenden.

4 Zitronensaft in eine hitzefeste Schüssel geben. Gelatine darauf streuen. 5 Minuten beiseite stellen, dann die Schüssel in einen Topf mit kochendem Wasser hängen. Mischung unter Rühren erhitzen, bis die Gelatine sich aufgelöst hat. Kurz abkühlen, zur Eigelbmischung rühren.

5 In einer anderen Schüssel Sahne steif schlagen. Eigelbmischung unterrühren und beiseite stellen.

6 Eiweiß zu Schnee schlagen. Übrigen Zucker langsam dazurühren, bis der Eischnee glänzt. Eischnee rasch unter Eigelbmischung heben. In die vorbereitete Form gießen und 4-5 Stunden kühl stellen.

7 Für die Mandelhaube ein Backblech mit etwas Öl beträufeln. Grill vorheizen. Mandeln auf dem Blech verteilen und Puderzucker darüber sieben. Grillen, bis die Mandeln golden sind und der Zucker anfängt zu karamellisieren.

8 Abkühlen lassen, dann die Mandeln mit einem breiten Messer vom Blech nehmen und in Stücke brechen.

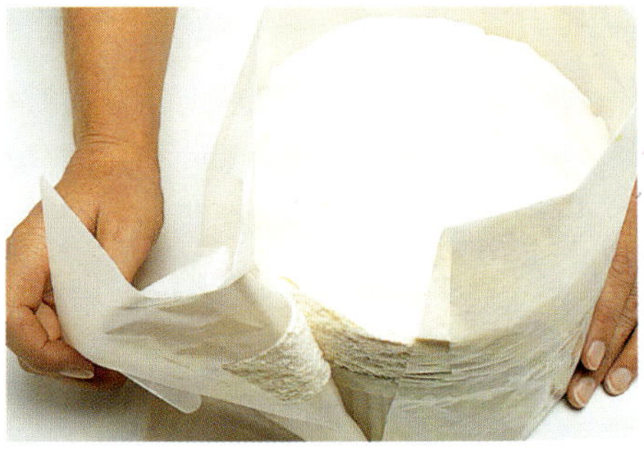

9 Wenn das Soufflee fest geworden ist, vorsichtig den Papierkragen entfernen. Eventuell ein Messer zwischen Soufflee und Kragen halten, damit es seine Form behält. Mandeln auf dem Soufflee verteilen und dann servieren.

Tipp:
Wer eine Mikrowelle hat, kann die Gelatine schneller auflösen: mit dem Zitronensaft hineinstellen und bei höchster Stufe in nur 30 Sekunden auflösen.

Karamellisierte Pfirsiche mit Baisers

Die kleinen Baisers mit Zimt passen wirklich perfekt zu den reifen Pfirsichen, die kurz unter dem Grill karamellisiert werden.

Zutaten für 6 Personen

2 Eiweiß
120 g brauner Zucker, davon 1 TL für die Pfirsiche
1 Prise Zimtpulver
6 reife Pfirsiche oder Nektarinen
1–2 EL Orangensaft
1 TL fein geriebene Orangenschale und Crème fraîche zum Servieren

1 Backofen auf 140° / Umluft 130° / Gas Stufe 1 vorheizen. Zwei Backbleche mit Backpapier auslegen.

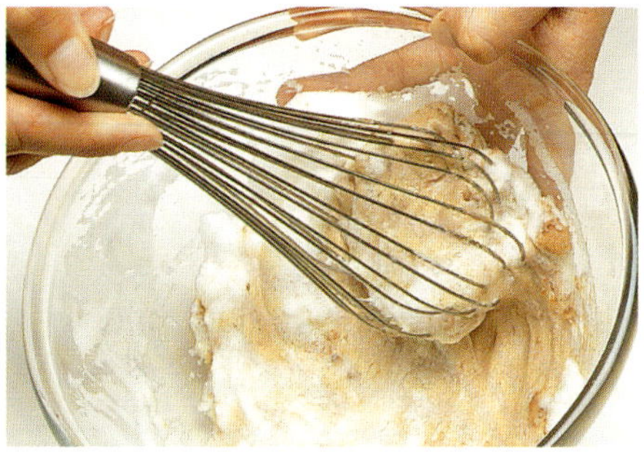

2 Eiweiß zu sehr steifem Schnee schlagen. Zucker und Zimt unterrühren, bis der Eischnee glänzt. Mit einem Löffel 18 kleine Häufchen auf die Bleche geben und 40 Minuten backen. Im Ofen abkühlen lassen.

3 Pfirsiche halbieren und entkernen. Die Schnittseiten mit Orangensaft bepinseln und etwas Zucker bestreuen. 4-5 Minuten unter dem Grill grillen, bis der Zucker anfängt zu karamellisieren.

4 Orangenschale mit 1 EL Orangensaft zur Crème fraîche rühren. Pfirsiche mit etwas Crème fraîche und 3 Baisers servieren.

Gefrorene Grand-Marnier-Soufflees

Leicht und luftig, fast wie Eiscreme, sind diese Soufflees ein wirklich krönender Abschluss eines Menüs. Rote Johannisbeeren sind besonders hübsch als Verzierung.

Zutaten für 8 Personen

200 g Zucker
6 große Eier, getrennt
250 ml Milch
1 EL gemahlene Gelatine, in 3 EL kaltem Wasser eingeweicht
450 ml Sahne
4 EL Grand Marnier

1 Butterbrotpapier doppelt gelegt um 8 hohe Dessertgläser oder Souffleeförmchen legen und mit etwas Klebeband befestigen. 75 g Zucker mit Eigelb verrühren, bis die Masse blass wird. Das dauert etwa 5 Minuten ohne und 3 Minuten mit dem Handrührgerät.

2 Milch bis fast zum Kochen erhitzen und unter Rühren zum Eigelb gießen. Mischung wieder in den Topf geben und bei schwacher Hitze zu einer dickflüssigen Creme kochen. Topf von der Platte ziehen. Gelatine in die Creme einrühren, Creme in eine Schüssel gießen und abkühlen lassen. Gelegentlich umrühren.

3 Übrigen Zucker mit 3 EL Wasser in einen Topf geben und bei schwacher Hitze schmelzen. Aufkochen und bei sehr starker Hitze kochen, bis Sirup daraus geworden ist. Von der Platte nehmen. Eiweiß in einer sauberen Schüssel zu Eischnee schlagen. Heißen Sirup unter ständigem Rühren zum Eischnee geben. Abkühlen lassen.

Tipp:
Um festzustellen, ob aus Zucker Sirup geworden ist, nimmt man einen Löffel von der Mischung und lässt sie in ein Glas mit kaltem Wasser fallen. Wenn sie sich zu einem Ball formt, ist der Sirup fertig.

4 Grand Marnier zur abgekühlten Creme geben. Sahne steif schlagen. Sahne, Creme und Eischnee-Karamell-Mischung verrühren und auf die Gläser verteilen. Über Nacht in die Gefriertruhe stellen. Papierkragen entfernen und 15 Minuten bei Zimmertemperatur stehen lassen, dann servieren.

Mousse mit heißer Ananas

Diese himmlische Kombination von Kokos und Ananas erinnert an Sonne, Meer, Strand und exotische Inseln. Sie können den Likör auch durch Orangensaft ersetzen.

Zutaten für 6–8 Personen

4 große Eier, getrennt
1/2 TL Vanilleessenz
75 g Zucker
175 ml Milch
6 EL Kokosmilch
1 1/2 Päckchen Gelatinepulver
6 EL Kokoslikör
275 ml Sahne
120 g frische Ananas, kleingeschnitten,
Saft aufheben
und Ananasstücke zum Verzieren
6–7 EL Ananaskonfitüre

1 Um eine Souffleeform von 1,2 l Inhalt einen Kragen aus Butterbrotpapier legen und befestigen (siehe Tipp).

2 Eigelb, Vanille und Zucker zusammenschlagen. Milch und Kokosmilch aufkochen, über die Eigelbmischung gießen und alles wieder in den Topf geben. Bei mittlerer Hitze weiterrühren, bis die Creme zähflüssig ist. Gelatine darüber streuen, 20 Sekunden warten, dann unterrühren, bis sie sich aufgelöst hat.

Tipp:
Schneiden Sie ein Stück Butterbrotpapier von 20 cm Breite so zurecht, dass es einmal um die Form passt. Längs falten, dann ein Ende an der Form festkleben und das Papier straff herumführen. Anderes Ende auch festkleben.

3 Likör zur Creme rühren, Topf dann in eine Schüssel mit Eiswürfeln stellen. Sahne steif schlagen und in einer anderen Schüssel Eiweiß zu Eischnee schlagen. Beides vorsichtig unter die Creme heben. Die Mischung in die Souffleeform löffeln und 2 Stunden ruhen lassen. Die Mousse vor dem Servieren 2-3 Stunden kalt stellen.

4 Ananas und Ananaskonfitüre mit 2-3 EL Wasser erhitzen und diese Sauce 2-3 Minuten kochen, bis sie heiß ist. Zum Servieren Papierkragen entfernen und geröstete Kokosraspel vorsichtig an die Seiten der Mousse drücken. Mousse mit etwas frischer Ananas dekorieren und mit der heißen Sauce begießen.

Bananen-Aprikosen-Creme mit Karamell

Dieses köstliche Dessert wird mit Ingwerkuchen gemacht. Sie sind hier aber ganz frei und können einfach Ihren Lieblingskuchen verwenden. Gekrönt wird das Dessert mit reichlich geschlagener Sahne.

Zutaten für 6–8 Personen

300 ml Milch
1 Vanilleschote oder 4–5 ml Vanilleessenz
3 EL Zucker
4 TL Speisestärke
3 Eigelb
1/4 Päckchen Aprikosengelee
4 EL Aprikosenkonfitüre
200 g Ingwerkuchen, in Würfel geschnitten
3 Bananen, in Scheiben geschnitten
(1/3 beiseite stellen für die Garnierung)
120 g Zucker
300 ml Sahne
etwas Zitronensaft

1 Milch in einen kleinen Topf geben. Vanilleschote aufschneiden und das Mark herauskratzen. Vanillemark zur Milch geben.

2 Die Schote ebenfalls in die Milch geben, Milch kurz aufkochen lassen, dann den Topf von der Platte nehmen. Wenn die Milch etwas abgekühlt ist, Schote entfernen.

Tipp:
Madeirakuchen mit seinem Zitronengeschmack ist eine feine Alternative zum Ingwerkuchen. Zitronenkuchen sollten Sie mit Erdbeergelee und Himbeermarmelade kombinieren. Schokoladenkuchen schmeckt am besten mit Zitronengelee und Pfirsichkonfitüre.

3 Zucker, Speisestärke und Eier zu einer cremigen Masse schlagen. Milch unterschlagen, dann alles wieder in den Topf geben. Bis zum Siedepunkt erhitzen, dabei immer rühren. Dann bei schwacher Hitze köcheln, bis die Creme zähflüssig ist.

4 Mischung mit Küchenfolie zugedeckt abkühlen lassen. Folie fest auf die Creme drücken, damit sich keine Haut bildet.

5 Aprikosengelee, Konfitüre und 4 EL Wasser in einen kleinen Topf geben und erhitzen, bis das Gelee sich auflöst. Beiseite stellen und etwas abkühlen, aber nicht festwerden lassen.

6 Kuchenwürfel in eine Schüssel geben. Geleemischung darüberlöffeln. 2/3 Bananenscheiben dazu, dann die Vanillesauce. 1-2 Stunden kaltstellen.

7 Zucker in einem kleinen Topf mit 4 EL Wasser schmelzen. Wenn er sich aufgelöst hat, kochen lassen, bis er goldbraun ist. Sofort auf ein Stück Folie gießen und hart werden lassen. Dann in Stücke brechen.

8 Sahne steif schlagen und über die Vanillesauce geben. Mindestens 2 Stunden kühl stellen. Übrige Banane mit Zitronensaft beträufeln und auf die Vanillesauce geben, dann die Karamellstücke dazugeben.

Baisers in Vanillesauce

Der französische Name für dieses herrliche Dessert ist Œufs à la Neige, das heißt Schneeeier. In England heißt es Floating Islands. Ursprünglich wurden die Baisers in Milch pochiert, die dann für die Vanillesauce verwendet wurde. Wir verwenden Wasser zum Pochieren, was das Dessert ein bisschen leichter macht.

Zutaten für 4–6 Personen

1 Vanilleschote
600 ml Milch
8 Eigelb
50 g Zucker

Für die Baisers
4 große Eiweiß
1/4 TL Weinstein
220 g Zucker
Für das Karamell
150 g Zucker

1 Vanilleschote mit einem spitzen Messer längs aufschneiden und das Mark in einen Topf kratzen, Schote dazugeben. Milch unterrühren und bei mittlerer Hitze unter Rühren zum Kochen bringen. Topf von der Platte nehmen und zugedeckt beiseite stellen. 15-20 Minuten abkühlen lassen.

2 Eigelb und Zucker in einer Schüssel schlagen, bis sie cremig sind. Vanilleschote aus der Milch nehmen, Milch unter die Eimischung schlagen und alles wieder in den Topf geben.

3 Die Creme mit einem Holzlöffel bei mittlerer Hitze schlagen, bis sie eindickt und am Löffel hängen bleibt. Nicht aufkochen, sonst gerinnt die Sauce!

4 Sauce in eine kalte Schüssel sieben, abkühlen lassen, dabei ab und zu rühren. Bis zum Servieren kalt stellen.

5 Eine Pfanne halbvoll mit Wasser füllen und dieses zum Sieden bringen. In einer sauberen Schüssel Eiweiß zu Eischnee schlagen. Weinstein dazugeben und bei höherer Stufe weiterschlagen, bis das Eiweiß richtig steif ist. Zucker esslöffelweise dazugeben und untermischen, bis das Eiweiß glänzt.

6 Mit 2 Esslöffeln eiförmige Häufchen formen und nacheinander ins Wasser gleiten lassen. Jeweils 2-3 Minuten pochieren, dabei einmal wenden. Die Baisers sollen gerade fest sein. Baisers mit einem Schaumlöffel herausnehmen und auf einem Backblech mit Küchenpapier trocknen lassen.

7 Kalte Vanillesauce in flache Servierteller gießen und die Baisers darauf anrichten.

8 Für das Karamell Zucker mit 3 EL Wasser in einen kleinen Topf geben. Bei starker Hitze zum Kochen bringen, dabei den Topf drehen, so dass der Zucker sich auflöst. Erst aufkochen, wenn der Zucker sich komplett aufgelöst hat, dann ohne Rühren kochen, bis der Sirup karamellfarben ist.

9 Karamell rasch - bevor es fest wird - in einem dekorativen Muster über die Baisers und die Vanillesauce gießen.

Tipp:
Geben Sie das Karamell erst kurz vor dem Servieren über das Dessert, sonst wird es wieder weich. Wenn Sie keine Vanilleschote haben, können Sie 1 TL Vanilleessenz verwenden.

Baiser-Beerentorte

Dieses Dessert sieht eindrucksvoll aus, schmeckt traumhaft und ist dabei wirklich einfach zu machen. Köstlich mit roten und schwarzen Sommerbeeren und reichlich Schlagsahne!

Zutaten für 4 Personen

4 Eiweiß
1 Prise Salz
220 g Zucker
1 TL Speisestärke
1 EL Rosenwasser
300 ml Sahne
450 g gemischte Beeren, z. B. Himbeeren, Johannisbeeren, Heidelbeeren, Erdbeeren
2 EL Puderzucker, gesiebt

1 Backofen auf 140° / Umluft 130° / Gas Stufe 1 vorheizen. Aus Backpapier einen Kreis schneiden und auf ein Backblech legen.

2 Eiweiß mit einer Prise Salz in einer sauberen Schüssel zu Eischnee schlagen. Langsam fast den ganzen Zucker hinzufügen, dabei immer rühren, bis die Mischung richtig steif ist und glänzt.

3 Speisestärke darüber sieben, dann den Rest vom Zucker dazugeben und rasch unterschlagen.

4 Baisermischung mit einem Löffel auf das Backpapier geben, dabei in der Mitte eine kleine Einbuchtung lassen, die Ränder nicht ganz ausfüllen.

5 1 Stunde backen. Danach öfter prüfen, ob das Baiser nicht braun wird. Nach höchstens 30 weiteren Minuten sollte es fest sein.

6 Baiser abkühlen lassen, dann vorsichtig das Backpapier vom Boden abziehen. Baiser auf eine Servierplatte geben.

7 Für die Füllung Sahne steif schlagen und mit dem Rosenwasser mischen. In die Mitte des Baisers geben. Die Beeren obenauf platzieren und mit Puderzucker bestäuben. Sofort servieren.

Tipps:
- Das Baiser können Sie vorher machen und in der Gefriertruhe aufheben.
- Wenn Sie das nächste Mal ein Rezept anwenden, für das man nur Eigelb braucht, frieren Sie das Eiweiß ein für dieses Rezept.

Klassische Zitronentarte

In diesem Rezept hat das Eigelb auch eine wichtige Funktion für die Optik, denn es gilt - je gelber, desto besser! Die Zitronentarte schmeckt warm genauso wie gut gekühlt. Sie ist wirklich sehr zitronig, also servieren Sie sie am besten mit gesüßter Sahne oder Vanilleeis.

Zutaten für 8 Personen

150 g Mehl
50 g Haselnüsse, geröstet und fein gemahlen
175 g Zucker
120 g Butter
4 Eier
2 Zitronen (fein abgeriebene Schale und mindestens 175 ml Saft)
150 ml Sahne
getrocknete Hülsenfrüchte zum Blindbacken

Tipp:
Diesen etwas brüchigen Teig sollten Sie am besten direkt über dem Springformboden ausrollen und dann die Seiten damit auskleiden.

1 Mehl, Nüsse und 2 EL Zucker vermischen, dann Butter unterarbeiten. Bei Bedarf 1-2 EL Wasser dazugeben, damit der Teig weich wird. 10 Minuten kalt stellen. Teig ausrollen und eine Springform damit auslegen. Sie können den Teig mit den Fingern in der Form zurechtdrücken. 20 Minuten kaltstellen. Ofen auf 200° / Umluft 180° / Gas Stufe 3 vorheizen.

2 Teigboden mit Backpapier und getrockneten Hülsenfrüchten belegen. 15 Minuten blindbacken. Papier und Hülsenfrüchte entfernen und Teig in 5-10 Minuten knusprig backen.

3 Eier, Zitronenschale und -saft mit dem übrigen Zucker und der Sahne schlagen, bis alles vermischt ist. Zum Teig geben und 30 Minuten backen.

Apfelschnee mit Rosenblättern

Dies ist ein leichtes und erfrischendes Dessert, das Sie am besten machen, wenn die Obstbäume nur so mit Äpfeln überquellen. Die Rosenblätter geben ein feines Extraaroma, Sie können aber auch Lavendel oder andere essbare Blütenblätter zum Verzieren nehmen.

Zutaten für 4 Personen

2 große Kochäpfel
150 g guter Apfelsaft
1 TL Rosenwasser
2 Eiweiß
75 g Zucker
einige Rosenblätter
4 Waffelrollen oder knusprige Lieblingskekse zum Servieren

Tipp:
Hier wird das Eiweiß roh verwendet, Sie können stattdessen auch eine gekochte Baiser-Mischung nehmen.

1 Äpfel schälen, klein schneiden und im Apfelsaft weich kochen. Durchsieben, Rosenwasser dazugeben, abkühlen.

2 Eiweiß steif schlagen. Zucker unterheben. Apfelmus und Eiwei mischen. Einige Rosenblätter unterheben.

3 Apfelschnee in 4 Gläser geben und kalt stellen. Mit übrigen Blütenblättern und Keksen garnieren und servieren.

Variante:
Mischen Sie die Apfelcreme mit je 150 ml Vanillesauce und geschlagener Sahne – köstlich!

Mango-Mandarinen-Sorbet

Mango ist einfach die perfekte Frucht für Sorbets! Versuchen Sie, gelbe Mangos aus Indien zu bekommen, sie gehören mit zu den besten Mangos und sind sehr aromatisch.

Zutaten für 450 ml Sorbet

4 Mandarinen
1 Zitrone
90 g Zucker
1 große reife Mango
3 Eiweiß
frische Himbeeren zum Servieren (nach Belieben)

Tipp:
Vorsicht mit heißem Sirup, Spritzer können Brandblasen verursachen.

Variante:
Für ganz besondere Gäste können Sie das Sorbet in Schokoladenförmchen servieren. Ebenfalls mit Beeren garnieren.

1 Mandarinen- und Zitronensaft in einen kleinen Topf pressen. Zucker unterrühren.

2 Mischung unter Rühren sanft bis zum Siedepunkt erhitzen. Unter Rühren sieden lassen, bis die Mischung zähflüssig wie ein Sirup wird. Dann den Topf von der Platte nehmen und Sirup etwas abkühlen lassen.

3 Mango im Mixer pürieren und den Sirup dazugeben. Eiweiß zu Eischnee schlagen und unter das Püree heben. Mischung 3-4 Stunden in das Gefrierfach geben, alle 30 Minuten durchrühren.

4 Sorbet sofort servieren. Nach Belieben mit Himbeeren garnieren.

Vanilleeis

Dieses klassische Vanilleeis schmeckt einfach fantastisch. Sie können es sowohl pur servieren als auch mit heißer Schokoladensauce übergossen.

Zutaten für 750 ml Eis

300 ml Sahne
1 Vanilleschote
3 Eigelb
3 EL Zucker
2 TL Speisestärke
300 ml Sahne, geschlagen

Variante:
Für Schokoladeneis geben Sie 175 g geschmolzene Bitterschokolade und 2 EL Kakaopulver zur Vanillesauce.

1 Sahne in einen kleinen Topf geben, Vanilleschote aufschneiden und Mark herauskratzen. Mark und Schote zur Milch geben. Knapp aufkochen lassen, dann die Platte abschalten.

2 Eier, Zucker und Speisestärke zu einer cremigen Masse verrühren. Vanilleschote herausnehmen und die Creme zur Eimischung rühren. Mischung in den Topf geben und unter Rühren aufköcheln. Sanft köcheln, bis die Vanillesauce etwas zähflüssig wird.

3 Vanillesauce vollständig abkühlen lassen, dann mit dem Schneebesen durchschlagen, geschlagene Sahne unterheben. Alles in eine gefrierfeste Dose geben und 2-3 Stunden im Gefrierfach lassen, dabei 2-3mal umrühren.

Himbeerroulade mit Baiserhülle

Dieses Dessert zergeht wirklich auf der Zunge! Feinste Vanillecreme und Himbeeren, umhüllt von zartem Baiser - dies ist ein absolutes Highlight nach einem schönen Menü. Und es ist wirklich leicht zu machen.

Zutaten für 6–8 Personen

2 EL Speisestärke
220 g Zucker
4 Eiweiß (Zimmertemperatur)
Puderzucker, gesiebt
300 ml Sahne
einige Tropfen Vanilleessenz
175 g Himbeeren, teilgefroren und Himbeeren zum Servieren

1 Eine 33 x 23 cm große eckige Backform mit Backpapier auslegen. Speisestärke in eine Schüssel sieben und mit dem Zucker vermischen.

2 Mit einem Handrührgerät Eiweiß in einer sauberen Schüssel zu Eischnee schlagen. Nicht zu lange schlagen, sonst wird der Eischnee krümelig.

3 Zucker löffelweise einrühren, bis der Eischnee richtig schön glänzt.

4 Mischung in die Backform geben, Oberfläche glatt streichen. In den kalten Backofen stellen, auf 150° / Umluft 140° / Gas Stufe 1 stellen. 1 Stunde backen, bis das Baiser außen knusprig ist. Wenn das Baiser leicht bräunt, die Temperatur etwas reduzieren.

5 Baiser auf doppelt gelegtes, mit Puderzucker bestreutes Butterbrotpapier legen und abkühlen.

6 Inzwischen Sahne mit Vanilleessenz schlagen. Die halbgefrorenen Himbeeren unterheben. Diese Mischung bis zum Gebrauch einfrieren.

7 Wenn das Baiser abgekühlt ist, die Sahnemischung darauf streichen. Dann Baiser mit Hilfe des Papiers vorsichtig aufrollen. Etwa 1 Stunde vor dem Servieren ins Gefrierfach geben. Dann mit Himbeeren und etwas Puderzucker bestreut servieren.

Tipp:
Sie können die Creme für die Füllung mit Likör oder Zitronensaft geschmacklich verändern.

Schokoladen-Kastanien-Roulade

Diese wunderbare Verbindung von intensiven Aromen ist eine ziemlich üppige Nachspeise. Servieren Sie sie gut gekühlt und in dünne Scheiben geschnitten.

Zutaten für 10–12 Personen

Öl zum Einfetten
170 g Bitterschokolade, gehackt
2 EL ungesüßtes Kakaopulver, gesiebt und Kakaopulver zum Bestäuben
50 ml frisch gekochter Espresso
6 Eier, getrennt
6 EL Zucker
1 Prise Weinstein
1 TL Vanilleessenz
glacierte Maronen zum Verzieren

Für die Füllung
475 ml Sahne
2 EL Kaffeelikör
350 g gesüßtes Kastanienpüree
120 g Bitterschokolade, gerieben
Schlagsahne zum Servieren

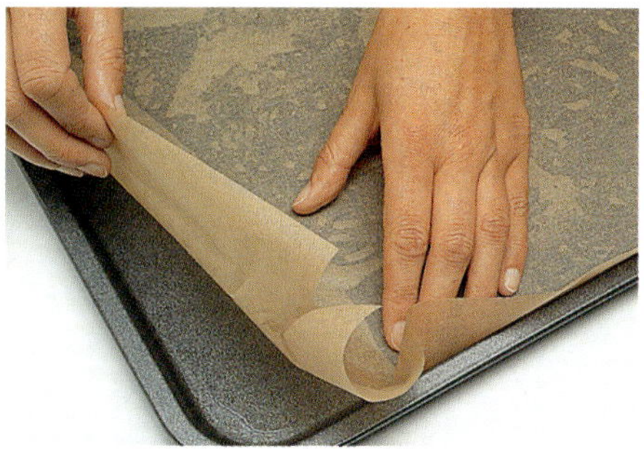

1 Backofen auf 180° / Umluft 160° / Gas Stufe 2 vorheizen. Ein 27 x 39 cm großes Backblech einölen und mit Backpapier auslegen. Dieses soll etwa 2,5 cm überhängen.

2 Schokolade im Wasserbad bei schwacher Hitze schmelzen, ab und zu rühren. Beiseite stellen. Kakaopulver im heißen Espresso auflösen. Zu einer glatten Creme rühren.

Tipp:
Eischnee sollten Sie immer als letztes zubereiten, da er schnell weiterverwendet werden muss, damit er nicht wieder zusammenfällt.

3 Eigelb mit 3 EL Zucker in einer Schüssel 3-5 Minuten schaumig schlagen. Langsam die geschmolzene Schokolade und die Kakao-Kaffee-Creme unterschlagen, nur so lange rühren, bis alles gerade vermischt ist.

4 In einer anderen Schüssel Eiweiß mit Weinstein zu Eischnee schlagen. 3 EL Zucker in 2 Portionen dazugeben und unterschlagen, bis der Eischnee glänzt. Dann Vanilleessenz dazurühren.

5 Etwas Eischnee unter die Schokoladenmischung heben, dann den übrigen Eischnee unterheben.

6 Die Mischung auf das Backblech geben und die Oberfläche glatt streichen. 20-25 Minuten backen.

7 Inzwischen ein sauberes Küchentuch mit dem Kakao bestäuben. Sobald der Kuchen fertig ist, vorsichtig auf dem Küchentuch auslegen und das Backpapier abziehen. Kuchen vom schmalen Ende her aufrollen und mit dem Küchentuch zusammenhalten. Abkühlen lassen.

8 Für die Füllung Sahne mit dem Likör steif schlagen. Etwas Sahne unter das Kastanienpüree heben, dann den Rest der Sahne und den Großteil der geriebenen Schokolade auch unterheben. 1/4 der Mischung beiseite stellen.

9 Roulade vorsichtig entrollen und mit der Füllung bestreichen. Etwa 2,5 cm Rand frei lassen. Mit Hilfe des Küchentuches wieder aufrollen.

10 Roulade auf eine Servierplatte geben. Übriges Kastanienpüree in einen Spritzbeutel geben und damit Rosetten auf die Roulade spritzen. Mit Kakaopulver bestreuen, mit glacierten Maronen und Schokoraspeln verzieren.

Mousse aus Bitterschokolade

Mousse - ein absoluter Klassiker unter den französischen Nachspeisen. Die köstliche Creme ist einfach gemacht und lässt sich vorher zubereiten, was sie zum perfekten Partymitbringsel macht. Nehmen Sie für dieses Rezept die dunkelste Schokolade, die Sie finden können.

Zutaten für 8 Personen

230 g wirklich gute Bitterschokolade, gehackt
4 EL Wasser
2 EL Orangenlikör oder Cognac
2 EL Butter, kleingeschnitten
4 Eier, getrennt
6 EL Schlagsahne
1/4 TL Weinstein
3 EL Zucker
Crème fraîche und Schokostreusel (nach Belieben) zum Servieren

1 Schokolade und Wasser in einen Topf geben. Schokolade bei schwacher Hitze unter Rühren schmelzen. Topf von der Platte nehmen, Likör oder Cognac und Butter einrühren. Eigelb etwa 3 Minuten schaumig schlagen, dann langsam unter die geschmolzene Schokolade rühren. Beiseite stellen.

2 Schlagsahne steif schlagen, ein bisschen Sahne unter die Schokolade rühren. Dann den Rest Sahne auch unterheben.

3 Eiweiß in einer sauberen Schüssel mit dem Handrührgerät steif schlagen. Weinstein dazugeben und bei höherer Stufe weiterschlagen, bis das Eiweiß zu festem Eischnee geworden ist. Zucker nach und nach darüber streuen und unterschlagen, bis der Eischnee glänzt.

4 Mit einem großen Metalllöffel 1/4 Eischnee unter die Schokolade heben, dann den übrigen Eischnee auch vorsichtig unterheben, nicht heftig rühren. Wenn sich Eischnee und Schokolade weitestgehend vermischt haben, die Masse vorsichtig in eine Form von 2 l Inhalt oder 8 individuelle kleine Förmchen geben. Mindestens 2 Stunden kalt stellen, bis die Mousse fest geworden ist.

5 Zum Servieren Crème fraîche auf die Mousse geben und nach Belieben mit Schokostreuseln garnieren.

Kaffee-Profiteroles

Diese köstlichen Windbeutel sind mit geschlagener Sahne gefüllt und mit weißer Schokoladensauce gekrönt, eine unwiderstehliche Kombination.

Zutaten für 6 Personen

65 g Mehl
1 Prise Salz
50 g Butter
150 ml frischer Kaffee
2 Eier, leicht geschlagen
250 ml Sahne

Für die weiße Schokoladensauce
50 g Zucker
150 g weiße Schokolade, in Stücke gebrochen
2 EL Butter
3 EL Sahne
2 EL Kaffeelikör, z. B. Tia Maria

1 Backofen auf 220° / Umluft 200° / Gas Stufe 4 vorheizen. Mehl und Salz auf etwas Butterbrotpapier sieben.

2 Butter klein schneiden und mit dem Kaffee in einen Topf geben. Aufkochen lassen, dann Topf von der Platte ziehen und das gesiebte Mehl auf einmal hineingeben. Hart schlagen, bis sich die Mischung zu einer Kugel formt und vom Topfrand löst. 5 Minuten abkühlen lassen.

3 Nach und nach die Eier hinzugeben und gut unterschlagen, bis die Mischung schwerreißend ist. Mischung in einen Spritzbeutel mit einer 1 cm großen glatten Tülle füllen.

4 24 Häufchen auf ein angefeuchtetes Backblech spritzen, viel Platz dazwischen lassen. 20 Minuten backen, bis sie aufgegangen und knusprig sind.

5 Windbeutel seitlich mit einem scharfen Messer einschneiden, damit Dampf entweichen kann.

6 Für die Sauce Zucker und 100 ml Wasser in einen Topf geben und sanft erhitzen, bis der Zucker vollständig aufgelöst ist. Aufkochen und 3 Minuten kochen lassen.

7 Topf von der Platte nehmen, weiße Schokolade und Butter unterrühren, bis die Masse glatt ist. Sahne und Likör dazugeben.

8 Sahne sehr steif schlagen und in einen Spritzbeutel füllen. Windbeutel durch die Schlitze in der Seite mit Sahne füllen. Auf individuellen Dessertellern verteilen und etwas Sauce über jedes Profiterole geben. Die übrige Sauce in einer Schale dazustellen.

Warme Desserts

Gibt es etwas Schöneres, als ein köstliches Menü mit einem warmen Nachtisch abzuschließen? Klassiker wie Sauerkirsch-Clafoutis aus Frankreich oder Schokoladentörtchen mit Rum-Vanillesauce sind wunderbare Desserts an kalten Winterabenden. Warme, schaumige Zabaglione und das Beerensabayon sind etwas leichtere Köstlichkeiten. Auch Kinder lieben warme Nachspeisen, und Sie finden hier Rezepte ohne Alkohol, die garantiert auch den Erwachsenen schmecken. Aprikosen-Panettone-Auflauf und Rhababertarte mit Baiser werden schon bald zu den Lieblingsdesserts Ihrer Familie gehören.

Pflaumentarte mit Vanillesauce

Pflaumen und Armagnac passen einfach perfekt zusammen! Falls Sie die Tarte auch für Kinder machen, ersetzen Sie den Armagnac durch Orangensaft.

Zutaten für 6–8 Personen

220 g entsteinte Trockenpflaumen
50 ml Armagnac oder anderer Cognac
175 g Mehl, gesiebt und Mehl zum Bestäuben
1 Prise Salz
90 g Zucker
120 g Butter (Zimmertemperatur)
1 Ei, getrennt und 4 Eigelb
getrocknete Hülsenfrüchte zum Blindbacken
300 ml Milch
etwas Vanilleessenz
2 EL Speisestärke
3 EL Mandelblättchen
Puderzucker, gesiebt
geschlagene Sahne zum Servieren

1 Trockenpflaumen im Armagnac einweichen. Dazu beides in eine Schüssel geben und diese warm stellen.

2 Backofen auf 200° / Umluft 180° / Gas Stufe 3 vorheizen. Mehl, Salz, 50 g Zucker, Butter und das Ei (bis auf 1 EL Eiweiß) in einem Mixer oder in der Küchenmaschine gut vermixen.

3 Teig auf eine mit Mehl bestäubten Arbeitsfläche geben, zu einer Kugel formen. 10 Minuten ruhen lassen.

4 Teig ausrollen. Eine 18 x 28 cm große Backform mit dem Teig aus legen, dabei mit den Fingern nachhelfen, der Teig ist weich genug zum Formen. 10–20 Minuten kalt stellen.

5 Teigboden mit Backpapier und getrockneten Hülsenfrüchten belegen. 15 Minuten backen. Papier und Hülsenfrüchte entfernen und 10–15 Minuten backen. Teigboden noch heiß mit dem übrigen Eiweiß einpinseln. Beiseite stellen und abkühlen lassen.

6 Milch und Vanilleessenz aufkochen lassen. In einer Schüssel Eigelb und 40 g Zucker schaumig rühren, dann die Speisestärke unterrühren. Die Milch durch ein Sieb dazugießen und schlagen, bis alle Klümpchen weg sind.

7 Mischung in den Topf geben und unter Rühren aufkochen. Etwa 2 Minuten kochen, bis sie glatt und cremig ist, dann zum Abkühlen beiseite stellen. Klarsichtfolie auf die Creme drücken, damit sich keine Haut bildet.

8 Einweichflüssigkeit von den Pflaumen zur Creme geben, dann Creme auf dem Teigboden verteilen. Pflaumen darauf geben, Mandelblättchen und Puderzucker darüber streuen und nochmals 10 Minuten backen, bis die Mandeln golden sind. Tarte nur kurz abkühlen, heiß oder warm mit Schlagsahne servieren.

Sauerkirsch-Clafoutis

Dieser feine Auflauf kommt aus Zentralfrankreich. Er wird auch häufig mit Sahne zubereitet, in diesem Rezept verwenden wir Milch. Anstelle der Sauerkirschen können Sie auch andere weiche Früchte nehmen.

Zutaten für 6 Personen

Butter zum Einfetten
450 g Sauerkirschen, entsteint
2 1/2 EL Mehl
50 g Puderzucker, gesiebt
und Puderzucker zum Bestäuben
4 Eier, geschlagen
250 ml Vollmilch
2 EL Kirschlikör, z. B. Maraschino

1 Backofen auf 180° / Umluft 160° / Gas Stufe 2 vorheizen. Form mit 1,2 l Inhalt fetten, Kirschen hineingeben.

2 Mehl und Puderzucker in eine große Rührschüssel sieben, dann langsam die Eier unterschlagen, bis die Mischung glatt ist. Milch gut unterschlagen, dann Likör dazugeben.

3 Die Teigmischung in die Form gießen. Im Backofen etwa 40 Minuten backen, bis die Oberfläche fest ist und goldbraun. Für die Garprobe ein Messer in das Clafoutis stechen und herausziehen: Bleibt nichts hängen, ist das Clafoutis fertig.

4 Mindestens 15 Minuten abkühlen lassen. Kurz vor dem Servieren mit Puderzucker bestäuben. Es schmeckt warm und auch lauwarm.

Variante:

Das Clafoutis schmeckt auch mit Mandel-, Himbeer- und Orangenlikör. Statt der Sauerkirschen können Sie auch Heidelbeeren, Pflaumen oder Aprikosen nehmen.

Erdbeeromelett

Dieses attraktive Dessert ist nicht nur unkompliziert, es geht auch ausgesprochen schnell. Das cremig-schaumige Omelett wird mit Erdbeeren gefüllt und mit Puderzucker bestäubt.

Zutaten für 2 Personen

75 g Erdbeeren, geputzt
3 EL Kirschlikör, Cognac oder Cointreau
3 Eier, getrennt
2 EL Zucker
3 EL Sahne, geschlagen
einige Tropfen Vanilleessenz
2 EL Butter
Puderzucker, gesiebt

1 Erdbeeren halbieren und in eine Schüssel geben. 2 EL Likör darüber gießen und beiseite stellen.

2 Eigelb und Zucker schaumig schlagen, dann geschlagene Sahne und Vanilleessenz dazurühren. Eiweiß in einer großen, sauberen Schüssel steif schlagen. Eigelb-Sahne-Mischung darunter heben.

3 Butter in einer Pfanne schmelzen. Eiermischung hineingießen und backen, bis sie unten fest ist. Pfanne ab und zu schütteln. Erdbeeren mit Likör darauf geben. Pfanne schräg halten und das Omelett falten.

4 Omelett vorsichtig auf einen angewärmten Teller gleiten lassen. 1 EL Likör darauf geben und reichlich Puderzucker darüber sieben. Omelett halbieren, auf 2 angewärmte Teller verteilen und sofort servieren.

Tipp:
Ganz profimäßig sieht das Omelett aus, wenn Sie es mit Grillspuren verzieren: Halten Sie einen Fleischspieß mit Holzgriff direkt über die Gasflamme, bis er richtig heiß ist. Omelett mit Puderzucker bestreuen, dann den heißen Spieß mehrmals leicht auf das Omelett drücken, dabei schnell arbeiten, bevor er wieder abkühlt. Der Zucker karamellisiert sehr schnell, und Sie erhalten ein Omelett mit Streifen.

Zabaglione

Diese leichte, luftige Creme mit reichlich Alkohol ist ein beliebter Klassiker aus Italien. Traditionell wird das Rezept mit Marsala gemacht, aber Madeira oder süßer Sherry schmecken auch gut.

Zutaten für 4 Personen

4 Eigelb
50 g Zucker
4 EL Marsala, Madeira oder süßer Sherry
Amaretti zum Servieren

Variante:
Für eine Schokoladencreme rühren Sie 2 EL ungesüßtes Kakaopulver nach dem Alkohol ein und servieren sie mit Kakaopulver und Puderzucker verziert.

1 Eigelb und Zucker in eine große hitzefeste Schüssel geben und mit dem Handrührgerät schaumig und cremig schlagen.

2 Esslöffelweise den Alkohol hinzugeben, jedes Mal gut mit dem Handrührgerät unterrühren.

3 Schüssel in einen Topf mit siedendem Wasser hängen und 5-7 Minuten weiterschlagen, bis die Mischung etwas eindickt. Wenn Sie die Rührbesen herausziehen, sollten diese eine deutliche Spur auf der Oberfläche der Creme hinterlassen. Unbedingt so lange schlagen, sonst wird die Zabaglione zu flüssig.

4 Zabaglione in 4 angewärmte Dessertgläser geben und sofort mit Amaretti zum Dippen servieren.

Tipp:
Zabaglione ergibt auch eine feine Sauce zu gekochten Früchten. Versuchen Sie sie mit pochierten Birnen, gegrillten Pfirsichen oder gebackenen Bananen.

Rhabarbertarte mit Baiser

Die Kombination von fruchtigem Rhababer und der süßen Baiserhaube ist einfach unwiderstehlich. Dieses Dessert schmeckt warm und kalt mit Schlagsahne oder Vanilleeis.

Zutaten für 6 Personen

200 g Mehl und Mehl zum Bestäuben
3 EL gemahlene Walnüsse
120 Butter, in Würfel geschnitten
275 g Zucker
4 Eigelb
Getrocknete Hülsenfrüchte zum Blindbacken
675 g Rhabarber, klein geschnitten
3 Blut- oder Navelorangen (Saft und fein geriebene Schale)
5 EL Speisestärke
3 Eiweiß
Schlagsahne zum Servieren

1 Mehl in eine Schüssel sieben, Walnüsse dazugeben. Butter mit den Fingern darunterkneten, bis die Masse krümelig ist. 3 EL Zucker und 1 Eigelb, mit 1 EL Wasser verrührt, dazugeben. Alles zu einem Teig rühren. Auf eine mit Mehl bestäubte Arbeitsfläche geben und kneten. Dann in Klarsichtfolie verpackt 30 Minuten kaltstellen.

2 Backofen auf 180° / Umluft 160° / Gas Stufe 2 vorheizen. Teig auf einer mit Mehl bestäubten Arbeitsfläche ausrollen und eine Tarteform (23 cm Durchmesser) damit auslegen. Backpapier und Hülsenfrüchte darauf legen und 15 Minuten blindbacken.

3 Inzwischen Rhabarber mit 6 EL Zucker und der Orangenschale in einen Topf geben. Zugedeckt bei schwacher Hitze köcheln, bis der Rhabarber weich ist.

4 Hülsenfrüchte und Papier vom Teig entfernen, dann mit übrigem Eigelb bepinseln. 10–15 Minuten backen, bis der Teig knusprig ist.

5 Speisestärke und Orangensaft verrühren. Topf mit Rhabarber von der Platte ziehen und die Orangensaft-Stärkemischung dazugeben. Unter Rühren aufkochen, bis es eindickt. 1–2 Minuten kochen, etwas abkühlen lassen, dann das übrige Eigelb unterrühren. In die Tarteform gießen.

6 Eiweiß zu Eischnee schlagen, übrigen Zucker esslöffelweise dazugeben und jedes Mal gut unterrühren.

7 Die Baisermasse in die Tarteform geben. 25 Minuten backen, bis das Baiser goldbraun ist. Warm oder etwas abgekühlt mit Schlagsahne servieren.

Exotischer Eistraum

Dieses Dessert ist ein Liebling von vielen Kindern. Eiscreme wird von einer warmen Baiserhülle verdeckt – eine Riesenüberraschung für die süßen Kleinen!

Zutaten für 3–4 Personen

3 große Eiweiß
150 g Zucker
25 g getrocknete Kokosnuss
200 g Kuchen, z. B. Honig- oder Schokoladenkuchen
6 Scheiben reife Ananas, geschält
500 ml sehr gutes Vanilleeis
einige Feigen zum Verzieren

1 Backofen auf 225° / Umluft 200° / Gas Stufe 4 vorheizen. Eiweiß zu Eischnee schlagen, dann den Zucker unterschlagen, bis der Schnee glänzt. Kokosnuss unterheben.

2 Kuchen in 2 dicke Scheiben schneiden, die die gleiche Größe und Form haben wie das Eis. Ananas über dem Kuchen in Dreiecke schneiden, so dass kein Saft verloren geht. 1 Scheibe Kuchen auf ein Backblech legen, darauf die Ananas, darauf das Eis und dann die zweite Kuchenscheibe.

3 Baisermasse rasch auf dem Kuchen verteilen und alles 5–7 Minuten backen, bis das Baiser goldbraun ist. Mit Feigen verzieren, sofort servieren.

Tipp:

Verwenden Sie kein Softeis, es schmilzt viel zu schnell.

Beerensabayon

Dieses elegante Dessert vereinigt fruchtige Sommerbeeren mit einer herrlich leichten, alkoholisierten Sauce. Und dann wird es unter dem Grill kurz karamellisiert.

Zutaten für 4 Personen

450 g gemischte Sommerbeeren
4 Eigelb
50 g Vanillezucker oder weißer Zucker
120 ml Likör, z. B. Cointreau, Grand Marnier oder Kirsch
etwas Puderzucker, gesiebt
Minzeblätter zum Verzieren (nach Belieben)

Tipp:
Falls Sie keinen Alkohol verwenden möchten, nehmen Sie reinen Saft, z. B. Mango oder Aprikose.

1 Beeren auf 4 ofenfeste Formen verteilen. Backofengrill vorheizen.

2 Eigelb mit Zucker und Likör in einer Schüssel schlagen. In einen Topf mit heißem Wasser hängen und so lange schlagen, bis es eindickt und schäumt.

3 Sauce gleichmäßig auf die 4 Formen verteilen. 1-2 Minuten unter den Grill stellen, bis es gerade bräunt. Sabayon mit Puderzucker bestreuen und nach Belieben mit Minzeblättern verzieren. Auch ein Spritzer Likör kann noch hinzugegeben werden.

Brombeer-Apfel-Soufflee

Die Aromen von Brombeere und Apfel ergänzen sich geradezu perfekt. Dieses fruchtig-leichte Dessert ist sogar etwas für die schlanke Linie.

Zutaten für 6 Personen

Butter zum Einfetten
150 g Zucker und Zucker zum Bestäuben
350 g Brombeeren
1 großer Kochapfel, geschält und in dünne Scheiben geschnitten
1 Orange (Saft und abgeriebene Schale)
3 Eiweiß
Puderzucker zum Bestäuben.

1 Backofen auf 200° / Umluft 180° / Gas Stufe 3 vorheizen. 6 Soufflee-förmchen (150 ml Inhalt) mit Butter fetten. Zucker hineingeben und durch Drehen der Förmchen gut verteilen.

2 Ein Backblech im Ofen erhitzen. Brombeeren, Apfelscheiben, Orangensaft und -schale in einem Topf etwa 10 Minuten kochen. Durch ein Sieb in eine Schüssel drücken. 50 g Zucker einrühren, diese Mischung beiseite stellen.

3 Je einen Esslöffel Fruchtpüree in die Förmchen geben, Oberfläche glatt streichen. Beiseite stellen.

4 Eiweiß in einer großen sauberen Schüssel zu Eischnee schlagen. Nach und nach den Zucker dazurühren, bis die Mischung sehr steif ist und glänzt.

5 Übriges Fruchtpüree unterheben, dann in die Förmchen geben. Oberfläche glatt streichen und mit einem Messer einmal am inneren Rand der Form entlangfahren (siehe Tipp).

6 Förmchen auf das heiße Backblech stellen und 10–15 Minuten backen, bis die Soufflees schön aufgegangen und leicht gebräunt sind. Mit etwas Puderzucker bestreuen und sofort servieren.

Tipp:
Das Soufflee geht leichter auf und klebt nicht an der Form, wenn man vor dem Backen einmal mit einem Messer am Rand entlangfährt.

Schokoladensoufflees

Dieses Dessert ist wirklich Verwöhnung pur! Schokolade, ein Hauch Orangengeschmack und dazu weiße Schokoladensauce - wer könnte da widerstehen?

Zutaten für 6 Personen

Butter zum Einfetten
3 EL Zucker und Zucker zum Bestäuben
175 g Bitterschokolade, gehackt
150 g Butter, kleingeschnitten
4 große Eier, getrennt
2 EL Orangenlikör (nach Belieben)
1/4 TL Weinstein
Puderzucker zum Bestäuben

Für die weiße Schokoladensauce
75 g weiße Schokolade, gehackt
6 EL Sahne
1–2 EL Orangenlikör
abgeriebene Schale von 1/2 Orange

1 6 Souffleeförmchen mit Butter fetten, wenig Zucker dazugeben, durch Drehen der Form darin verteilen. Formen auf ein Backblech stellen.

2 Schokolade und Butter im Wasserbad unter Rühren schmelzen. Topf von der Platte nehmen und etwas abkühlen lassen, dann Eigelb und Orangenlikör darunter schlagen. Beiseite stellen, gelegentlich rühren.

3 Backofen auf 220° / Umluft 200° / Gas Stufe 4 vorheizen. Eiweiß in einer sauberen Schüssel mit dem Handrührgerät steif schlagen. Weinstein dazugeben, Gerät hochschalten und weiterschlagen. Zucker esslöffelweise dazugeben und unterschlagen, bis richtig fester glänzender Eischnee entstanden ist.

4 1/3 Eiweißmasse unter die abgekühlte Schokolade heben, dann diese Mischung zum Eiweiß geben.

5 Mit einem Teigschaber oder großem Metalllöffel die Schokolade vorsichtig unter den Eischnee heben, nicht rühren. Es macht nichts, wenn noch weiße Spuren zu sehen sind. Wenn sich Schokolade und Eischnee gerade verbunden haben, diese Mischung in die Förmchen füllen.

Variante:
Orange und Schokolade sind einfach ein perfektes Paar! Aber auch Kaffee und Schokolade sind reizvoll. Versuchen Sie das Sotifflee auch mal mit Kaffeelikör.

6 Für die weiße Schokoladensauce weiße Schokolade und Sahne in einen Topf geben. Bei sehr schwacher Hitze langsam unter Rühren erwärmen, bis die Schokolade geschmolzen ist. Von der Platte nehmen, Likör und Orangenschale einrühren. In eine Sauciere gießen und warm halten.

7 Die Soufflees im vorgeheizten Ofen 10-12 Minuten backen, bis sie aufgegangen sind und die Oberfläche fest wird. Innen dürfen Sie noch weich sein. Mit Puderzucker bestreuen und sofort mit der warmen Schokoladensauce servieren.

Schokoladentörtchen mit Vanille-Rum-Sauce

Diese kleine Törtchen werden im Nu weg sein, zu verführerisch schmilzt die Schokolade im Mund! Die Rumsauce ist natürlich für die Erwachsenen, wenn Kinder mitessen, können Sie die Sauce mit Orangenschale würzen.

Zutaten für 6 Personen

120 g Butter und Butter zum Einfetten
120 g brauner Zucker
2 Eier, geschlagen
einige Tropfen Vanilleessenz
3 EL Kakaopulver, gesiebt
120 g Mehl
1 1/2 TL Backpulver
75 g Bitterschokolade, gehackt
etwas angewärmte Milch

Für die Rum-Vanillesauce
250 ml Milch
1 EL Zucker
2 Eigelb
2 TL Speisestärke
2–3 EL Rum

1 Eine Auflaufform (1,2 l Inhalt) oder 6 kleine Metallförmchen mit etwas Butter fetten. Butter und Zucker schaumig rühren. Eier und Vanilleessenz nach und nach unterrühren.

2 Kakao, Mehl und Backpulver sieben. Mit der gehackten Schokolade zur Eimischung geben und verrühren. Nur soviel Milch dazugeben, dass der Teig schwer reißend vom Löffel fällt.

Tipp:
Wer eine Mikrowelle hat, kann die leckeren Törtchen schneller zubereiten: Teig in eine mikrowellenfeste Form (mindestens 1,5 l Inhalt) geben. Locker mit Klarsichtfolie abdecken. Dann bei höchster Stufe etwa 5 Minuten garen. Danach 5 Minuten ruhen lassen.

3 Teigmischung in die Auflaufform oder die Metallförmchen geben, gefettetes Butterbrotpapier direkt auf den Teig legen. Einen Topf 3-5 cm hoch mit Wasser füllen, Förmchen hineinstellen, Topf zudecken und Wasser aufkochen. Große Form 2-2 1/2 Stunden dämpfen, die kleinen Förmchen 45-50 Minuten. Falls nötig, Wasser nachgießen. Törtchen auf warme Teller stürzen.

4 Für die Rum-Vanillesauce Milch und Zucker aufkochen. Eigelb und Speisesärke gut zusammenschlagen, dann unter Rühren die heiße Milch dazugießen. Die Mischung wieder in den Topf geben und unter ständigem Rühren langsam aufkochen. Die Sauce sanft köcheln, bis sie eingedickt ist, dabei immer rühren. Von der Platte nehmen und den Rum einrühren.

Aprikosen-Panettone-Auflauf

Die Verbindung des leichten italienischen Kuchens mit Aprikosen und Pekannüssen ergibt eine wunderbar reichhaltige Alternative zum klassischen Brotauflauf.

2 Milch in einen Topf gießen, Vanilleessenz dazugeben. Milch bei mittlerer Hitze zum Sieden bringen. In einer großen Schüssel das Ei mit dem Ahornsirup und Muskatnuss verrühren. Dann die Milch untermischen.

3 Backofen auf 200° / Umluft 180° / Gas Stufe 3 vorheizen. Milchmischung in die Form gießen, dabei den Panettone etwas nach unten drücken, so dass er in der Milch getränkt wird. Mischung mindestens 10 Minuten ruhen lassen.

4 2 EL Pekannüsse auf dem Auflauf verteilen, mit Muskatnuss und braunem Zucker bestreuen. Etwa 40 Minuten backen, bis der Auflauf goldbraun und aufgegangen ist.

Zutaten für 6 Personen

Butter zum Einfetten
350 g Panettone, in Dreiecke geschnitten
4 EL g Pecannüsse
75 g getrocknete Aprikosen
500 ml Milch
1 TL Vanilleessenz
1 großes Ei, geschlagen
2 EL Ahornsirup
1/2 TL Muskatnuss, gemahlen
und Muskatnuss zum Bestreuen
brauner Zucker zum Bestreuen

1 Eine Auflaufform (1 l Inhalt) einfetten. Die Hälfte vom Panettone in der Form verteilen, 2 EL Pekannüsse und die getrockneten Aprikosen darauf geben. Eine weitere Schicht Panettone möglichst gleichmäßig darauf verteilen.

Tipp:
Panettone ist ein italienischer Hefekuchen mit Rosinen, Zitronat, Pinienkernen und Sternanis. In der Weihnachtszeit bekommen Sie ihn bei uns überall, ansonsten sollten Sie im italienischen Feinkostladen fragen.

Kuchen, Brot und Kleingebäck

Eier sind eine wichtige Zutat in eigentlich allen Kuchen und Broten, aber auch Spezialitäten wie schweres Früchtebrot und knuspriges Kleingebäck enthalten Eier. Eier sorgen dafür, dass Teig aufgeht und eine wunderbar leichte, luftige Konsistenz bekommt, wie z. B. der Schichtkuchen mit Beeren und die Mandel-Himbeer-roulade. Der saftige Möhrenkuchen braucht nicht nur Eier im Teig, sondern auch Eischnee für die wunderbar leichte Baiserhaube. Ganze Eier machen Brote gehaltvoller, so z. B. das Honig-Safranbrot und das ungarische Früchtebrot. Und gekochte, gefärbte Eier verzieren den griechischen Osterfladen.

Schichtkuchen mit Beeren

Für diesen Kuchen wird der Biskuitteig nach Originalrezept ohne Fett zubereitet. Sie sollten den Kuchen bald essen, der Biskuitteig hält sich nicht lange.

Zutaten für 8–10 Personen

Öl oder Butter zum Einfetten
175 g Mehl, gesiebt
1 Prise Salz
4 Eier
120 g Zucker
6 EL Orangenlikör, z. B. Cointreau

Für Belag und Füllung
600 ml Sahne
4 EL Vanillezucker
450 g gemischte Beeren, z. B. Himbeeren, Erdbeeren, Brombeeren und Johannisbeeren
150 g Pistazien, fein gehackt
4 EL Aprikosenmarmelade, angewärmt und durch ein Sieb gedrückt

1 Backofen auf 180° / Umluft 160° / Gas Stufe 3 vorheizen. Eine Springform (21 cm Durchmesser) einfetten, den Boden mit Backpapier belegen und das Papier ebenfalls einfetten.

2 Mehl und Salz dreimal zusammen sieben und beiseite stellen.

3 Eier und Zucker in eine Rührschüssel geben und mit dem Handrührgerät 10 Minuten zu einer cremigen und hellen Masse rühren.

Tipp:
Biskuitteig lässt sich gut einfrieren. Vor dem Verwenden mehrere Stunden bei Zimmertemperatur auftauen.

4 Mehl und Salz zur Eier-Zucker-Mischung sieben und vorsichtig unterheben. Diesen Teig in die vorbereitete Springform geben.

5 Biskuitteig 30–35 Minuten in der Ofenmitte backen. Garprobe mit einem Holzstäbchen machen. Bleibt nichts hängen, ist der Kuchen fertig.

6 Kuchen etwa 5 Minuten in der Form abkühlen, dann auf ein Kuchengitter geben, Backpapier vorsichtig abziehen. Vollständig auskühlen lassen.

7 Abgekühlten Kuchen mit einem großen Messer quer halbieren. Untere Hälfte auf eine Kuchenplatte geben, dann die Schnittstellen beider Hälften mit Orangenlikör beträufeln.

Variante:
Da der klassische Biskuitteig ohne jegliches Fett gemacht wird, ist er immer gut geeignet, wenn jemand auf die Linie achten möchte. Sie können die Füllung auch mit griechischem Joghurt anstelle der Sahne machen.

8 Sahne und Vanillezucker in einer großen Rührschüssel mit dem Handrührgerät steif schlagen.

9 2/3 der Sahnemischung auf der unteren Kuchenhälfte verteilen und mit der Hälfte der Beeren belegen.

10 Die zweite Kuchenhälfte vorsichtig auf die Sahne-Beeren-Schicht legen und die restliche geschlagene Sahne darauf geben.

11 Die übrige Hälfte Beeren auf der Sahne anrichten. Gehackte Pistazienkerne darüber streuen. Die Beeren vorsichtig mit der warmen Marmelade bestreichen und servieren.

Mandel-Himbeerroulade

Diese wunderbar leichte und luftige Roulade wird mit einer üppigen Himbeersahne gefüllt. Nicht nur als Nachtisch fein, sondern auch zur Kaffeestunde.

Zutaten für 8 Personen

Öl zum Einfetten
1 Teigmischung für Bisquitteig, davon 2 EL Mehl durch 2 EL gemahlene Mandeln ersetzen
etwas Zucker
220 g Sahne
175 g frische Himbeeren
Mandelblättchen zum Verzieren

1 Backofen auf 200° / Umluft 180° / Gas Stufe 3 vorheizen. Ein Backblech von 33 x 23 cm Größe einfetten und mit zurechtgeschnittenem Backpapier belegen.

2 Die Teigmischung auf dem Backblech verteilen und 10–12 Minuten backen, bis sie schön aufgegangen ist.

3 Ein großes Stück Butterbrotpapier auf einer flachen Oberfläche auslegen und großzügig mit Zucker bestreuen. Kuchen mit dem Blech umgekehrt auf das Papier stürzen und etwas abkühlen lassen.

4 Blech entfernen, wenn der Kuchen etwas abgekühlt ist. Backpapier vorsichtig vom Kuchen abziehen.

5 Etwas Sahne beiseite stellen, den Großteil steif schlagen. 250 g Himbeeren unterrühren. Himbeer-Sahne-Mischung auf dem Kuchen verteilen, dabei einen schmalen Rand lassen.

6 Roulade vorsichtig von einem schmalen Ende aufrollen, dabei mit dem Butterbrotpapier den Teig anheben. Mit viel Zucker bestreuen.

7 Nun die Roulade dekorieren: Übrige Sahne steif schlagen und auf dem Kuchen verteilen. Die zurückbehaltenen Himbeeren und gerösteten Mandelblättchen auf der Sahne verteilen. Oder Roulade in Scheiben schneiden und die einzelnen Scheiben verzieren.

Tipp:
Sie sollten den Biskuitteig nicht richtig kalt werden lassen, dann lässt er sich nicht mehr so gut aufrollen.

Madeirakuchen mit Zitronensirup

Dieser feine fruchtige Kuchen mit der Zuckerkruste wird in Zitronensirup getränkt. Er schmeckt nicht nur als Dessert, sondern auch zum Tee.

Zutaten für 10 Personen

250 g weiche Butter und 2 EL Butter
220 g Zucker
5 Eier
275 g Mehl, gesiebt
2 EL Backpulver
Salz

Für die Zuckerkruste
4 EL Zitronensaft
1 EL Golden Syrup oder Ahornsirup
2 EL Zucker

Tipp:
Stechen Sie einen Spieß in den Kuchen und ziehen Sie ihn heraus. Bleibt nichts hängen, ist der Kuchen fertig.

1 Ofen auf 180° / Umluft 160° / Gas Stufe 2 vorheizen. Eine Kastenform fetten. Butter und Zucker schaumig schlagen, dann die Eier unterschlagen.

2 Mehl, Backpulver und Salz vermischen und unterrühren. Teig in die Form füllen, die Oberfläche glattstreichen und 1 1/4 Stunden backen, Garprobe machen (siehe Tipp).

3 Kuchen aus dem Ofen nehmen und sofort mehrmals mit einem Spieß von oben bis unten einstechen. Zitronensaft und Sirup erwärmern, Zucker dazugeben und die Mischung mit einem Löffel sofort über den Kuchen geben, so dass der Sirup den Kuchen durchtränkt und einige Zuckerkristalle obenauf liegen bleiben. Kuchen mehrere Stunden kühl stellen.

Engelskuchen

Dieser schneeweiße Kuchen ist ein Klassiker aus Amerika, wo er Angel Food Cake heißt. Der Biskuitteig wird mit Vanilleessenz aromatisiert und die Haube aus Eischnee und Zucker hat eine fast baiserartige Konsistenz.

Zutaten für 20 Personen

65 g Mehl, gesiebt
1 EL Speisestärke
220 g Zucker
10 Eiweiß
1 TL Weinstein
1 1/2 TL Vanilleessenz

Für die Haube
120 g Zucker
2 Eiweiß
2 TL Golden Syrup oder Ahornsirup
1/2 TL Vanilleessenz
Orangenschale, in ganz dünne Streifen abgeschnitten

1 Backofen auf 180° / Umluft 160° / Gas Stufe 2 vorheizen. Das Mehl mit der Speisestärke und 50 g Zucker dreimal durchsieben, bis alles ganz locker ist. Zutaten in eine große Schüssel geben.

Tipp:
Dieser Kuchen muss mit Sorgfalt gemacht werden. Auch das dreimalige Sieben der trockenen Zutaten ist hier sehr wichtig. Der Eischnee muss die richtige Konsistenz haben und darf nicht zu lange geschlagen werden, er soll nicht krümelig werden, denn nur so kann er sich beim Backen weiter ausbreiten und dem Kuchen zu seiner Luftigkeit verhelfen.

2 In einer großen fettfreien Schüssel Eiweiß mit Weinstein zu Eischnee schlagen. Nach und nach übrigen Zucker unterschlagen, bis der Eischnee ganz fest ist und glänzt.

3 Vorsichtig die Mehlmischung unter den Eischnee heben, dann die Vanilleessenz unterrühren, bis sich alle Zutaten gut vermischt haben. Alles in eine Kranzkuchenform füllen. 35–40 Minuten backen, bis der Teig aufgegangen und goldfarben ist. Kuchen in der Form auf einem Kuchengitter abkühlen lassen.

4 Für die Haube Zucker mit 4 EL Wasser in einem kleinen Topf unter ständigem Rühren erhitzen, bis sich der Zucker aufgelöst hat. Hitze erhöhen, bis der Sirup 115° auf einem Zuckerthermometer erreicht. Dann Eiweiß zu festem Schnee schlagen.

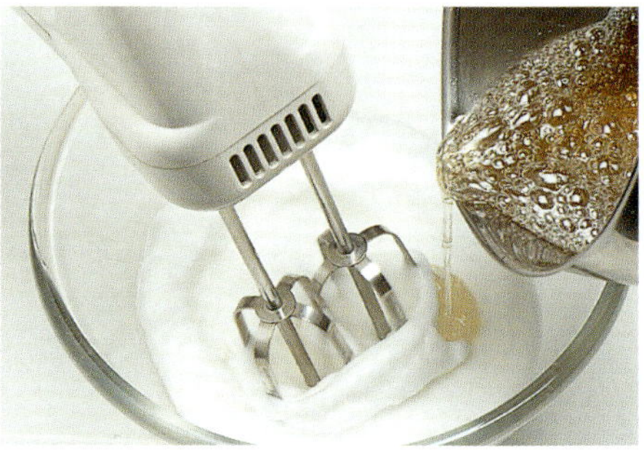

5 Sirup langsam in die Mitte des Eischnees gießen, dabei ständig rühren, bis die Mischung eindickt und glänzt. Golden Syrup oder Ahornsirup und Vanilleessenz unterschlagen, dann noch 5 Minuten weiterschlagen, bis die Mischung abgekühlt ist.

6 Kuchenform vom abgekühlten Kuchen heben. Kuchen auf eine Kuchenplatte stellen. Haube mit einem Teigschaber auf dem Kuchen verteilen, nicht glatt streichen.

7 Den Kuchen mit den Orangenzesten verzieren und servieren.

Möhrenkuchen mit Baiserhaube

Dieser köstliche Kuchen enthält nicht nur frisch geraspelte Möhren, sondern auch Petersilienwurzel, und diese Zutaten halten ihn besonders lange frisch. Die luftig leichte Baiserhaube ist ein wunderbarer Kontrast zu dem saftigen, gehaltvollen Kuchen.

Zutaten für 8–10 Personen

Öl zum Einfetten
1 Zitrone
1 Orange
1 EL Zucker
220 g Butter
220 g leichter brauner Zucker
4 Eier
225 g geriebene Möhren und Petersilienwurzel
120 g Rosinen
220 g Vollkornmehl
2 TL Backpulver

Für die Haube
50 g Zucker
1 Eiweiß
1 Prise Salz

1 Backofen auf 180° / Umluft 160° / Gas Stufe 2 vorheizen. Eine Springform (20 cm Durchmesser) einfetten, dann den Boden mit zurechtgeschnittenem Backpapier auslegen.

2 Zitronen- und Orangenschale fein reiben. Die Hälfte der abgeriebenen Schale mit dem Zucker in einer Schüssel vermischen. Die nun mit Zucker überzogene Schale auf Butterbrotpapier an einen warmen Ort stellen, damit sie trocknen kann.

3 Butter und Zucker schaumig rühren. Eier dazugeben und gut unterschlagen. Die ungezuckerte Schale, Gemüseraspel, 2 EL Orangensaft und die Rosinen gut unterrühren.

4 Mehl und Backpulver unterrühren und den Teig in die vorbereitete Form geben. $1^{1}/_{2}$ Stunden backen, bis er aufgegangen und goldbraun ist.

5 Kuchen in der Form kurz abkühlen lassen, auf eine Kuchenplatte geben.

6 Für die Haube Zucker mit 2 EL Orangensaft in eine Schüssel geben, diese in einen Topf mit kochendem Wasser hängen. Unter Rühren den Zucker schmelzen. Schüssel vom Topf nehmen, Eiweiß und Salz einrühren, die Mischung mit dem Rührgerät 1 Minute schlagen.

7 Wieder in den Topf hängen und 6 Minuten schlagen, bis die Mischung steif wird und glänzt. Etwas abkühlen lassen, dabei ab und zu rühren.

8 Die Baiserhaube auf dem Kuchen verteilen und etwa 1 Stunde beiseite stellen, bis sie richtig fest ist. Zum Servieren mit den gezuckerten Orangenschalen bestreuen.

Variante:
Wenn Sie keine Petersilienwurzel mögen, machen Sie den Kuchen nur mit Möhren. Oder Sie ersetzen die Petersilienwurzel durch Zucchini. Wer möchte, gibt eine Prise Zimt und Muskatnuss dazu.

Tipp:
Die Baiserhaube wird außen fest, wenn der Kuchen abkühlt. Der Kuchen schmeckt auch nach einigen Tagen noch wunderbar.

Honig-Safranbrot

Servieren Sie dieses feine süße Brot als Alternative zu Toastbrot auf dem Frühstückstisch am Wochenende. Am besten gleich noch warm mit Butter bestreichen.

Zutaten für 2 Brote von je 450 g

Öl zum Einfetten
Mehl zum Bestäuben
150 ml Milch und 1 EL Milch
einige Safranfäden
4 EL Honig
450 g Mehl
1 TL Salz
1/2 Päckchen Trockenhefe
3 Eier
4 1/2 EL geschmolzene Butter, abgekühlt

1 2 Brotformen (je 450 g Inhalt) leicht einfetten und mit Mehl ausstreuen. 75 ml Milch mit dem Safran erhitzen, bis sie sich gelb färbt. Honig einrühren. Beiseite stellen und abkühlen lassen, dann die restlichen 75 ml Milch einrühren.

2 Mehl und Salz in eine große Schüssel sieben, Trockenhefe unterrühren und eine Mulde in die Mitte machen.

3 In einer anderen Schüssel Eier und 1 Eigelb verschlagen, dann mit der Milch und der geschmolzenen Butter zum Mehl geben. Mit einer Gabel die Zutaten verrühren, bis sie anfangen, sich zu vermischen.

4 Teig auf eine mit Mehl bestäubte Arbeitsfläche geben und zu einer glatten, elastischen Teigkugel kneten.

5 Teig in eine leicht eingefettete Schüssel geben, Teigkugel leicht einfetten, Schüssel mit einem Küchentuch zudecken. 2 Stunden an einen warmen Ort stellen, bis das Teigvolumen sich verdoppelt hat.

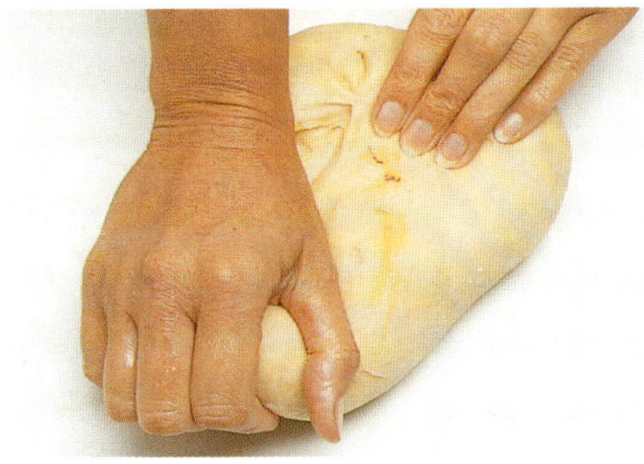

6 Teig auf eine mit Mehl bestäubte Arbeitsfläche geben und nochmals kräftig kneten. In 4 Stücke teilen und diese zu Kugeln formen. Je 2 Teigkugeln in die vorbereiteten Formen geben und nochmals gehen lassen, bis sich das Volumen verdoppelt hat.

7 Backofen auf 200° / Umluft 180° / Gas Stufe 3 vorheizen. Teig mit dem übrigen Eiweiß bestreichen. Brote 35 Minuten backen.

8 Falls die Brote zu braun werden, mit Alufolie abdecken. Nochmals 10–15 Minuten backen, bis sie goldbraun sind. Mit der Klopfprobe (siehe Tipp) prüfen, ob die Brote fertig sind. Brote auf einem Kuchengitter abkühlen lassen.

Variante:

Für ein üppigeres Brot können Sie Rosinen oder klein gehackte getrocknete Aprikosen dazugeben. Dieser Teig lässt sich sehr gut einfrieren. Nach 20 Minuten Backzeit die Temperatur auf 180° / Umluft 160° / Gas Stufe 3 reduzieren und Brote nochmals 15 Minuten backen. Herausnehmen, abkühlen lassen, aus der Form nehmen und gut eingepackt einfrieren. Vor dem Essen 2 Stunden auftauen und im vorgeheizten Ofen bei 180° / Umluft 160° / Gas Stufe 2 15–20 Minuten backen.

Tipp:

Was die Stäbchenprobe beim Kuchen ist, ist die Klopfprobe beim Brot: Klopfen Sie mit dem Fingerknöchel auf das Brot. Wenn es hohl klingt, ist es fertig gebacken.

Griechischer Osterfladen

Dieser wunderbar leichte Hefefladen ist ein wichtiger und traditioneller Bestandteil des griechischen Osterfestes. Hartgekochte, rot gefärbte Eier verzieren das Brot. Die rote Farbe soll eine Schutzfunktion haben.

Für einen Fladen

Öl zum Einfetten
450 g weißes Brotmehl + Mehl zum Bestäuben
1/2 TL Salz
1 TL Pimentpulver
1/2 TL Zimtpulver
1/2 TL Kümmel
20 g (1/2 Würfel frische Hefe)
175 g lauwarme Milch
50 g Butter
40 g Zucker
2 Eier

Für die gefärbten Eier
3 Eier
1/4 TL rote Lebensmittelfarbe
1 EL Weißweinessig
1 TL Wasser
1 TL Olivenöl

Für die Glasur
1 Eigelb
1 TL Honig
1 TL Wasser

Für die Verzierung
50 g Mandelblättchen

1 Ein Backblech leicht einfetten. Dann die Eier färben. Eier 10 Minuten kochen lassen, aus dem Wasser nehmen und auf einem Rost komplett trocknen lassen. Rote Lebensmittelfarbe mit Essig und Wasser in einer kleinen Schüssel anrühren. Die Eier in die Farbe geben, bis sie schön rot sind, dann auf dem Rost trocknen lassen.

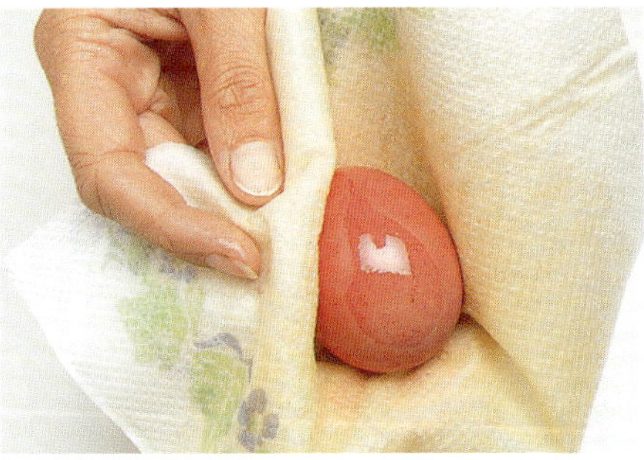

2 Wenn die Eier abgekühlt sind und getrocknet sind, Olivenöl auf Küchenpapier geben und die Eier rundherum damit einreiben.

3 Für den Teig Mehl, Salz, Piment und Zimt in eine Schüssel sieben. Kümmel unterrühren.

4 In einem Messbecher Hefe mit der Milch mischen. In einer Schüssel Butter und Zucker schaumig rühren, dann Eier unterschlagen. Beide Mischungen zum Mehl geben und zu einem glatten Teig verrühren.

5 Teig auf eine mit Mehl bestäubte Arbeitsfläche geben und so lange kneten, bis er glatt und elastisch ist.

6 Teil in eine geölte Schüssel geben, mit Klarsichtfolie zudecken und an einem warmen Ort 2 Stunden gehen lassen, bis sich der Teig verdoppelt hat.

7 Teig nochmals 2-3 Minuten kneten, wieder in die Schüssel geben und nochmals zugedeckt 1 Stunde gehen lassen, bis er sich verdoppelt hat.

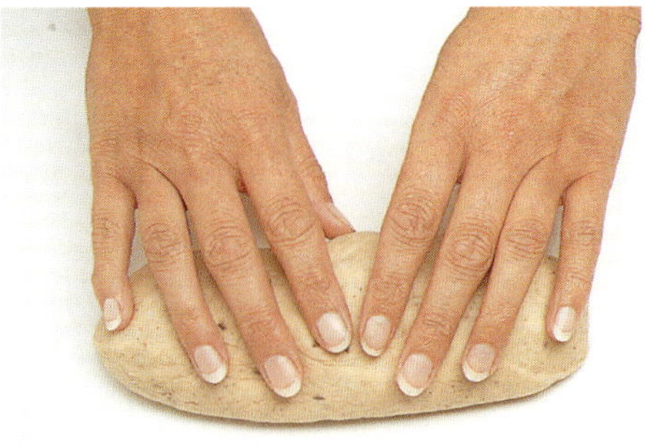

8 Teig auf eine mit Mehl bestäubte Arbeitsfläche geben. In 3 gleiche Stücke teilen und jedes Stück zu einem 40-50 cm langen Strang rollen. Diese Stränge zusammenflechten.

9 Teigzopf auf das Backblech legen. Die gefärbten Eier hineindrücken. Zugedeckt 1 Stunde an einem warmen Ort gehen lassen.

10 Backofen auf 180° / Umluft 160° / Gas Stufe 2 vorheizen. Eigelb, Honig und Wasser anrühren, Teig damit bepinseln. Mit Mandeln bestreuen, 40-45 Minuten backen, bis er goldbraun ist und hohl klingt. Auf einem Kuchengitter abkühlen lassen.

Ungarisches Früchtebrot

Zutaten für 8–10 Personen

Öl zum Einfetten
7 Eiweiß
175 g Zucker
120 g Mandelblättchen, geröstet
120 g Rosinen
abgeriebene Schale von 1 Zitrone
160 g Mehl, gesiebt
und Mehl zum Bestäuben
75 g geschmolzene Butter

Tipp:
Zum Aufbewahren noch warm in Folie packen und dann kühl stellen.

1 Backofen auf 180° / Umluft 160° / Gas Stufe 2 vorheizen. Eine Brotform (1 kg Inhalt) einfetten und mit Mehl ausstreuen. Eiweiß zu Eischnee schlagen. Zucker, Mandelblättchen, Rosinen und Zitronenschale einrühren.

2 Mehl und Butter unter den Eischnee rühren. Teig in die Form geben und 45 Minuten backen, bis er aufgegangen und hellgold ist. Kurz abkühlen, aus der Form nehmen und warm oder abgekühlt servieren.

Heidelbeermuffins

Noch ein Klassiker aus Amerika! Diese leichten und fruchtigen Muffins schmecken nicht nur als Dessert, sondern auch zum Früstück und zum Kaffeeklatsch.

Zutaten für 12 Muffins

180 g Mehl
60 g Zucker
2 EL Backpulver
1/4 TL Salz
2 Eier
50 g geschmolzene Butter
175 ml Milch
1 TL Vanilleessenz
1 TL fein geriebene Zitronenschale
175 g frische Heidelbeeren

1 Backofen auf 200° / Umluft 180° / Gas Stufe 3 vorheizen. Muffinform einfetten oder 12 doppelte Papiermuffinförmchen auf ein Backblech stellen.

2 Mehl, Zucker, Backpulver und Salz in eine große Schüssel sieben. In einer anderen Schüssel die Eier verrühren. Geschmolzene Butter, Milch Vanilleessenz und Zitronenschale zu den Eiern geben und gut vermischen.

3 Eine Mulde in die Mehlmischung machen und die Eimischung hineingießen. Mit einem großen Metalllöffel rühren, bis das Mehl gerade ein bisschen feucht ist.

4 Heidelbeeren dazugeben und vorsichtig unterheben, damit sie nicht zerdrückt werden.

5 Teig in die Muffinform oder die Papierförmchen geben, dabei nur etwa 2/3 hoch füllen, da die Muffins beim Backen aufgehen.

6 Muffins 20–25 Minuten backen. Muffins sind fertig gebacken, wenn man sie leicht eindrückt und der Teig dabei wieder in die ursprüngliche Form zurückgeht.Etwa 5 Minuten in der Form lassen, dann auf einem Kuchengitter kurz abkühlen lassen.

Variante:
Muffins schmecken auch mit anderem Obst. Mit diesem Grundrezept können sie auch Kirsch-, Himbeer- oder schwarze Johannisbeermuffins machen. Verwenden Sie immer 175 g Obst.

Zimt-Orangenröllchen

Zimt und Orange lassen einen an Weihnachten denken. Diese feinen, in Schokolade getauchten Röllchen sind ein perfektes Dessert zu einer besonderen Gelegenheit.

Zutaten für 15 Röllchen

2 Eiweiß
90 g Zucker
1 1/2 TL Zimtpulver
fein geriebene Schale von 1 Orange
50 g Mehl
75 g geschmolzene Butter

Für die Schokolade
75 g allerfeinste Bitterschokolade
3 EL Milch
5–6 EL Sahne

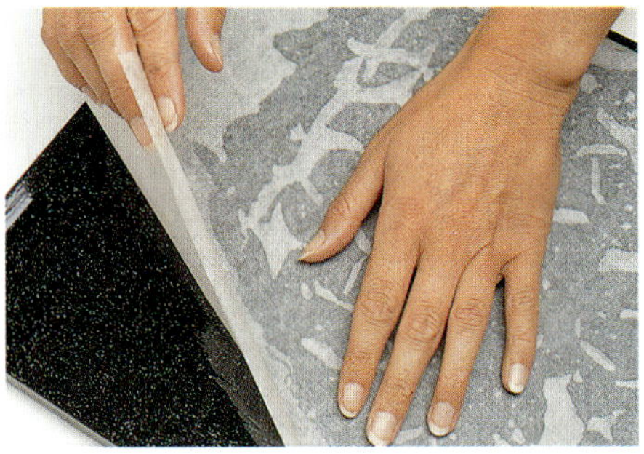

1 Backofen auf 200° / Umluft 180° / Gas Stufe 3 vorheizen. 3 Backbleche mit Backpapier auslegen.

2 Eiweiß steif schlagen, Zucker unterschlagen, bis der Eischnee glänzt. Zimt und Orangenschale dazugeben, Mehl dazusieben und mit der geschmolzenen Butter unterrühren. Wenn die Mischung glatt gerührt ist, 1 EL sehr heißes Wasser dazugeben.

3 Auf jedes Backblech 4–5 Teigkleckse geben. Flachdrücken und die Bleche nacheinander 7 Minuten backen, bis der Teig gerade golden ist. Kurz abkühlen, dann mit einem Fischheber vorsichtig vom Blech nehmen. Sofort um den Stiel eines Holzlöffels rollen, dann auf einem Kuchengitter abkühlen.

4 Schokolade mit der Milch in einen Topf geben und bei schwacher Hitze schmelzen, dann Sahne unterrühren. Röllchen mit einem Ende in die Schokolade tauchen und abkühlen.

Tipp:
Wenn Sie das Rezept zum ersten Mal machen, sollten Sie das erste Blech nur mit 2 Teigklecksen belegen und Proberöllchen machen. Falls der Teig zu hart zum Rollen ist, geben Sie ihn einige Sekunden in den Ofen.

Schokoladenbaisers mit Minze

Wenn Sie diese Baisers für den Kindergeburtstag machen, ersetzen Sie die Crème de menthe durch Minzearoma und färben Sie die Baisers grün oder pink! Auch mit Eis schmecken sie wunderbar.

Zutaten für 50 Baisers

2 Eiweiß
120 g Zucker
50 g Schoko-Minttaler, kleingehackt
gesiebtes Kakaopulver (nach Belieben)

Für die Füllung
150 ml Sahne
1–2 TL Crème de menthe

Tipp:
In luftdichten Behältern halten die Baisers einige Tage.

1 Backofen auf 110° / Umluft 90° / Gas Stufe 1/2 vorheizen. Eiweiß steif schlagen, Zucker unterrühren, bis der Eischnee glänzt. Gehackte Schoko-Minttaler unterrühren, dann die Mischung mit einem Teelöffel auf mit Backpapier belegte Backbleche geben.

2 Baisers 1 Stunde backen. Abkühlen lassen, dann nach Belieben mit Kakaopulver bestreuen.

3 Sahne schlagen, Crème de menthe einrühren und jeweils 2 Baisers mit dieser Mischung zusammendrücken.

Ingwermakronen

Diese feinen Makronen mit Ingwergeschmack schmecken hervorragend zu einem Eisdessert. Auch wunderbar zu einer Tasse Kaffee.

Zutaten für 18–20 Stück

1 Eiweiß
75 g leichter brauner Zucker
120 g gemahlene Mandeln
1 TL Ingwerpulver

Variante:

Anstelle der Mandeln können Sie auch andere gemahlene Nüsse verwenden, z. B. Haselnüsse oder Walnüsse. Für Zimtmakronen einfach den Ingwer durch die gleiche Menge Zimtpulver ersetzen.

1 Backofen auf 180° / Umluft 160° / Gas Stufe 2 vorheizen. Eiweiß in einer großen, sauberen Schüssel steif schlagen, dann den braunen Zucker unterschlagen.

2 Mandeln und Ingwerpulver über die Eiweißmasse streuen und dann vorsichtig unterheben.

3 Mit 2 Teelöffeln kleine Häufchen Teigmischung auf Backbleche verteilen, nicht zu dicht nebeneinander. Etwa 20 Minuten backen, bis sie goldbraun sind und oben knusprig werden.

4 Kurz auf dem Backblech abkühlen lassen, dann auf ein Kuchengitter geben und ganz abkühlen lassen.

Nussnougat

Diese weichen Plätzchen bestehen aus Eischnee und heißem Zuckersirup – und natürlich verschiedenen Nüssen. Auch kandierte Früchte und getrocknete Aprikosen schmecken fein.

Zutaten für etwa 500 g Nougat

220 g Zucker
220 g Honig
1 großes Eiweiß
120 g Mandelblättchen oder gehackte Pistazien, geröstet

1 Eine quadratische Backform (17,5 cm groß) mit Oblaten oder Reispapier auslegen und beiseite stellen.

Tipp:

Wenn Sie das Nougat an einem heißen Tag machen, braucht es länger zum Festwerden. Nehmen Sie es aus der Form, sobald es fest ist und warten Sie noch kurz mit dem Schneiden.

2 Zucker, Honig und 4 EL Wasser in einen großen Topf geben und bei schwacher Hitze erwärmen, bis sich der Zucker aufgelöst hat. Gelegentlich umrühren.

3 Sirup aufkochen und dann kochen lassen, bis er 151° auf dem Zuckerthermometer erreicht.

4 Eiweiß zu sehr steifem Eischnee schlagen, dann den Honig langsam einfließen lassen, dabei ununterbrochen rühren.

5 Mandeln oder Pistazien einrühren, alles in die Form geben. Kurz abkühlen lassen, dann in Vierecke schneiden, bevor das Nougat zu hart wird.

Haferflocken-Schoko-Cookies

Diese Cookies gehen so einfach, dass Kinder sie selbst backen können. Und sie schmecken so lecker, dass sie garantiert sofort wieder weg sind.

Zutaten für 20 Cookies

120 g Butter und Butter zum Einfetten
120 g weicher brauner Zucker
2 Eier, leicht geschlagen
3–4 EL Milch
1 TL Vanilleessenz
150 g Mehl
1 TL Backpulver
1 Prise Salz
120 g Haferflocken
175 g dunkle Schokolade, sehr fein gehackt
120 g Pekannüsse, gehackt

1 Butter und Zucker in einer Schüssel schaumig rühren. Eier, Milch und Vanilleessenz dazugeben und alle Zutaten sehr gut vermischen.

2 Mehl, Backpulver und Salz dazusieben und sehr gut unterrühren. Haferflocken, Schokolade und Pekannüsse unterheben.

3 1 Stunde kaltstellen. Ofen auf 180° / Umluft 160° / Gas Stufe 2 vorheizen. 2 Backbleche einfetten.

4 Mit zwei Teelöffeln kleine Häufchen Teig auf die Bleche setzen und mit einem Löffel etwas flachdrücken. 10–12 Minuten backen, bis die Ränder gerade braun werden. Abkühlen lassen.

Schokoladentrüffel

Diese unwiderstehlichen Trüffel zergehen wirklich auf der Zunge, genau das richtige nach einem schönen Abendessen. Nehmen Sie wirklich gute Schokolade mit hohem Kakaoanteil.

Zutaten für 20–30 Trüffel

175 ml Sahne
1 Eigelb, geschlagen
275 g feinste Bitterschokolade, gehackt
2 EL Butter, kleingeschnitten
2–3 EL Cognac (nach Belieben)

Für die Verzierung
Kakaopulver
fein gehackte Pistazien oder Haselnüsse
400 g Bitter-, Vollmilch- oder weiße Schokolade (oder eine Mischung)

1 Sahne aufkochen, Topf vom Herd ziehen und das Eigelb unterschlagen. Schokolade dazugeben und unter Rühren schmelzen. Butter und Cognac dazugeben. Die Mischung in eine Schüssel gießen und abkühlen. Dann zugedeckt 6–8 Stunden kalt stellen.

2 Ein Backblech mit Backpapier auslegen. Mit einem kleinen Eisportionierer oder 2 Teelöffeln aus der Schokoladenmischung 20–30 Bällchen formen und auf das Blech setzen.

3 Etwas Kakaopulver in eine kleine Schüssel sieben und einen Teil der Trüffel darin wälzen, bis sie rundherum von Kakao umhüllt sind. Für Trüffel mit Nusshülle einen Teil der Trüffel in den gehackten Nüssen wälzen.

4 Für Trüffel mit Schokoladenüberzug Trüffel mindestens 1 Stunde ins Gefrierfach geben. Die Schokolade in eine kleine Schüssel geben und in einem kleinen Topf im Wasserbad schmelzen. Etwas abkühlen lassen.

5 Mit einer Gabel die gefrorenen Trüffel nacheinander in die abgekühlte Schokolade halten. Schokolade am Schüsselrand abtropfen lassen. Auf ein Backblech mit Backpapier legen und kalt stellen. Wenn die Schokolade zwischendurch fest wird, einfach wieder erhitzen. Alle Trüffel halten im Kühlschrank bis zu 10 Tagen.

Register